성서 속의 여인들

아브라함 카이퍼/한국기독문서간행회

도서출판 한글

"Women of the Old & New Testament"

By Abraham Kuyper

본서의 성경 본문 구절 인용은
공동번역 성경을 사용했으며 도움말에 나오는
인물 지명은 새 번역과 **舊譯** 성경의
표기를 따랐습니다.

책머리에

본서는 네덜란드 신학자 아브라함 카이퍼 박사의 대표작 중 하나인 '구약과 신약 속의 여인들'을 번역한 것으로 성서 속에 나오는 80여 명의 인물 중 48명만 선정 수록하였다.

원문에는 성경 장절만 밝혀둔 것을 독자의 이해를 돕기 위해 성경의 중심 내용을 가려서 함께 편집하였고 성경 인용은 공동 번역을 사용하였으며 해설에 나오는 인물·지명은 새 번역과 구역성경의 표기를 따랐다.

하나님과 인간, 그리고 세계와 성경을 깊은 통찰력으로 파헤친 이 저서는 우리가 성경을 통해 배워야 할 것을 밝히 제시해 주고 있다.

이 책이 평신도는 물론 성경을 깊이 알고자 하는 분들과 비신자에게까지 귀한 영적 양식이 되기 바란다.

한국기독문서간행회

목차

구약성서에 나오는 여인들 7
  하와 9
  아다와 씰라 15
  하 갈 20
  사 라 24
  리브가 29
  유딧과 바스맛 37
  디나 41
  라헬과 레하 46
  다말 51
  아스낫 56
  요게벳 60
  십브라와 부아 64
  바로의 딸 68
  십보라 72
  라합 77
  드보라 82
  야엘 87
  입다의 딸 92
  마노아의 아내 98
  들릴라 104
  룻 108
  오르바 112
  한나 115
  이가봇의 어머니 120

엔돌의 무녀 125
　리스바 131
　미갈 136
　밧세바 141
　드고아 여인 145
　아비가일 151
　스바여왕 157
　여로보암의 아내 162
　사르밧 과부 167
　이세벨 172
　수넴 여인 178
　여호세바 184
　노야댜 187
　와스디 192
　에스더 197
　욥의 아내 202

신약성서에 나오는 여인들 208

　가나안 여인 210
　빌라도의 아내 214
　마리아 Ⅰ 219
　마리아 Ⅱ 225
　마리아 Ⅲ 231
　엘리사벳 237
　사마리아 여인 243
　삽비라 249

구약성서에 나오는 여인들

하 와

창세기 2:22- 이하

야훼 하나님께서 아담을 데려다가 에덴에 있는 이 동산을 돌보게 하시며 이렇게 이르셨다.

"이 동산에 있는 나무 열매는 무엇이든지 마음대로 따먹어라. 그러나 선과 악을 알게 하는 나무 열매만은 따먹지 말아라. 그것을 따먹는 날 너는 반드시 죽는다"

야훼 하나님께서는

"아담이 혼자 있는 것이 좋지 않으니 그의 일을 거들 짝을 만들어 주리라"

하시고 들짐승과 공중의 새를 하나하나 진흙으로 빚어 만드시고, 아담에게 데려다 주시고는 그가 무슨 이름을 붙이는가 보고 계셨다. 아둠이 동물 하나하나에게 붙여준 것이 그대로 그 동물의 이름이 되었다. 이렇게 아담은 집짐승과 공중의 새와 들짐승의 이름을 붙여 주었지만 그 가운데는 그의 일을 거들 짝이 보이지 않았다. 그래서 야훼 하나님께서 아담을 깊이 잠들게 하신 다음 아담의 갈빗대를 하나 뽑고 그 자리를 살로 메우시고는 그 갈빗대로 여자를 만드신 다음, 아담에게 데려오시자 아담은 이렇게 외쳤다.

"드디어 나타났구나!

내 뼈에서 나온 뼈요,

내 살에서 나온 살이로구나,

지아비에게서 나왔으니

지어미라고 부르리라!"

이리하여 남자는 어버이를 떠나 아내와 어울려 한 몸이 되게 되었다. 아담 내외는 알몸이면서도 서로 부끄러운 줄을 몰랐다.

야훼 하나님께서 만드신 들짐승 가운데 제일 간교한 것이 뱀이었다. 그 뱀이 여자에게 물었다.

"하나님이 너더러 이 동산에 있는 나무 열매는 하나도 따먹지 말라고 하셨는데 그것이 정말이냐?"

여자가 뱀에게 대답하였다.

"아니다 하나님께서는 이 동산에 있는 나무 열매는 무엇이든지 마음대로 따먹되, 죽지 않으려거든 이 동산 한 가운데 있는 나무 열매만은 따먹지도 말고 만지지도 말라고 하셨다."

그러나 뱀이 여자를 꾀었다.

"절대로 죽지 않는다. 그 나무열매를 따먹기만 하면 너희는 눈이 밝아져서 하나님처럼 선과 악을 알게 될 줄을 하나님이 아시고 그렇게 말하신 것이다"

여자가 그 나무를 쳐다보니 과연 먹음직하고 보기에 탐스러울뿐더러 사람을 영리하게 해줄 것 같아서, 그 열매를 따먹고 같이 사는 남편에게도 따 주었다. 남편도 받아먹었다. 그러자 두 사람은 눈이 밝아져 자기들이 알몸인 것을 알고 무화과나무 잎을 엮어 앞을 가리웠다.

날이 저물어 선들바람이 불 때 야훼 하나님께서 동산을 거니시는 소리를 듣고 아담과 그의 아내는 야훼 하나님 눈에 뜨이지 않게 동산 나무 사이에 숨었다. 야훼 하나님께서 아담을 부르셨다.

"아담아 어디 있느냐?"

아담이 대답하였다.

"당신께서 동산을 거니시는 소리를 듣고 알몸을 드러내기가 두려워 숨었습니다."

"네가 알몸이라고 누가 일러 주더냐? 내가 따먹지 말라고 일러둔 나무열매를 네가 따먹었구나!"

하나님께서 이렇게 말씀하시자 아담은 핑계를 대었다.

"당신께서 저에게 짝지어 주신 여자가 그 나무에서 열매를 따 주었기에 먹었을 따름입니다."

야훼 하나님께서 여자에게 물었다.

"어쩌다가 이런 일을 했느냐?"

여자도 핑계를 대었다.

"뱀에게 속아서 따먹었습니다."

야훼 하나님께서 뱀에게 말씀하셨다.

"네가 이런 일을 저질렀으니 온갖 집짐승과 들짐승 가운데서 너는 저주를 받아, 죽기까지 배로 기어다니며 흙을 먹어야 하리라. 나는 너를 여자와 원수가 되게 하리라. 네 후손을 여자의 후손과 원수가 되게 하리라. 너는 그 발꿈치를 물려고 하다가 도리어 여자의 후손에게 머리를 밟히리라."

그리고 여자에게는 말씀하셨다.

"너는 아기를 낳을 때 몹시 고생하리라. 고생하지 않고는 아기를 낳지 못하리라. 남편을 마음대로 주무르고 싶겠지만 도리어 남편의 손아귀에 들리라."

그리고 아담에게는 이렇게 말씀하셨다.

"너는 아내의 말에 넘어가 따먹지 말라고 내가 일찍이 일러둔 나무 열매를 따먹었으니, 땅 또한 너 때문에 저주를 받으리라. 너는 죽도록 고생해야 먹고 살리라. 들에서 나는 곡식을 먹어야 할 터인데, 땅은 가시덤불과 엉겅퀴를 내리라. 너는, 흙에서 난 몸이니 흙으로 돌아가기까지 이마에 땀을 흘려야 낟알을 얻어먹으리라. 너는 먼지이니 먼지로 돌아가리라"

아담은 아내를 인류의 어머니라 해서 하와라고 이름지어 불렀다. 야훼 하나님께서는 가죽옷을 만들어 아담과 그의 아내에게 입혀 주셨다. 야훼 하나님께서는,

'이제 이 사람이 우리들처럼 선과 악을 알게 되었으니, 손을 내밀어 생명 나무 열매까지 따먹고 끝없이 살게 되어서는 안 되겠다'고 생각하시고 에덴 동산에서 내쫓으시었다. 그리고 땅에서 나왔으므로 땅을 갈아 농사를 짓게 하셨다. 이렇게 아담을 쫓아내신 다음 하나님은 동쪽에 거룹들을 세우시고 돌아가는 불칼을 장치하여 생명나무에 이르는 길목을 지키게 하셨다.

◆ 도움말

하와라는 이름에는 어머니 또는 모든 생명을 가진 자의 어머니라는 뜻이 들어 있다.

하나님은 천지를 창조하신 후 아담이 혼자 외롭게 지내는 것을 보시고, 아담을 깊이 잠들게 하신 후 그의 갈비 뼈 하나를 취하여 하와를 만드셨다.

이를 본 아담은 성숙한 여성이 풍기는 향기와 아름다움이 넘쳐흐르는 그 자태에 취하여 이는 내 뼈 중의 뼈요 살 중의 살이라 하였다. 그리고 남자에게서 취하였은즉 여자라 칭하리라 하고 둘이 한 몸을 이룬 완전한 부부가 되었다.

창조된 순간의 하와 하와는 처음부터 아이도 소녀도 아닌 성숙한 여성이었다. 또한 세상의 어떠한 때도 묻지 않은 순수 무결한 여자였다. 그녀는 현대인들이 막연하게 상상해 볼 수 있는 원시적인 여인이 아니라 완숙하고 완전한 여인이었다.

그녀의 완전함은 어떤 훈련이나 교양으로 이루어진 것이 아니라 온전히 하나님의 손에서 만들어진 절대 완전성을 말하는 것이다.

그녀보다 먼저 존재한 것은 아담이었지만 아담은 하와 없이는 살아갈 수 없었다. 그러므로 하나님은 그녀를 아담의 협력자로 만든 것이다.

아담은 하와의 머리요 그녀를 세운 뿌리였지만 하나님은 아담이 그녀에 의지하지 않고는 안 될 협력자로 세우셨다(창 2:21~25 참조)

사단은 이 점을 알고 있었다. 사단은 그녀의 아름다움과 매력을 인정하고 그와 동시에 그녀의 마음이 약하고 몸도 약한 반면 유혹에 쉽게 넘어갈 수 있음도 알고 있었다.

사도 바울은 딤전2:14에서 ― 아담이 꾀임을 보지 아니하고 여자가 꾀임을 보아 죄에 빠졌음이니라 ― 라고 했다.

하와는 유혹에 매우 약했다 그녀는 아담과 비교할 때 본질적으로 남성처럼 강한 저항력이 없었다. 그래서 그녀는 혼자 죄를 범하지 않고 아담을 함께 죄 가운데로 끌어넣은 것이다.

사단의 유혹에 쉽게 넘어간 그녀를 아담은 붙잡아 주지 못하고 오히려 함께 죄에 빠져들고 말았으니 하나님의 노여움을 받아 마땅한 일이었다. 죄를 짓기 전의 하와는 눈이 부실만큼 아름다운 여성이었다. 천사의 모습 그대로였다. 그러나 죄를 지은 그녀는 아름다운 낙원을 등지고 가시덩굴과 엉겅퀴가 무성한 땅으로 쫓겨난 것이다.

그녀는 하나님께서 주셨던 자유를 잃고 남편의 지배를 받는 운명에 처하게 되고 해산의 고통을 당해야만 하게 되었다.

하와는 영화로운 지위에서 추방당한 것이다. 그리고 여자로서 누려야 할 여자만의 완전성은 완전히 짓밟혀 버리고 말았다.

그러나 낙원에서 내쫓긴 이 여성에게 하나님께서는 그 가슴에 신앙의 씨앗을 심어준 것이다. 그래서 그것으로 인연을 맺고 그녀 앞에 다시금 천국을 불러일으켜 주신 것이다. 이 유혹 당한 여인의 씨는 장차 유혹한 자의 머리를 상하게 된다.

창세기 3장 15절에 하나님께서 뱀에게 이르기를 〈내가 너로 여자와 원수가 되게 하고 너의 후손도 여자의 후손과 원수가 되게 하리니 여자의 후손은 머리를 상하게 할 것이요 너는 그의 발꿈치를 상하게 할 것이니라〉하셨다.

가인이 태어났을 때 그녀는 이 아들이야말로 그 약속의 아들인 걸로 생각하고 "나는 주께로부터 한 아들을 얻었다"라고 부르짖었다. 그 후 얼마 가지 않아 가인의 손에 아벨이 죽게 되고 그에 따른 그녀의 환멸은 실로 비통한 것이었다(창 4:1~12참조) 그러나 그 후 오랜 세월이 흐른 뒤 사자는 마리아의 아들 속에 이 여성의 씨를 인정했다. 마리아의 아들은 또한 하와의 아들인 것이다.

아다와 씰라

창세기 4:21-24

카인이 아내와 한 자리에 들었더니, 아내가 임신하여 에녹을 낳았다. 카인은 제가 세운 고을을 아들의 이름을 따서 에녹이라고 불렀다. 에녹에게서 이랏이 태어났고, 이랏은 므후야엘을, 므후야엘은 므두사엘을, 므두사엘은 라멕을 낳았다. 라멕은 두 아내를 데리고 살았는데, 한 아내의 이름은 아다요, 또 한 아내의 이름은 씰라였다. 아다가 낳은 야발은 장막에서 살며 양을 치는 목자들의 조상이 되었고, 그의 아우 유발은 거문고를 뜯고 퉁소를 부는 악사의 조상이 되었으며, 씰라가 낳은 두발카인은 구리와 쇠를 다루는 대장장이가 되었다.
두발카인에게는 나아마라는 누이가 있었다.
라멕이 아내들에게 말하였다.
"아다야, 씰라야, 내 말을 들어라.
라멕의 아내들아,
내 말에 귀를 기울여라.
나를 다치지 말라. 죽여버리리라.
젊었다고 하여 나에게 손찌검을 하지 말라.
죽여버리리라.
카인을 해친 사람이 일곱 갑절로 보복을 받는다면,
라멕을 해치는 사람은 일흔 일곱 갑절로 보복을 받으리라."

◆ **도움말**

성경 속의 모든 여성들이 다 경건하고 덕행이 훌륭한 여성만 나오는 것은 아니다. 성경은 남성의 경우와 같이 여성의 경우에도 그들이 가지고 있는 그대로를 숨김없이 다 나타내 보이고 있다. 여기서 성경은 여자들에 대하여 세 가지 사실을 보여 주고 있다. 첫 번째는 지음을 받은 그대로의 성품, 두 번째는 죄로 인한 타락, 세 번째는 여성으로서의 비참한 경지에서 전능하신 하나님의 은총으로 구속받은 사실이다.

그렇다고 여성을 남성보다 경건한 존재라고 생각하는 사람은 잘못된 생각이다. 적어도 하와 이후로 성경은 하나님을 두려워하는 생활을 한 여성으로 사라에 대하여 처음으로 말한 것에 불과하다. 그러나 사라 역시 아브라함과 비교했을 때는 차이가 날만큼 뒤떨어진 것으로 보인다.

하나님이 나중에는 그 앞에 봉사하는 여성들에게 보다 뛰어난 지위를 주고 계신다. 마리아와 요셉의 경우를 보면 양자의 입장은 완전히 바뀌어진다. 그러나 창세기는 여성의 온유한 경건을 통하여 세상을 구원하는 역사는 없다는 것을 밝히 보여주고 있다.

아다와 씰라의 생애는 이것을 특히 잘 보여준다. 이 두 사람은 나아마와 함께 하와의 딸들 중에서 우리가 그 이름을 알고 있는 최초의 부인이다.

아다와 씰라는 함께 한 남자의 아내가 될 것을 동의했다. 이와 같은 협상으로 그녀들은 여성의 권위를 떨어뜨렸을 뿐 아니라 하나님의 법을 더럽히고 인류에게 새로운 번민을 가져오게 하고 만다. 그녀들의 이름까지도 지난날의 뜻을 그대로 그녀들이 어떠한 여성이었는지를 알 수 있는 의미를 준다.

'아다'란 '사치스런 옷을 입은 여인'을 뜻하고 '씰라'라란 '몸에 붙어 있는 보석 부딪치는 소리가 먼 데서도 들릴 만큼 사치한 사람'을 뜻한다. 그녀의 행동 역시 그 이름 뜻대로 생각하게 된다. 낙원에서 남자가 여자에게 꾀임을 받았을 때 하나님은 여자를 남자의 지배하에 두는 것으로 그녀를 벌하셨다. 그는 말씀하시기를 "너는 남편을 사모하고 그는 너를 다스릴 것이니라" 했다. 이 저주 때문에 여성의 속죄와 새로운 권위는 오직 여자가 그 형벌을 기쁘게 받아들인다는 조건 하에서만 받을 수 있게 된 것이다. 여자는 이 부끄러움의 깊은 웅덩이를 달게 건너야만 한다.

그러므로 거기에는 신앙과 하나님의 은총이 필요했다. 죄지은 여성은 이것을 항거하고 때때로 이것과 정반대 되는 행동을 좋아한다. 자기에 대한 남성의 욕망을 자극하며 남자를 정복하기 위해서 더욱 아름다움을 나타내려고 노력한다. 외형을 장식하는 것은 아다였고 먼 데서 금빛 찬란한 보석을 번쩍이는 것은 씰라였다. 그는 나이마(놀랄만한 딸)를 낳았다. 나이마는 여성특유의 매력을 가지고 남자를 유혹하여 여자 앞에서 남자가 체면을 잃을 정도로 눈이 멀게 만들었다.

당연한 일이지만 남성을 지배하려는 여성의 승리는 다만 표면적인 것에 불과하였다. 그 방종함과 그 허영에 가득 찬 수법으로 그녀들은 더욱 더 깊은 죄악에 빠져 들어갈 뿐이었다. 아다와 씰라의 전철을 밟은 다처제에서 볼 수 있는 것처럼 그녀들이야말로 남편에게 굴복하고 있었던 것이다. 한 남자에게 두 사람의 아내가 있는 이상 그 남자는 자연히 그녀들을 서로 경쟁하도록 만들었다.

이렇게 하여 여성의 매혹의 마력은 산산이 깨어지고 말았다. 이 두 여인의 삐뚤어진 궤계는 벌써 그 남편을 지배하는 결과를 빚어 내지 못하고 다만 서로간의 질투를 부채질하는 결과를 만들뿐이었다. 라멕은 그녀들에게 복종하기는커녕 그녀들의 귀에 위하적(威嚇的)인 살인의 노래를 들려주었다. 그의 아들 두발카인은 금속을 녹여 만드는 자이고 이 세상 최초로 검을 만들었다. 두발카인이 연단한 날카로운 검을 손에 휘두르면서 교만한 라멕의 노약(老若)의 구별 없이 그를 쫓는 자를 죽이지 않고서는 못 견딘다고 큰 소리쳤다. 이와 같이 여성들은 방종만을 길렀다.

그리고 그 까닭에 잔혹과 폭력에 기름을 부어준 것이었다. 그리고 라멕의 호화찬란하게 몸을 꾸민 아내들은 그의 남편의 장막 안에 앉아 있었다. 그녀들은 스스로 해방되어서 남성에게 복종을 거부할 셈이었지만 결과적으로 하와보다 더욱 비참하게 되어 마치 라멕의 노예와 같은 존재가 되어서 그의 과격한 분노 앞에서 떨어야 했던 것이다.

괴이한 말이기는 하지만 죄지은 여인이 그것까지도 참고 복종할 수 있었던 것이다. 만일 그녀가 음란한 가운데서 남성의 지배의 저주에서 피할 수 있으려면…… 말이다.

그러나 그녀는 하나님이 그녀에게 주셨던 모든 매력을 낭비해 버렸다. 빛나는 옷과 장신구와 더불어 그녀는 낙원에 남겨 둔 옛날의 아름다움을 다시금 자기의 것으로 만들어 보려고 시도한다. 사랑을 최고도로 승화시키기 위해 사용되어야 할 여성적 매력은 신성한 혼인의 인연을 더럽히기 위해 사용됐다. 그리고 다처제에 타협을 한 까닭으로 그녀는 가족을 해치고 남편도 자기도 멸하고 그 자식들의 피 속에 독을 쏟아 넣은 것이다.

성경은 낙원 직후의 여인을 이와 같은 색채로 나타내고 있다. 아다와 씰라 속에는 여성의 권리라는 것은 조금도 찾아볼 수 없다. 잃어진 미

대신으로 그녀들은 외형적 장식으로 몸을 꾸몄다. 하나님이 언젠가 죄 지은 여인을 회개시키는 그 날까지 이와 같은 상태는 변하지 않을 것이다. 그때에 하나님은 거룩한 자가 가지고 있는 속 사람(내적 미)의 미를 비로소 되찾게 해 주시는 것이다.

하갈

창세기 16:1-16

하갈은 애굽에서 유괴 당한 갈대아 우르에서 사라를 따라온 많은 여종들 가운데 한 사람이었다.

그녀는 사라의 많은 몸종 가운데 가장 신임을 받았던 여자로 이 일은 사라 자신이 아기를 갖지 못했을 때에 하갈로 하여 약속의 아들을 낳게 하려고 하녀를 아브라함에게 주었다는 사실에서 엿볼 수 있는 것이다. 사라의 호의로 본다면 몸종에게 준 명예로는 이 이상이 없는 대접이었다.

하지만 그 일 자체가 하나님 앞에서는 온전히 죄악일 수밖에 없다. 하갈이나 아브라함이나 사라나 똑같은 처지이지만 하갈의 죄는 세 사람 중에서 가장 가볍다고 할 수 있다. 그러나 죄는 죄인 것이다. 미혼 여자가 남의 남자와 성관계를 갖는다는 것은 엄하게 금지되어 있는 것이다. 비록 당시의 관습이었다 하더라도 하나님의 법을 무시한다는 것은 있을 수 없는 것이다.

이러한 모든 습관은 하나님의 계명에 어긋나는 것이다. 따라서 그 세 사람은 각기 제나름의 죄를 범한 것이다. 게다가 아브라함과 사라의 경우는 하나님의 계명을 범했다고 하는 죄와 함께 불신의 죄도 가중된다. 약속의 아들을 하갈을 통하여 얻으려고 시도한 것은 하나님의 권능에 대한, 또 약속의 확신에 대한 불신인 것이다.

하갈은 노예였다. 그러므로 세 사람 중에 가장 자유가 없고 책임이 없는 입장에 있었다. 그러므로 이 인간적 협상에 대하여 하나님이 일순의 축복도 내리지 않은 것은 당연한 일이었다. 하갈은 아이도 낳기 전에 자기의 주인 사라를 업신여기기 시작하였다. 그 결과 사라는 그녀를 벌할 수밖에 없었고 하갈은 종의 신분에서 도망질을 칠 수밖에 없었다. 보통 노예에게는 있을 수 없는 행위였다.

사라가 나중에 한 어머니가 되었을 때 두 여성의 질투는 그 어머니에게서 전수되어 자식들에게까지 미쳤다. 이스마엘은 이삭을 놀려주었고 아브라함과 사라 사이에는 불화가 일기도 하였다.

하나님이 이 부부 사이에 개입하심으로써 비로소 아브라함은 하갈을 도피하게 한 것이다.

그녀에 대한 이야기는 세계 사상에 중요한 한 부분을 차지하고 있는 것이다. 그녀의 영향은 오늘에 와서 구체적으로 나타나고 있다.

이스마엘에서 아랍인이 일어났고 아랍인에게서 마호메트가 태어났다. 이렇게 해서 세계 도처에 걸쳐 지금도 이슬람교 세력의 그 근원은 하갈과 결부되어 있는 것이다.

사실 이 사정 가운데는 지금까지 충분히 이해할 수 없는 수수께끼가 숨어 있다. 애굽의 딸이 아브라함의 천막에서 유일하신 참 하나님을 알게 되었다는 사실은 분명한 일이다. 하나님의 은총으로 말미암아 신앙이 그녀의 마음속에 생겼다. 그리고 그 약속을 이유로 한 그 신앙은 메시야에 관련되었다. 몇 달 동안이나 하갈은 자기의 태 속에 메시야가 될 자가 들어 있다고 하는 생각을 가지고 이것을 꿈꾸고 있었을 것이다. 그리고 몇 해 동안이나 이스마엘을 이삭과 같은 약속의 아들이라고 잘못 생각하고 살았을 것이다. 말할 것도 없이 마침내 그 베일은 그녀의 눈앞에서 벗겨지고 고백의 환멸이 닥쳐왔던 것이다.

하지만 그 신앙의 환상이 나타나기 전에도 또 그 후에도 그녀는 **변함 없이** 다른 뜻에서 하나님의 도움을 받는 대상이었다. 두 번이나 그녀는 하나님을 볼 수 있는 특권을 얻었다.

그 처음은 그녀가 법을 어기고 주인의 집에서 도망하여 가던 중에서의 일이고 두 번째는 이스마엘이 목말라 죽게 되었을 때 브엘세바 사막에서 일어났던 일이었다. 하나님께서 두 번이나 나타나 이처럼 풍성한 약속을 주신 노예, 그녀는 그 나라의 역사상 큰 의의를 가진 것에 틀림없다. 그러므로 이렇게 믿는 것은 자연스러운 일이라 하겠다. 왜냐하면 하나님은 그녀에게 진실로 풍부한 약속을 부여해 주신 것이다.

브헬라헤로이에서 하나님은 그녀에게 그 씨를 몇 배든지 번성케 주시겠다고 말씀하셨기 때문이다. 그뿐만 아니라 이스마엘 후손은 전쟁을 하는 민족이 될 것이라고도 말씀하셨다.

그 손은 모든 사람을 향하여 들리고 모든 사람의 손은 그를 향해 들릴 것이다라고, 또 하나님은 아브라함에게 이스마엘도 네 씨니까 그를 번성케 하신다고 말씀하셨다. 이 모든 일은 창세기 16:10~12와 21:13에 마호메트가 나기 훨씬 전부터 기록되어 있었던 것이다. 마침내 마호메트 교도가 역사의 전면에 나타남으로 이 예언 전체가 문자 그대로 성취되었다는 것은 얼마나 놀라운 일인지 알 수 없다.

하갈의 신앙에서 시작하여 이슬람의 그릇된 신앙으로 끝나는 역사의 한 권(券)은 여전히 신비 속에 싸여 있다.

다만 하갈에게서 일어난 민족이 하나님의 교회에 무서운 징벌을 가하기 위하여 하나님께로부터 불러 세움을 받았다는 사실만은 분명히 말할 수 있다.

오늘날 이스라엘 백성이 광대한 지역에 걸쳐서 이교에 대한 방벽을 세우는 역할을 했다는 사실도 잊어서는 안 된다.

아시아에서나 아프리카에서나 마호메트교는 다른 종교의 세력을 누르고 있다. 약 일억 팔천 만의 사람들이 한 사람의 신과 그의 예언적 독시를 믿게 된 것이다. 그러나 마호메트교도들도 예수님을 하나님의 예언자로 인정하고 있다는 것을 상기하지 않으면 안 된다.

그들은 치명적인 잘못은 그들이 예수님을 메시야로 믿지 않고 그보다 나은 자로 해서 거짓 선지자를 그 위에 두고 있다고 하는 것이다. 그러므로 그들은 언제까지나 구약에 머물고 신약의 성취를 거부하는 것이다.

그들은 그 새로운 약속 대신에 코란(이슬람교 경전)에 기록되어 있는 또 다른 성취를 바라는 것이다. 갈라디아서 4:22 가운데 바울이 사라를 자유의 여인으로 하고 하갈은 노예의 여자로 말하고 메시야를 발견하지 못한 자는 노예의 자신에서 벗어나지 못하는데 반해서 그리스도를 믿는 자는 '자유하는 여인'의 아들이 된다는 신비적인 해석을 하고 있음은 과연 이와 같은 것을 뜻하는 것일까? 어쩌면 이슬람의 세력 아래 있는 이 세상의 예루살렘과 예루살렘을 이 땅 위에서 구하지 않고 영원한 천국에서 그것을 구하는 기독교를 가리키고 있는 것일까?

아무튼 그 일은 하갈이 다만 그의 아들과 함께 사막을 방황하고 있는 가련한 한 여인의 경우에 대해서 우리들의 동정을 사는데 머물지 않고 보다 깊은 이유를 가지고 성서에 등장한다. 다시 말해서 그녀는 하나님의 헤아릴 수 없는 섭리의 사슬의 하나로 나타나 있다. 하갈의 이름은 교회의 뿌리에 깊게 박혀 있는 것이다.

사 라

창세기 16:1-16

성서 속에서 가장 신앙심이 돈독했던 여인중의 하나가 사라이다. 특히 그녀는 아내로서 신앙심을 가장 깊이 가졌던 여인으로 강조되고 있다.

이 사실에 대하여는 두 사람의 사도가 언급했는데 한 사람은 그녀가 어떻게 하여 신앙의 어머니가 되었는가(히 11:11)를 말한 바울이었고 또 한 사람은 모든 크리스천 부인들이 아브라함을 주라고 부르고 그를 섬긴 사라의 딸들(벧전 3:6)이 되기를 권하고 있는 베드로였다.

사라가 그의 본가에서 어떠한 딸이었는지 잘은 알 수 없지만 그녀는 맨 처음 아브라함의 아내로서 소개되었고 아브라함의 아내로 살다가 죽었다.

사라는 외모도 아름답고 마음씨도 고와 남편에게는 매우 훌륭한 아내였다. 그러나 그녀는 아기를 낳을 수 없는 몸이었다.

그래서 그녀는 아브라함에게 자기의 몸종 하갈을 두고,

"야훼께서 나에게 자식을 주지 않으시니 내 몸종을 받아주십시오. 그 몸에서라도 아들을 얻어 대를 이었으면 합니다."

이에 아브라함은 사라의 뜻을 받아들이기로 하였다. 사라는 이집트인 몸종 하갈을 남편의 소실로 들여보낸다. 이것은 아브라함이 가나안 땅에 발을 들여 놓은 지 십 년이 지난 뒤의 일이었다.

아브라함이 하갈과 잠자리에 들자 하갈의 몸에 태기가 있게 되었다. 하갈은 그것을 알고 안주인은 업신여기게 되었다. 그러나 사라는 아브라함에게 호소하였다.

"내가 이렇게 멸시를 받는 것은 당신의 탓입니다. 나는 내 몸종을 당신에게 안겨 드렸습니다. 그런데 그가 몸에 태기가 있는 것을 알고는 저를 업신여깁니다. 야훼께서 나와 당신 사이의 시비를 가려주시기를 바랍니다."
아브라함이 사라에게 말했다.
"당신의 몸종인데 당신 마음대로 할 수 있지 않소? 당신 좋을 대로 하시오."
그 날부터 사라는 하갈을 다시 박대하기 시작했다. 그리하여 하갈은 주인 곁을 피하여 도망을 치게 되었다. 그런데 야훼의 천사가 빈들에 있는 샘터에서 하갈을 만났다. 그 샘터는 수르로 가는 길가에 있었다. 그 천사가
"사라의 종 하갈아, 어디에서 와서 어디로 가는 길이냐?"
하고 물었다.
"나의 주인 사라를 피하여 도망치는 길입니다."
야훼의 천사는 주인 곁으로 돌아가 고생을 참고 견디라는 말과 함께 이렇게 일러주었다.
"내가 네 자손을 셀 수 없을 만큼 많이 불어나게 하리라. 너는 아들을 배었으니 낳거든 이름을 이스마엘이라 하여라. 네 울부짖음을 야훼께서 들어주셨다. 네 아들은 들나귀 같은 사람이라 닥치는 대로 치고 받아 모든 골육의 형제와 등지고 살리라."
이렇게 된 사실로 볼 때 잠자리를 나누어야 하는 하갈에 대한 질투로 인하여 사라의 장막 속에도 여성의 비참한 운명이 침투해 있었다는 인상을 받게 되는 것이다. 여기서 사라의 모습을 볼 때 여자들의 자기부정의 시대였던 그 지난날의 실지로 경험했던 그대로를 잘 보여주고 있는 것이다.
야훼께서 아브라함에게 갈대아 우르에서 가나안으로 가라고 명을 내렸다. 그래서 아브라함은 가솔을 데리고 가나안으로 가는 도중 네겝에 이르렀을 때 그 지방에 흉년이 들었다. 흉년이 너무 심하여 이집트에 몸 붙여 살기 위하여 그리로 옮겨간 일이 있었다. 이집트 땅에 발을 들여놓기 전에 아브라함은 아내 사라에게 이렇게 말하였다.
"나는 당신이 정말로 아름답다고 생각하오. 이집트인들은 당신을 보면 그 아름다움에 반하여 나를 죽이려 할 것이오. 그리고 당신은 살려두어 자기들의 사람으로 삼으려 할 것이오. 그러니 나를 남편이라고 하지말고 오라버니라고 부르시오. 그러면 당신 덕으로 죽음을 면할 수 있을 것이오. 그뿐만 아니라 나는 당신 덕으로 대접도 받을 것이오."

이렇게 이르고 난 다음 그들은 이집트로 들어갔다. 이집트로 들어갔을 때 이집트인들은 아름다운 사라에게 반하였다. 그래서 이집트 왕 앞에 나아가 아름다운 여인이 나타났다고 아뢰었다.

그리하여 사라는 왕궁으로 불려 들어가게 되었다. 그 덕분으로 아브라함은 남종과 여종 그리고 양떼와 소떼, 암 나귀와 수나귀 그리고 낙타까지 여러 마리를 받았다.

그러나 사라를 불러들인 왕은 아브라함의 아내를 탐낸 벌로 온 가족과 함께 야훼로부터 무서운 재앙을 받게 되었다. 왕은 아브라함을 불러 꾸짖었다.

"네가 어찌하여 이런 짓을 하였느냐? 왜 그녀를 너의 아내라고 하지 않았느냐? 어찌 자기의 아내를 누이라고 속여 내 아내로 삼게 하였느냐? 네 아내가 여기 있으니 당장에 데리고 가거라."

이집트 왕은 신하들에게 명하여 아브라함과 그 아내를 그의 모든 소유와 함께 주어 내보냈다.

◆ 도움말

사라는 이렇게 남편의 말에 순종하는 여자였다. 그녀는 하나님께서 요구하는 계명에 절대 순종했으며 낙원에서 하나님이 여성의 의지는 남편의 그것에 따라야 하는 것으로 이르신 것을 지키는 여성이었다. 또 그녀는 전에 아브라함이 갈대아 우르에서 가나안으로 가자고 하였을 때도 친척과 친지를 작별하고 남편을 따라 미지의 땅 가나안을 향하여 길을 떠났다.

이방 나라 왕이 그녀를 후궁으로 데려갔을 때도 아브라함에 대하여는 충실한 아내였다. 이처럼 모든 일에 그녀는 남편의 처지에 자신을 순응시켰다.

그녀는 또 남편의 손님을 기쁘게 영접하여 맞아들이는 중에 부지중 천사를 자기의 손님으로 하였다. 남편이 후계자 없이 지내는 것을 생각하여 자기의 몸종까지 바쳐 남편 받드는 일을 자진하여 선택하였다.

위에서 든 바와 같이 그녀의 충실한 태도는 하나님이 여성을 위해 준비해 두셨던 권위와 지위를 되찾게 만들었다.

사라는 언제나 자기 자신을 낮추는 사람이었다. 메시야가 그녀의 남편에게서 난 다는 것을 믿고 있던 그녀였지만 자기가 어머니로서의 명예를 감당할 만한 사람이 될 수 없다는 생각에서 자기의 몸종 하갈을 남편에게 주었던 것이다. 그렇지만 하나님께서는 아브라함과 그녀 사이에 나타나셔서 사라의 태에서 아들이 출생된다고 하셨다. 그래도 그녀는 그것을 믿기에 주저하였다. 뿐만 아니라 그 약속을 하갈에게 두고 자기는 아이를 낳을 수 없는 몸이라고 하며 웃었던 것이다.

사라는 믿지 않고 웃었지만 하나님께서는 그녀에게 메시야를 기다리는 소망과 함께 아들 이삭을 주었던 것이다.

사도 바울은 "이 신앙으로 인하여 사라는 약속의 씨를 받은 것이다."라고 말했다. 하나님께서는 그녀에게 두 가지 일을 성취시킨 것이다. 하나는 성령을 통하여 그녀의 신앙을 튼튼히 하여 주었고 또 하나는 그녀의 태 속에서 새로운 생명을 창조하신 것이다.

여기에서 생각해 볼 점이 있으니 사라가 한 모든 일이 옳기만 하였느냐 하는 것이다. 오늘날 우리가 가지고 있는 도덕관으로 볼 때 그녀가 하갈을 남편에게 준 사실은 불신 행위이다. 그 결과로 그녀는 질투를 하기도 하였고 하갈을 학대하기도 했던 것이다. 하나님의 말씀에 웃었던 것도 그녀의 불신 행위였다.

성서는 이러한 일들을 숨기려는 시도를 하지 않았다. 오늘날 우리가 보기에도 못마땅한 일이 있었다 하더라도 그녀는 여전히 본질적으로 신앙에 의하여 살아온 여성이었다는 것은 분명하다.

신앙이 아니었더라면 그녀는 여성으로서의 지위를 되찾지 못했을 것이지만 그녀는 신앙을 통하여 여왕과 같은 사라로 남게 된 것이다.

리브가

창세기 24:15-61

이 말이 채 끝나기도 전에 리브가가 어깨에 항아리를 메고 나왔다. 리브가는 밀가의 아들 브두엘의 딸이었다. 그런데 밀가로 말하면 나홀의 아내이므로 아브라함에게는 계수 뻘이었다. 그 아가씨는 아직 남자를 모르는 아주 예쁜 처녀였다. 그가 샘터에 내려와서 항아리에 물을 길어 가지고 올라오는데 아브라함의 종이 뛰어나가 그를 반기며 항아리의 물을 좀 마시게 해 달라고 청했다.

리브가는

"할아버지, 어서 물을 마시십시오."

하며 항아리를 내려 손에 받쳐들고 마시게 해 주었다. 이렇게 물을 마시게 해 주고 나서 낙타들에게도 실컷 마시게 물을 길어 주겠다고 하였다. 그리고 병에 남아 있는 물을 얼른 구유에 붓고는 물을 길러 샘터로 달려가서 낙타들도 모두 마시게 물을 길어다 주었다.

그러는 동안, 그는 자기가 띠고 온 사명을 야훼께서 뜻대로 이루어 주시려는지 알아보려고 리브가를 지켜보고 있었다. 이윽고 낙타들이 물을 다 마시고 나자, 그는 반 세겔 나가는 금 코고리를 아가씨에게 걸어 주고 다시 십 세겔 나가는 금 팔지 두 개를 팔목에 끼워 주고는 리브가에게 물었다.

"아가씨는 뉘 댁 따님이시오? 아가씨의 아버지 집에는 하룻밤 쉬어 갈 만한 방이 없겠소?"

리브가는,

"저는 브두엘이라는 분의 딸입니다. 할아버지는 나홀이고 할머니는 밀가라고 합니다."

하고 대답하고 나서 이렇게 말하였다.

"저의 집에는 겨와 여물도 넉넉하고 쉬어 가실 만한 방도 있습니다."

그는 야훼께 엎드려 경배하고는

"내 주인의 하나님 야훼, 찬양을 받으실 분이어라. 야훼께서는 내 주인을 버리지 않으시고, 참으로 신의를 지키셨구나. 야훼께서는 이렇게 나의 주인의 친척집에까지 인도해 주셨구나"

하며 찬양하였다.

그리고 아브라함의 종은 리브가를 따라 그녀의 집으로 갔다. 리브가에게는 라반이라는 오라버니가 있었다. 라반은 아브라함의 종을 반갑게 맞이하고는 낙타 등에 실은 짐과 안장을 풀어 내리고 낙타에게 먹이를 준 다음 상을 차려 놓았다. 그러나 아브라함의 종은 자기는 심부름 온 사람이라는 것을 밝히고 그 일을 아뢰기 전에는 수저를 들 수 없다고 한다. 라반은 어서 말하라고 했다.

"제 주인은 아브라함이라고 합니다. 제 주인은 야훼에게 복을 많이 받아 굉장한 부자가 되었습니다. 그는 양떼와 소떼, 금과 은 남종과 여종, 낙타와 나귀를 야훼께 많이 받았습니다. 안주인 사라는 늘그막에 주인에게 아들을 낳아 드렸는데 주인은 그의 전 재산을 그 아들에게 주었습니다. 그리고 주인은 저에게 이렇게 말씀하셨습니다. '나는 내가 살고 있는 이곳 가나안 사람의 딸들 가운데는 며느릿감을 고르지 않겠다. 그러니 너는 내 아버지의 가문, 내 일가를 찾아가서 내 며느릿감을 찾아오너라.'하셨습니다.

그래서 제가 주인에게 만일 신붓감이 저를 따라오지 않으면 어떻게 할까요? 하고 여쭈었더니 주인께서는 '내가 섬겨 온 야훼께서 그의 천사를 따라 보내시어 네가 가서 하려는 일을 뜻대로 이루어 주실 것이다. 너는 내 아버지의 가문, 내 일가 가운데서 며느릿감을 골라올 수 있을 것이다. 그러니 너는 내 일가들한테만 가면 네 책임을 다하는 것이다. 내 일가들이 며느릿감을 내 주지 않아도 너는 책임이 없다' 하셨습니다. 저는 오늘 그 샘터에 이르러 기도했습니다. '제 주인 아브라함의 하나님, 제가 띠고 온 사명을 뜻대로 이루어 주시려거든 이렇게 해 주십시오. 지금 제가 샘터에 있는데 혼기가 찬 여자가 물을 길으러 나오면 항아리에서 물을 한 모금 마시게 해 달라고 말을 걸어보겠습니다. 만일 저에게 물을 마시게 해 줄 뿐만 아니라, 제 낙타에게도 물을 길어 주겠다고 나서는 여자가 있으면, 그 여자가 바로 제 주인의 며느릿감으로 야훼께서 정해

주신 여자인 줄 알겠습니다.' 제가 이렇게 기도를 마치기도 전에 리브가가 항아리를 어깨에 메고 자와 물을 길으러 샘터로 내려오는 것이 아니겠습니까? 그래서 저는 리브가에게 물 한 모금만 달라고 했습니다. 그랬더니 리브가는 어깨에서 항아리를 얼른 내려놓으며 마시라고 하면서 나의 낙타들에게도 물을 길어 주었습니다. 그래서 저는 물을 마셨습니다. 리브가는 낙타들에게도 물을 길어 주었습니다. 저는 리브가에게 뉘 댁 따님이냐고 물었습니다. 그랬더니 브두엘의 딸이요 나홀과 밀가의 손녀라는 것이었습니다. 저는 그의 코에 코고리를 걸어 주고 두 팔목에 팔찌를 끼워 주고 나서 야훼께 엎드려 경배하고 제 주인 아브라함의 하나님을 찬양하였습니다. 그분은 저를 이렇게 바로 인도해 주시고 주인님의 조카딸을 주인댁 아드님의 아내 감을 찾아내게 하셨습니다. 그러니 이제 제 주인에게 호의를 베풀어주시려거든 그렇다고 말씀해 주십시오. 아니면 그렇지 않다고 말씀해 주십시오. 그래야 저도 제 갈 길을 찾겠습니다."

그러자 라반과 브두엘이,

"이 일은 야훼께서 하시는 일인데 우리가 어찌 좋다 싫다 하겠습니까? 리브가가 여기 있으니 데리고 가십시오."

아브라함의 종과 그 일행은 융숭한 대접을 받고 하룻밤을 편히 쉬었다. 이튿날 아침 아브라함의 종이 돌아가기 위해 서둘자 리브가의 오라버니와 어머니가 만류했다.

"좀더 있다가 데려가십시오, 열흘만이라도 두었다가 데려가십시오."

그러자 아브라함의 종은

"붙잡지 마십시오. 제가 여기에 찾아온 목적을 야훼께서 이렇게 뜻대로 이루어 주셨으니 주인에게 돌아가야 하겠습니다. 떠나게 해 주십시오."

하고 듣지 않았다. 그러자 그들은 이렇게 말했다.

"그러시다면 그 애에게 물어 봅시다."

그들은 리브가를 불러서

"이 어른과 같이 갈 마음이 있느냐?"하고 묻자 리브가는

"예, 가겠습니다."

그러자 그들은 리브가를 떠나 보내주었다.

리브가는 몸종들과 함께 낙타를 타고 아브라함의 집으로 가는 도중에 저녁 무렵 이삭이 들바람을 쐬러 나온 것을 보았다. 리브가는 고개를 들어 이삭을 보고 낙타에서 내려 아브라함의 종에게 물었다.
"들을 가로질러 우리 쪽으로 오시는 저 분은 누구입니까?"
종이 대답하였다.
"제 주인입니다."
리브가는 종의 말을 듣고 너울을 꺼내어 얼굴을 가렸다.
아브라함의 종은 그 동안의 일을 이삭에게 낱낱이 보고하였다. 이삭은 그 날 리브가를 천막으로 맞아들여 아내로 삼았다. 이삭은 아내를 사랑하며 어머니를 잃은 슬픔을 달랬다.

◆ 도움말

사라를 여왕의 권위를 갖춘 여자라고 형용한데 비하여 리브가는 전형적인 주부로 생각하는 것이 가장 자연스러운 것으로 안다. 처녀 리브가는 아름다운 동양적 소녀로서 그 아름다움은 어느 한 곳 흠잡을 데 없는 순수한 여성이었다. 우물가에서 아브라함의 종을 만났을 때 그녀의 태도, 더구나 한 번도 본 일이 없는 이삭의 신부가 되기 위하여 그의 하인을 따라서 기쁘게 가나안으로 향한 그녀의 태도는 잘 생각해 볼 필요가 있다.

동양의 부인들은 수동적이고 내성적인 데가 많은데 리브가는 그렇지 않았다. 그녀는 또 훌륭한 가문의 딸이면서도 물 긷고 집안 살림에 손이 더럽혀지는 것을 즐겨했으며 겸손하고 친절하며 아브라함의 종의 수발을 드는 일에 인색하거나 불손한 태도를 취하지 않았다.

리브가라는 이름이 그녀에게는 매우 적합하리만큼 그녀는 애교가 넘치는 귀여운 딸이기도 했다.

그녀의 신앙이 두드러지게 나타난 대목은 보이지 않는다. 그러나 그녀의 마음속에는 신앙의 열매가 깊이 맺혀 있었다는 것이 분명해진다. 그것은 그녀가 아브라함의 사람이 되기 위하여 우상 숭배의 마을 밧단에서 떠나기로 결심한 그 마음을 보아서도 알 수 있다.

이렇게 소박하면서도 얌전한 여자로 이삭의 아내가 되고 난 뒤에는 자기의 소망을 성취하기 위하여 여러 가지 방법의 기교를 짜내기도 하였다. 교만하지 않고 호방하지도 않으면서 그녀는 그 때문인지 몰라도 유혹에 빠지기 쉬운 여자였다.

그녀가 야곱을 더 사랑하게 된 이유가 교활성은 밉게 여겨지지만 그녀의 입장에서는 이해가 된다. 창세기 27장에는 리브가가 야곱을 편애하여 어떻게 하였는가를 잘 밝히고 있다.

리브가의 남편 이삭은 나이가 많아서 눈이 어두워졌다. 어느 날 그는 큰아들 에서를 불렀다.
"얘야!"
"예! 어서 말씀하십시오."
"너도 보다시피 내가 늙어 언제 죽을지 모른다. 그러니 너는 사냥할 때 쓰는 화살통과 활을 메고 나가서 사냥을 해다가 내가 좋아하는 별미를 가져오너라. 내가 그것을 먹고 죽기 전에 정성을 쏟아 너에게 복을 빌어주리라."
리브가는 이 말을 엿듣고 에서가 사냥하러 나간 사이에 아들 야곱에게 귀띔을 해 주었다.
"아버지가 네 형 에서에게 사냥을 해다가 별미를 만들어 오라시면서 세상을 떠나시기 전에 그것을 잡수시고 에서에게 복을 빌어주겠다고 하더라. 그러니 야곱아! 내 말을 잘 듣고 내가 하라는 대로하여라. 양떼들한테 가서 살진 염소 새끼 두 마리만 끌어오너라. 내가 그것을 아버지 구미에 잘 맞게 요리해 줄 터이니 그것을 아버지께 갖다 드려라. 그러면 아버지가 잡수시고 세상을 떠나기 전에 너에게 복을 빌어 주실 것이다."
야곱이 어머니에게 말했다.
"보시다시피 형 에서는 털이 많고 저는 이렇게 털이 없습니다. 아버님이 저를 만져 보시면 어떻게 하시겠습니까? 제가 아버님을 놀리거나 한 것처럼 되어 복은커녕 도리어 저주를 받을 게 아닙니까?"
리브가는 이렇게 대답하였다.
"야곱아, 네가 받을 저주는 내가 받으마. 너는 내가 하라는 대로 어서 가서 염소 새끼나 끌어오너라."
어머니의 말대로 야곱은 염소 새끼 두 마리를 끌고 왔다.
어머니 리브가는 남편의 구미에 맞게 만들었다. 그리고 그녀는 보관해 두었던 큰아들 에서의 옷 가운데서 가장 좋은 것을 꺼내어 야곱에게 입히고 염소 새끼 가죽을 매끈한 손과 목에 감아 준 다음 준비해 좋은 별미와 구운 빵을 아들 야곱의 손에 들려주었다. 야곱은 아버지 앞으로 나아갔다.
"아버지!"
"오냐, 네가 누구냐?"
"저는 아버님의 아들 에서입니다. 아버님 분부대로 요리를 만들어 왔습니다. 어서 일어나 앉으셔서 제가 사냥해다가 만든 요리를 잡수시고 복을 빌어주십시오!"
"네가 정말 내 아들 에서인지 만져 보아야 하겠다."
가까이 오라고 이른 이삭은 야곱이 가까이 오자 만져 보고 중얼거렸다.
"말소리는 야곱의 소리인데 손은 에서의 손이라?"
이삭은 야곱인 줄을 모르고 그에게 복을 빌어주기로 하였다.
"네가 틀림없는 내 아들 에서냐?"
"예, 그렇습니다."
"에서야, 사냥한 것을 이리 가져오너라. 내가 먹고 정성을 쏟아 너에게 복을 빌어주리라."
그는 야곱이 가져다 주는 요리와 술을 먹고 마신 뒤에
"에서야, 이리 가까이 와서 나에게 입을 맞추어다오."
야곱이 가까이 가서 입을 맞추자 이삭은 야곱이 입은 옷에서 풍기는 냄새를 맡고 복을 빌어주었다.
 "아! 내 아들에게서 풍기는 냄새, 야훼께서 복 받은 들의 향기로구나. 하나님께서 하늘에서 내린 이슬로 땅이 기름져 오곡이 풍성하고 술이 넘쳐 나거라. 뭇 백성은 너를 섬기고, 뭇 백성은 네 겨레의 영도자가 되어 네 동기들이 네 앞에 엎드리리라. 너를 저주하는 자는 저주받고 너에게 복을 빌어주는 자는 복을 받으리라."

◈ 도움말

우리들은 가장 이삭으로 하여금 축복이 에서에게 임하게 하려던 때에 리브가는 그 문제에 대해서 남편과 직접 해결해 보려고 하지 않은 점에 대해 생각해 보지 않을 수 없다.

그녀는 남편에게 에서의 경박한 성격을 지적하고 옛날 하나님의 계시도 떠오르게 해서 그것을 이유로 에서는 축복 받을 자격이 없으니 야곱에게 축복해 주어야 한다고 구하지 않았다.

그런 대신에 그녀는 조작극을 꾸며서 그녀의 뜻을 관철시키려 시도하였다. 야곱은 그 조작극에 말려든 셈이었다. 그러나 야곱 역시 자기를 위한 사기극에 대해 아무 이의도 제기하지 않았다. 뿐만 아니라 아버지 앞에 이르러서는 어머니가 가르쳐 준 각본 그대로 멋지게 연극을 했던 것이다.

그 뒤에 에서와 야곱은 사이가 나빠졌고 야곱이 아버지의 집에서 도망쳐 나아가야만 했을 때 리브가는 또 다시 남편을 속이고 그럴 듯한 변호를 했던 것이다.

성서는 이러한 일들을 하나 하나 매우 현실적으로 철저하게 묘사하고 있다. 리브가의 교활함은 메시야의 축복을 차지하기 우한 신앙에서 나온 열망으로 빚어진 일인지는 모르지만 그렇다고 그것을 야곱에게 옮겨 그것을 정당화시킬 수는 없는 것이다.

육친간에 빚어진 작은 실수로 그 결과에 따른 엄청난 결과를 야곱이 겪지 않으면 안 되었던 것이다. 하나님은 부정한 수단은 결코 기뻐하지 않는다.

리브가의 사건을 중심으로 생각해 볼 때 한 여자의 특이한 성격에 의하여 이루어진 조작극의 교훈은 오늘날 여성들에게 일종의 경고가 되고 있다. 축복을 받는 기회를 잡는 일이라면 그 목적을 위해 어떤 교활한 방법도 감행할 수 있다고 생각했던 것이 리브가였다.

만일 그녀와 남편과의 관계가 파탄 상태에 있지 않았다면 그녀는 솔직하게 남편과 협의했을 것이다. 두 사람이 신뢰하고 정즈하게 의사를 나눌 수 있는 사이었더라면 사랑하는 야곱과 같은 아들을 괴롭히는 일이 없었을 것이다.

리브가의 편애는 야곱의 신앙생활을 몇 배나 고통스러운 것으로 만들었다. 에서의 입장으로 볼 때 어머니로서 아들 에서의 성격을 변화시킬 수 없었던 것인가 하는 것은 언급이 없다. 다만 그녀는 야곱만을 사랑했다는 데 문제가 있다.

그녀의 편애는 결국 불행을 초래했다. 즉 에서가 후에 그녀의 집으로 데리고 들어온 유딧과 바스맛은 그를 완전히 타락의 구렁텅이로 빠지게 하였다. 여기서 더욱 중대한 교훈은 에돔(즉 에서) 족속으로 인하여 이스라엘 위에 떨어진 수많은 재앙에 대한 책임의 반 이상이 리브가에게 있다는 점이다. 에서의 격노의 피는 이드마 사람 헤롯의 핏속에서 맥맥히 흐르고 있다.

유딧과 바스맛

창세기 26:34 이하

에서는 40세 되던 해에 헷 사람 브리에의 딸 유딧과 헷 사람 엘론의 딸 바스맛을 아내로 삼았다. 그들 때문에 이삭과 리브가는 마음이 몹시 상했다.

야곱에게는 레아와 라헬이 있었는데 에서는 유딧과 바스밧 두 여자를 아내로 맞았다. 이 두 여자는 다같이 가나안 땅 출신으로 원주민 딸들이었다. 주께서는 가나안의 원주민은 우상을 숭배한 죄를 묻고 계시므로 그러한 사람들의 딸을 아내로 맞은 에서의 결혼은 바로 신앙의 파탄을 뜻하는 것이다.

이와 같은 결혼이 결국 그의 백성을 갈대아 우르에서 머나먼 곳까지 불러내게 한 거룩한 하나님의 소명에 어긋나고 있다는 사실을 에서는 잘 알고 있었다.

처음부터 아브라함과 그 가족들은 당시 메소포타미아에서 번져나가고 있는 우상 숭배(그 영향은 극히 미미한 것이었지만)에 빠질 위험성이 있었기 때문에 우르 땅을 떠나지 않으면 안 되었던 것이다. 그런데 그들은 그런 점에서는 벌써 거의 축생 세계까지 타락한 가나안으로 보냄을 받았던 것이다.

그 아름다운 땅에서의 우상 신앙은 실로 두려운 양상을 나타내므로 다소간이나마 주를 두려워하는 마음을 가진 사람들이 거기에 쏠리게 된다는 위험을 미처 생각하지 못했던 것이다.

갈대아 우르에서 온건한 우상 숭배의 경우에는 저도 모르는 사이에 그 영향을 받은 사람도 있었을 것이다. 그러나 가나안의 그것은 이루 말할 수 없을 만큼 난잡했을 것이다. 돌이킬 수 없는 타락, 신성한 하나님에 대한 모독은 극에 달해 있었다. 적어도 이스라엘 백성인 자가 거기에 빠져 들어간다는 것은 상상도 할 수 없는 일이었다.

이러한 이유로 해서 저주받은 백성의 피를 받고 태어난 족속 중에서 두 사람씩이나 아내를 취하였다는 사실은 실로 불신앙의 행위였던 것이다. 그 결혼으로 해서 그는 가나안 사람이 빠져 있는 증오할 우상 숭배의 위험 속으로 자기 백성을 끌어넣었고 우상 숭배를 하는 자가 생기는 원인을 만들었다.

불행하게도 유딧과 바스밧은 하나님을 두려워하는 백성이 결혼해서는 안 되는 여성의 유례로 성서에 그 이름이 나 있는 것이다. 물론 그 두 사람의 여성에 대해서는 다만 그들이 우상 숭배의 백성 중에서 태어난 것과 에서가 그들을 아내로 취한 일, 이 불행한 결혼이 이삭과 리브가의 슬픔의 씨앗이 되었다고 한 일 외에는 아무 것도 기록되어 있지 않다. 이것은 그녀들이 손 댈 수 없을 만큼 굴러먹은 여자라고 하는 뜻은 아니다.

에서는 가나안 사람에게 아내를 맞이하긴 했지만 본시 남에게 천대나 받고 막된 여자들에게 마음을 빼앗길 만큼 눈이 어두운 사람이 아니었다. 비록 가나안 여자이긴 하여도 그녀들은 어느 정도 장점을 가지고 있었을 것이다. 그러므로 이삭과 리브가가 한 탄식은 그들의 우상 숭배와 거기에 따르는 죄악된 생활 태도라고 하는 것이 타당할 것이다.

이삭과 리브가는 아브라함과 사라에게서 이어 받은 거룩한 전통을 그 가문에 고이 보존하여 왔다. 그들의 생활은 주께서 초대 족장인 아브라함을 신앙의 계시를 따라서 가르치신 극히 조심스럽고 경건한 생활이었다.

◆ 도움말

그러한 집안에 두 여인이 들어온 것이다. 에서의 아내들은 주를 두려워하지 않았다. 이교도들의 음란하고 난잡하기 쉬운 감각적인 경향에 습관화되어서 참되신 하나님을 알지 못하였다. 깊은 신앙을 지켜온 이삭과 리브가는 저속한 유딧과 바스밧의 사이에 충돌이 일어날 것은 당연한 것이다. 아들 에서까지도 이 싸움에 말려들어서 부모를 대항하였다. 그래서 늙은 부부는 탄식 가운데 나날을 보내게 되었다.

창세기 27장 46절에는 이러한 대목이 있다.

「리브가가 이삭에게 호소하였다. '헷 여자들이 보기 싫어 죽겠습니다. 만일 야곱이 이 땅에 사는 저 따위 헷 여자를 아내로 맞는다면 무슨 살맛이 있겠습니까?'」

이 기사는 성서 가운데에 하나님의 교회에 대한 교훈으로서 기록되어 있는 것이다. 크리스천 가정에서 자라난 청년이 하나님과 그리스도를 모르고 다만 이 세상 우상 앞에 향을 피우는 세속적인 여자의 그 아름다운 자태에 빠지는 일은 오늘날 교회에서도 흔히 볼 수 있는 일이다. 이와 같은 교제가 결혼으로 발전했을 때 그 청년의 가정에 미치는 불행한 결과는 빤한 것이다.

질이 나쁜 여자를 며느리로 맞은 부모는 그들이 늙었을 때 그 가정을 도덕적으로 격조를 유지할 수 없게 된다. 마침내 그 가정은 세속적이고 불신앙의 여자 마음대로 끌고 가는 불행한 집안이 되고 말 것이다. 여자의 죄 많은 생활로 인하여 조상 대대로 지켜온 그리스도의 십자가의 영광이 짓밟혀 버리고 말 것이다.

이와 같은 환경 속에서 아이들이 탄생한다면 그들이 어느 때인가 주의 이름을 두려워하는 신앙을 되찾아 조상의 믿음을 전수한다는 것은 하나님의 기적적인 은혜로밖에는 이룰 수 없을 것이다.

에서가 유딧과 바스밧을 아내로 맞은 사건은 모든 기독교 가정에 대하여 경고의 횃불을 올린 것이라고 할 수 있다. 이 같은 결혼의 해독은 하나님의 백성의 사회에서는 반드시 멀리하게 하지 않으면 안 된다.

경건한 부모일지라도 만일 그들이 한편으로 신앙을 고백하면서 그 가정에 타오르는 불신의 불길을 끄는 일을 게을리 한다면 그것은 잘못인 것이다. 자식들의 모든 죄악된 죄들을 방치해 놓고 나중에 와서 그들을 책하러 하여도 소용없는 것이다.

  이와 같은 일을 시도하면서 부모들은 자기 스스로 뿌린 잡초를 뽑으려는 것과 같은 것이다. 어려서부터 성인이 되기까지 하나님의 교회의 씨앗은 하나님에 대한 두려움 속에서 부단하게 보유하므로 우상 숭배적인 영향에서 멀리하게 하지 않으면 안 되는 것이다.

디 나

창세기 34:31

　레아가 야곱에게 낳아준 딸 디나가 그 고장 여자들을 보러 나갔다. 마침 그 지방 군주인 히위 사람 하몰의 아들 세겜이 디나를 보고 붙들어다가 욕을 보였다.
　세겜은 디나에게 애타게 애정을 호소하였다. 그리고 세겜은 아버지 하몰에게 디나와 결혼하게 해달라고 졸랐다.
　딸 디나가 욕을 보았다는 소문이 야곱에게 전해졌을 때 그의 아들들은 들에 나가서 가축을 돌보고 있었다. 야곱은 그들이 돌아올 때까지 이 일을 입 밖에 내지 않았다.
　세겜의 아버지 하몰이 야곱에게 청혼하러 왔다. 마침 야곱의 아들들은 들에서 돌아와 그 이야기를 듣고 화가 머리끝까지 치밀어 있었다. 세겜이 야곱의 딸을 건들이다니, 뻔뻔스럽게 이스라엘을 욕보이다니! 화가 안 날 수 없었다. 그런 형편인데 하몰이 그들에게 청혼을 하는 것이었다.
　"제 아들 녀석이 댁의 따님에게 아주 반해 버렸습니다. 그러니 댁의 따님을 저의 며느리로 보내 주십시오. 우리와 통혼합시다. 당신네 딸을 우리에게 주시고 우리 딸을 당신들이 데려 가십시오. 우리와 어울려서 지내면서 이 지방 어디에서나 마음대로 사십시오. 자리를 잡으시고 자유로 돌아다니며 땅을 차지하셔도 좋습니다."
　세겜도 디나의 아버지와 오빠들에게 청을 드렸다.
　"너그러이 보아주십시오. 무엇이든지 말씀만 하십시오. 다 드리겠습니다. 신부 몸값과 선물은 얼마든지 있습니다. 댁의 따님을 아내로 맞게만 하여 주신다면 무엇이든지 말씀하시는 대로 드리겠습니다."

야곱의 아들들은 자기들의 누이가 욕본 것을 생각하면 화가 치밀었지만 시치미를 떼고 세겜과 그의 아버지 하몰에게 대답하였다.

"안됩니다. 할례 받지 않은 사람에게 우리 누이를 줄 수는 없습니다. 그것은 우리에게 부끄러운 일입니다."

이렇게 말하면서 야곱의 아들들은 그들에게 이렇게 제안하였다.

"한 가지 길은 있습니다. 당신네 남자가 다 우리처럼 할례를 받겠습니까? 그렇다면 우리는 당신들의 청을 들어 줄 수 있습니다. 그리고 나서야 우리 딸을 당신들이 맞아가고 당신들의 딸을 우리가 맞아오며 어울려 살 수 있단 말입니다. 그러면 우리는 한 겨레가 될 것입니다. 당신들이 이 조건을 받아들일 수가 없어 할례를 받지 않는다면 우리는 누이를 데리고 여기를 떠나겠습니다."

하몰과 하몰의 아들 세겜은 야곱의 아들들이 내놓은 조건이 좋을 것 같았다. 그래서 그 젊은이는 서둘러 할례를 받았다.

그만큼 그는 야곱의 딸을 좋아했던 것이다. 그런데 그는 온 가문 가운데서 가장 세도 있는 사람이었다. 하몰과 그의 아들 세겜은 성문에 나가 자기들의 다스리는 주민들에게 이렇게 공포하였다.

"이 분들은 아무하고나 잘 어울리는 분들이다. 이 고장에서 우리와 함께 살며 마음대로 왕래할 것이다. 이 땅은 어느 쪽을 보아도 넓어서 그들도 함께 살 수 있다. 그들이 딸을 우리의 아내로 맞아오고 그들도 우리의 딸을 아내로 맞아가게 하자. 그러나 이 분들이 우리와 함께 살며 우리와 한 겨레가 되는 데는 한 가지 조건이 있다. 그것은 그들이 할례를 받은 것처럼 우리 모든 남자도 할례를 받아야 한다는 것이다. 결국은 그들의 양떼와 재산과 모든 가축이 우리 것이 되지 않겠느냐. 그러니 그들이 내놓은 조건을 수락하고 그들이 우리와 함께 살게 하자."

성문께로 나온 모든 주민이 하몰과 그의 아들 세겜의 말을 받아 들였다. 그래서 성문께로 나왔던 모든 남자는 할례를 받았다.

그 다음 다음날 그들이 아직 아파서 신음하고 있을 때 야곱의 아들 중 디나의 친오빠인 시므온과 레위가 칼을 빼들고 당당하게 성안으로 들어가 남자라는 남자는 모조리 죽여버렸다.

하몰과 그 아들도 칼로 쳐죽이고 세겜의 집에서 디나를 데려왔다. 야곱의 다른 아들들은 죽은 사람들에게 달려들어서 시체를 털고 그 온 성을 털었다.

이렇게 하여 그들은 자기들의 누이가 욕본 것을 보복하였다.

그들은 양떼, 소떼, 나귀떼 뿐 아니라 그 성안에나 들어 있는 것을 모조리 빼앗아 가져갔다. 모든 재산을 빼앗고 자식과 아낙네들을 사로잡고 집이라는 집은 다 털었다. 그러자 야곱은 시므온과 레위를 불러 나무랐다.

"너희 때문에 나는 이 지방에 사는 가나안 사람과 브리즈인들에게 상종할 수 없는 추한 인간이 되고 말았다. 우리는 수가 얼마 되지 않는데 그들이 합세하여 나를 치면 나와 내 가족은 몰살당할 수밖에 없다."

그러나 두 형제는 이렇게 말하였다.

"그 자가 우리 누이를 창녀 다루듯이 했는데도 가만히 있어야 한단 말입니까."

◆도움말

위에서 든 기록으로 본다면 디나의 책임은 여러 가지가 있다.

그녀가 행한 한 가지 실수로 말미암아 일이 눈사태처럼 커져 말할 수 없는 재앙이 들이닥친 것에 주의하지 않으면 안 된다.

그녀는 오빠들로 하여금 할례를 악용하게 하여 하나님의 거룩한 약속을 모독했다. 당시 할례는 계약의 상징으로 되어 있었던 것이다. 즉 그녀의 오빠들은 비겁하게도 세겜 사람들이 할례의 아픔으로 고통받고 있을 때를 이용해서 쳐들어가 그들을 멸하였다.

디나라는 한 여자 때문에 가나안의 도시가 씨를 말리게 됐고 또 그녀로 인하여 오빠들은 그 성의 부녀자들을 전리품으로 끌어오는 비인도적인 행동을 하게 된 것이다.

야곱이 "이 나라 사람에게 미운 물건이 되었다."하고 벧엘로 도망가지 않으면 안 되게 된 것도 그녀 때문이었다. 야곱의 임종시 디나의 두

오빠가 축복 대신 저주를 받은 것도 그 원인을 캐묻는다면 모두가 그녀로부터 빚어내게 된 일들이었다.

이와 같은 화는 디나의 어떤 잘못으로 일어난 것일까? 일의 발단은 지극히 작은 장난에 불과한 것이었다. 디나는 독실한 신앙인의 가정에서 태어나 자라났다. 하지만 그녀는 밤의 세계는 어떤 것일까 하는 호기심이 일어 바깥바람을 쐬고 싶은 충동을 일으킨 것이다.

당시 그녀의 천막은 세겜이라는 동네의 근교에 세워져 있었다. 야곱은 그 동네와의 교섭은 완전히 피하고 있었다. 그러나 디나는 바깥에 마음을 쓰고 있었고 세겜 마을의 처녀들이 호화로운 동양적 차림으로 오가는 모습이 그녀에게는 큰 관심을 끌게 한 것이었다. 그녀도 그들처럼 해보고 싶은 충동을 느끼고 있을 때에 그녀의 오빠들이 멀리 들로 나간 사이 아버지와 둘이 있는 틈을 타서 세겜 동네를 돌아다니게 된 것이다.

그때 그녀는 지방 군주의 아들 눈에 띄게 된 것이고 군주와 아들 세겜은 그녀를 강제로 데려다가 정조를 유린한 것이다.

그녀는 처녀의 몸이므로 저항도 했을 것이다. 하지만 끝나는 강탈을 당하고 만 것이다.

일이 이렇게 되자 그녀는 집으로 돌아가려 해도 돌아갈 수 없는 신세가 되고 만 것이다. 게다가 지방 군주의 집이 너무도 호화롭고 사치스러움에 매력을 느껴 그대로 잡힌 채 왕자의 요구에 응하였으며 왕자의 청혼에 귀를 기울였을 것이다.

세속적인 것에 대한 그녀의 욕망은 이대로 살았으면 행복한 것으로 생각했을 것이다.

세겜 사람을 죽인 후에 시므온과 레위는 그녀를 자기들의 집으로 데려왔다. 그러나 이 사건으로 인한 그녀의 죄는 이것으로 깨끗이 씻은 것이라고는 말할 수 없다. "우리들의 여동생이 창녀와 같은 취급을 받을 수 있겠는가?" 하고 그녀의 오빠들은 말했다. 그들의 실벌한 복수는 미워할 만한 것이지만 이 단호한 말은 동감을 불러일으키는 것이다.

그러면 이러한 불상사가 일어나게 한 근본적인 원인은 어디에 있는가? 디나의 죄뿐일까? 그것만도 아니다. 그녀가 세상이 보고 싶다는 소원이 왜 일어나게 되었는지를 생각해 볼 여지가 있다. 그녀는 하루종일 좁은 천막 안에서 생활하는 것이 싫증이 났었을 것이다. 그녀가 지나치게 억압당하고 있던 환경의 문제일 수도 있는 것이다.

물론 경우는 다르지만 오늘날 세상에는 디나와 같은 여성이 얼마든지 있는 것이다. 주의 성막 안에 갇힌 여성 중에는 특히 많으리라고 여겨지는 것이다. 그녀들은 세상의 궁금한 곳을 조금만이라도 들여다보고 싶다는 욕망을 가지고 있는 것이고 또 세상과 접촉하고 그 쾌락에 대하여 이야기하고 싶다는 욕망을 버리지 못한다는 점이다. 디나와 같이 외계에 눈을 돌리지 않는 여성도 많은 것이지만 누구나 〈조금만, 아주 잠깐만, 기분전환을 위해서 눈을 좀 돌린들 그게 큰 과오이리오〉하고 생각하며 나는 그 정도의 일에는…… 하고 자부까지 한다.

만약에 이러한 생각을 가지고 극히 작은 것인데 뭘 하고 가볍게 생각하는 사람이 있다면 그가 바로 디나인 것이다.

이와 같은 작은 발단이 오늘날 폭행이나 살인 등의 결과를 초래하는 일은 적더라도 때로는 가정과 종교를 파괴하고 영혼의 고갈을 가져오게 한다.

라헬과 레아

창세기 36:16-30

야곱이 동방으로 가는 길에 외삼촌 라반의 집에 머물게 되었다. 외삼촌 라반은 야곱을 그 집에서 한 달 동안 머물러 있게 하였다. 그러다가 하루는 야곱에게 물었다.

"네가 내 골육이라 해서 내 일을 거저 해서야 되겠는가? 품삯을 얼마나 주었으면 좋겠는지 말해 보아라."

라반에게는 딸이 둘이 있었다. 큰딸은 레아요 작은딸은 라헬이었다. 레아보다는 라헬이 몸매도 아름답고 용모도 예뻐서 야곱은 라헬을 더 좋아하였다. 그래서 그는 이렇게 대답하였다.

"칠 년 동안 삼촌의 일을 해 드릴 테니 작은따님 라헬을 주십시오."

"다른 사람에게 주느니보다 너에게 주는 편이 낫겠다."

이렇게 말을 나눈 뒤에 야곱은 칠 년 동안 열심히 일을 하여 약속한 날이 찼다. 라반은 그 고장의 사람들을 청해 혼인잔치를 베풀었다. 밤이 되자 라반은 큰딸 레아를 야곱의 침실에다 데려다 주었다. 그것도 모르고 야곱은 그녀와 잠자리에 들었다. 그리고 그 날부터는 몸종 질바를 주어 레아의 시중을 들게 하였다.

이튿날 아침이 되어 눈을 떠보니 어이없게도 야곱의 곁에는 레아가 있었다. 야곱은 항의하였다.

"삼촌이 저에게 이러실 수가 있습니까? 저는 라헬에게 장가를 들기 위해 삼촌 일을 해 드린 것이 아닙니까? 왜 저를 속이십니까?"

"우리 고장에서는 작은딸을 큰딸보다 먼저 시집 보내는 일은 없네."

라반은 다시 이렇게 말했다.

"초례 기간 한 주일만 참아주면 작은딸도 주지. 그 대신 또 칠 년 동안 내 일을 해주어야 하네."

야곱은 한 주일을 참았다가 동생 라헬과 결혼을 하였다. 라반은 작은 딸에게 자기의 계집종 빌하를 몸종으로 주었다. 야곱은 레아보다 라헬을 더 사랑했다. 그는 약속대로 또 칠 년 동안 라반의 집에서 일을 해주었다.

야훼께서는 레아가 남편에게 차별대우를 받는 것을 보시고 그녀의 태를 열어 주셨다. 그러나 라헬은 임신을 하지 못했다.

레아는 임신을 하여 아기를 낳았다. 그녀는

"야훼께서 내 억울한 심정을 살펴 주셨구나. 이제는 남편이 나를 사랑해 주겠지."

하고 아기 이름을 르우벤이라고 불렀다. 레아는 또 임신하여 아기를 낳았다. 그 아기의 이름은 시므온이라고 지었다. 그녀는 또 임신하여 아들을 낳았다. 그 아기의 이름은 레위라고 지었다. 그녀는 또 임신하여 아들을 낳았다. 그 아기는 유다라고 불렀다. 그 뒤 얼마 동안 레아는 아기를 낳지 못했다.

한편 라헬은 남편에게 아이를 낳아주지 못하자 언니를 시새우며 야곱에게 투덜거렸다.

"저도 자식을 갖게 해주세요. 그렇지 않으면 죽어버리겠어요."

야곱은 라헬에게 화를 내며 야단을 쳤다.

"하나님께서 당신의 태를 닫아 아기를 못 낳게 하는데 나더러 어떻게 하라는 말이오?"

그러자 라헬이 말하였다.

"저에게 몸종 빌하가 있잖습니까? 그녀의 방에 드셔요. 빌하가 혹시 아기를 낳아 제 무릎 위에 안겨 줄지 압니까? 빌하의 몸종에서라도 아기를 낳아 당신의 혈통을 이어 드리고 싶습니다."

라헬은 몸종 빌하를 야곱의 소실로 들여보냈다. 야곱이 그녀와 한 자리에 들었더니 빌하가 임신하여 아들을 낳았다. 라헬은 그 아기를 단이라고 불렀다. 라헬의 몸종은 또 임신하여 아들을 낳았다. 라헬은 그 아기의 이름을 납달리라 불렀다.

또 한편 레아는 다시는 아기를 낳지 못할 줄 알고 몸종 질바를 야곱의 소실로 들여보냈다. 질바도 야곱에게 아들을 낳아 주었다. 레아는 아기 이름을 가드라 불렀다. 질바는 또 임신하여 두 번째 아들을 낳아 주셨다. 레아는 아기 이름을 아셀이라고 불렀다. 그 후에 레아는 다시 임신하여 아들들을 더 낳아 야곱에게 주었고 하나님께서는 라헬도 돌보아 주셔서 그녀도 임신할 수 있게 되어 아들을 낳았다. 그녀는
 "하나님께서 나의 부끄러움을 씻어 주셨다."
하며 아들 이름을 요셉이라 불렀다.

◆ 도움말

 라헬은 레아와 비교가 안될 만큼 몸매도 아름답고 용모도 뛰어났다. 그녀의 외모는 서구적이 아닌 동양적인 미를 갖추고 있었다. 성서는 레아와 같이 인물이 못 생겨 마음 아파하는 뭇 여성들에게 새로운 것을 일깨워 준다. 그것은 레아와 같이 못생겼어도 하나님께서는 한 가지 거룩한 위로를 제공하여 주고 있다는 점이다. 다시 말해서 용모가 곱지 못한 레아는 아름다운 라헬 보다도 훨씬 풍족한 축복을 받고 살았다는 점이다. 라헬에게는 요셉과 베냐민 두 아들밖에 주지 않으셨다. 또 요셉은 노예로 팔려 고생을 하였고 마침내는 죄악이 깊은 이스라엘 민족의 조상이 되었다. 더구나 베냐민 족속은 무서운 죄악 때문에 거의 멸절되기에 이르렀다. 이와 반해 레아는 유다로 말미암아 다윗으로, 다윗에게서 그리스도로 이어지게 한 축복을 받아 라헬을 이기고도 남게 하였다. 여기서 라반의 집이 사회적으로, 또 도덕적으로, 경제적으로 보아 브두엘보다 훨씬 뒤떨어졌었다는 것을 알 수 있을 때 그녀는 자유스럽게 집을 떠나 이삭에게 갔었다. 그러나 그 후의 밧단 아람에서의 사정은 급속히 악화되었던 것이다. 이것은 라반이 야곱에게 두 딸을 사실

상 팔아 넘긴 것과 다름없는 형태로 주었다는 사실만 보아도 알 수 있는 것이다. 야곱과 라반과의 관계를 고려해 볼 때 지금 돈으로 한 주일에 20불이면 정당한 임금이었을 것이다. 야곱이 레아를 얻기 위해 7년 동안 일을 했으므로 레아는 약 7천 불에 해당하는 금액으로 야곱에게 팔았다는 것이 된다. 그 뿐 아니라 라반은 교활한 수법을 썼다. 레아도 또한 아름다운 여동생 라헬로부터 사랑하는 남자를 빼앗기 위해 아버지의 계략에 따랐던 것이다. 이쯤 되고 보니 이 가정의 도덕성은 경제적 형편과 더불어 형편없었다는 것을 알 수 있다. 그러한 환경에서 레아는 태어났고 성장한 것이다.

레아와 라헬은 신앙적인 면에서 많은 차이가 있다. 레아는 신앙적으로 귀한 보배를 가지고 있었다. 하나님께서는 그녀의 속에 신앙을 깊이 심어놓은 것이다.

르우벤을 낳았을 때 그녀는 이렇게 말했던 것이다.

"이제야 비로소 하나님이 나를 돌아 보셨다."

이렇게 하나님을 찬양하였는가 하면 시므온을 주셨을 때에도

"나를 미워하는 자 앞에서 하나님은 나를 위로해 주셨다."

하고 기뻐하였고 레위를 낳고서 그녀는 이기심을 버리고 다음속으로 말했다.

"이제야 말로 나는 주를 찬송하리로다."

이것은 레아 자신의 공적이 아니라 하나님이 그녀의 마음속에 성취시켜 주신 공적이었다. 그렇지만 라헬의 가슴속에는 이러한 마음이 일어나지 않았다. 주의 영광은 요셉의 이름 속에도 또 베냐민의 이름 가운데도 나타나 있지 않았다. 하나님을 찬송하는 목소리는 다만 유다의

이름 가운데서만 찾을 수 있었다. 유다라함은 하나님을 찬미하는 자라는 뜻이다. 이 두 여자의 아름다움과 추함은 실로 무서운 결과를 초래한 것이다. 하나님의 선택은 결코 외모에 의하지 않는다. 아름다운 라헬보다 레아가 하나님의 선택을 받은 것이다. 그 결과 하나님께서는 아름다운 라헬이 아니라 레아가 유다를 낳도록 정하시고 이렇게 해서 그녀는 그리스도를 낳을 수 있었던 것이다.

인간에게 외면당하는 자는 오히려 하나님의 눈을 끌게 한다는 사실을 알아야 한다. 대개의 아름다움에는 두 가지 특징이 있다. 그 하나는 하나님께서 태어날 때 주시는 아름다움이지만 그 아름다움은 머지 않아 꽃처럼 시들어 버리는 아름다움이고 또 하나는 사람이 하나님의 은총에 의하여 거듭나는 찰나에 하나님께서 주시는 아름다움인 것이다. 그 아름다움이야말로 영원히 없어지지 않고 시들 줄 모르며 영원한 향기로 남는 것이다.

다 말

창세기 38:1-30

그 후에 유다가 자기 형제에게서 내려가서 아둘람 사람 히라에게로 나아가니라 유다가 거기서 가나안 사람 수아라 하는 자의 딸을 보고 그를 취하여 동침하니 그가 잉태하여 아들을 낳으매 유다가 그 이름을 엘이라 하니라 그가 다시 잉태하여 아들을 낳고 그 이름을 오난이라 하고 그가 또 다시 아들을 낳고 그 이름을 셀라라 하니라 그가 셀라를 낳을 때에 유다는 거십에 있었더라 유다가 장자 엘을 위하여 아내를 취하니 그 이름은 다말이더라 유다의 장자 엘이 여호와 목전에 악하므로 여호와께서 그를 죽이신지라 유다가 오난에게 이르되 네 형수에게로 들어가서 남편의 아우의 본분을 행하여 네 형을 위하여 씨가 있게 하라 오난이 그 씨가 자기 것이 되지 않을 줄 알므로 형수에게 들어갔을 때에 형제에게 아들을 얻게 아니하려고 땅에 설정하매 그 일이 여호와의 목전에 악하므로 여호와께서 그도 죽이시니 유다가 그 며느리 다말에게 이르되 수절하고 네 아비 집에 있어서 내 아들 셀라가 장성하기를 기다리라 하니 셀라도 그 형들같이 죽을까 염려함이라 다말이 가서 그 아비 집에 있으니라 얼마 후에 유다의 아내 수아의 딸이 죽은지라 유다가 위로를 받은 후에 그 친구 아둘람 사람 히라와 함께 딤나로 올라가서 자기 양털 깎는 자에게 이르렀더니 혹이 다말에게 고하되 네 시부가 자기 양털을 깎으려고 딤나에 올라왔다 한지라 그가 그 과부의 의복을 벗고 면박으로 얼굴을 가리고 몸을 휩싸고 딤나 길 곁 에나임 문에 앉으니 이는 셀라가 장성함을 보았어도 자기를 그의 아내로 주지 않음을 인함이라 그가 얼굴을 가리웠으므로 유다가 그를 보고 창녀로 여겨 길 곁으로 그에게 나아가 가로되 청컨대 나로 네게 들어가게 하라 하니 그 자부인 줄 알지 못하였음이라 그가 가로되 당신이 무엇을 주고 내게 들어오려느냐 유다가 가로되 내가 내 떼에서 염소 새끼를 주리라 그가 가로되 당신이 그것을 줄 때까지 약조물을 주겠느냐 유다가 가로되 무슨 약조물을 네게 주랴 그가 가로되 당신의 도장과 그 끈과 당신의 손에 있는 지팡이도 하라 유다가 그것들을 그에게 주고 그에게로 들어갔더니 그가 유다로 말미암아 잉태하였더라 그가 일어나 떠나가서 그 면박을 벗고 과부의 의복을 도로 입으니라 유다가 그 친구 아둘람 사람의 손에 부탁하여 염소 새끼를 보내고 그 여인의 손에서 약조물을 찾으려 하였으나 그가 그 여인을 찾지 못한지라 그가 그곳 사람에게 물어 가로되 길 곁 에나임에 있던 창녀가 어디 있느냐 그들이 가로되 여기는 창녀가 없느니라 그가 유다에게로 돌아와 가로되 내가 그를 찾지 못하고 그곳 사람도 이르기를 여기는 창녀가 없다하더라 유다가 가로되 그도 그것을 가지게 두라 우리가 부끄러움을 당할까 하노라 내가 이 염소 새끼를 보내었으나 그대가 그를 찾지 못하였느니라 석 달쯤 후에 혹이 유다에게 고하여 가로되 네 며느리 다말이 행음하였고 그 행음함을 인하여 잉태하였느니라 유다가 가로되 그를 끌어내어 불사르라 여인이 끌려나갈 때에 보내어 시부에게 이르되 이 물건 임자로 말미암아 잉태하였나이다 청컨대 보소서 이 도장과 그 끈과 지팡이가 뉘 것이니이까 한지라 유다가 그것들을 알아보고 가로되 그는 나보다 옳도다 내가 그를 내 아들 셀라에게 주지 아니하였음이로다 하고 다시는 그를 가까이하지 아니하였더라 임신하여 보니 쌍태라 해산할 때에 손이 나오는지라 산파가 가로되 이는 먼저 나온자라 하고 홍사를 가져 그 손에 매었더니 그 손을 도로 들이며 그 형제가 나오는지라 산파가 가로되 네가 어찌하여 터치고 나오느냐 한 고로 그 이름을 베레스라 불렀고 그 형제 곧 손에 홍사 있는 자가 뒤에 나오니 그 이름을 세라라 불렀더라

◆ 도움말

다말이라 하는 뜻은 홀쭉한 사람이라는 뜻이다. 그 이름으로 미루어 보아 그녀는 키가 후리후리한 여성이었으리라고 짐작된다. 그녀에 대해서 보다 중요한 것은 그녀의 시어머니인 수아처럼 그녀도 또한 가나

안 사람이었다.

  꼬집어 말할 수는 없지만 야곱의 다른 아들들은 모두 밧단 아람에서 아내를 취했던 것으로 보인다. 그런데 메시아의 조상으로 우리의 관심을 끄는 유다에 대해서는 그가 가나안인을 아내로 취했다는 사실과 그의 장자 에르에게 분명히 가나안 사람인 다말을 주었다고 하는 것이 기록되어 있는 것이다.

  다말이 가나안 사람이라고 하는 것은 반드시 사악한 우상 숭배자였다는 것을 뜻하는 것은 아니다. 왜냐하면 아브라함에게 멜기세댁이 방문하였을 때의 이야기에서 참 하나님에 대한 완전한 지식은 없다고 할지라도 지극히 높은 존재를 숭배하는 소수의 가족이 가나안에도 있었다 하는 것을 알고 있기 때문이다. 그러나 다말의 이 가련한 이야기는 이 가냘픈 신앙이 도의 면에서 현저한 퇴폐로 말미암아 몹시 외면당하였다는 사실도 밝히고 있다.

  가나안 사람들은 특히 간음죄에 빠져 있었다. 그 죄를 그들 사이에서 증오할 만큼 밑바닥까지 타락하였으므로 그것을 종교 의식상의 의무라고까지 믿었던 것이다.

  이 사실은 비느하스와 바알브올 예배의 경우에서도 여신 아시다롯의 예배에서도 역시 모독적인 경지에까지 이를 만큼 음란한 것이었다는 것을 헤아릴 수 있다. 이와 같은 우상 숭배는 모든 청년 남녀에게, 신에게 희생을 드리는 한 예로 그의 정조를 바치는 일을 의무로 삼게 했다.

  그러므로 그들이 신당은 간음의 소굴이었다. 증오할 만한 일이긴 하지만 아직도 이 사실은 하나님의 사람을 그의 원하는 대로 내버려두실 때에 사람이 빠져 들어가는 타락의 깊음을 가르치는 하나의 교훈으로 유용하였다.

그 며느리를 불태워 죽이라고 말한 유다 자신이 실은 그 죄악의 장본인이었다는 이 사실로서 우상 숭배의 민족과의 혼인의 저주는 여실히 나타난 것이다. 나중에 진상을 깨달은 유다는 그녀는 나보다 바르다라고 인정하지 않을 수 없었던 것이다. 왜냐하면 이 경멸해야 할 행위에서 유다가 온전히 육욕으로 좇아 행동한 것과는 달리 다말은 보다 고상한 동기에서 재촉을 받았기 때문이다.

여기서 우리는 다말이 유다의 장자 엘의 아내였다는 것을 생각하지 않으면 안 된다. 엘은 그의 사악함으로 인하여 하나님에게 벌을 받아 죽은 것이고 다말은 유다가 그녀에게 둘째 아들 오난을 주기까지는 과부로서 자식도 없이 지내고 있었던 것이다.

그러나 오난은 다말이 자식을 잉태하는 것을 보고 고의로 피하여 후세에 추명을 남겼고 하나님의 진노를 발하게 하여 오난도 역시 하나님의 벌로 죽음으로 다말은 또 다시 자식 없는 과부가 된 것이다.

그리하여 유다는 며느리에게 삼남 셀라를 남편으로 주기로 약속하였다. 하지만 그는 약속을 어기고 다말을 방치해 버렸다. 그녀는 이 일로 하여 매우 슬프게 나날을 보냈을 것이다. 그녀의 유일한 소원은 유다의 사자가 될 자식을 낳는 것이었지만 그렇게도 그리는 아들은 얻을 수가 없게 되었다.

그녀의 행동이 만약 욕정에만 눈이 어두워 저지른 것이었다면 그녀는 늙은 시아버지를 택하여 욕망을 채우지는 않았을 것이다. 그녀는 충분히 청년을 유혹할 수도 있었다. 그녀의 목적은 유다의 족속을 대표하는 자의 어미가 되고 싶었던 것이라고 말할 수 있다. 그녀는 시아버지를 유혹하여 간음을 함으로써 비로소 베레스와 세라의 어머니가 될 수 있었다. 그렇게 하였으므로 해서 그녀는 그 위대한 계보 속에 들 수 있었다. 그녀는 바셋바와 한 가지로 주 예수 그리스도의 조상이 되는 것이다.

유다의 죄에 비하면 다말의 죄는 가벼운 것이다. 〈그녀가 나보다 올바르다〉라고 한 유다의 말은 바로 맞는 것이다. 사람이 아무리 엄하게 그녀를 비난한다고 하지만 또 비난할 만도 하지만 그녀가 유다의 혈통을 잇고자 하는 성실한 소원이 그를 움직이게 하였다. 여기서 중시해야 할 사항 하나가 더 있으니 그것은 그녀가 간음을 종교적 의식의 하나로 삼는 가나안 족속으로 양육을 받았다고 하는 것을 염두해 두지 않으면 안 된다.

이 사건이 일어난 뒤로는 다말을 비방하는 기사는 전혀 찾아 볼 수 없다. 가장 엄격한 비판은 교육에 의해서 하는 것이 아니다.

그녀는 그러한 죄를 범하면 이스라엘에서는 화형에 처해진다는 것을 잘 알고 있었다. 그러면서도 희생을 각오했지만 유다는 그것도 알지 못하고 그 증오스러운 간음죄의 구렁텅이에다 몸을 던졌던 것이다.

그런 까닭에 그 죄의 대가는 유다와 그의 아들들이 마땅히 져야 할 것이며 그들이야말로 우리들의 힐책의 대상이 될 수밖에 없는 것이다.

아스낫

창세기 41:38-56

바로는 요셉에게 일렀다.

"내가 왕이지만 너의 승낙 없이는 이집트 전국에서 사람들은 손 하나 발 하나 움직이지 못할 것이다."

바로는 요셉에게 사브낫바네 아라는 새 이름을 지어 주고 온 (이라는 곳의 사제 보디 벨라의 딸 아스낫을 아내로 주었다. 이렇게 하여 요셉은 이집트 온 땅의 통치자로 나타났다.

바로는 요셉을 순수한 애굽인으로 만들 생각이었다. 젊고 재질이 뛰어난 히브리인을 애굽 국민의 생활에 동화시키려고 하는 것이 그의 심산이었다.

그러나 바로는 다음과 같은 일만은 처음부터 분명히 하고 있었다. 이스라엘의 하나님 …… 애굽을 구하시려고 요셉을 보내셨다 라고 말하는 것은 절대로 입 밖에 내서는 안 된다는 것이었다. 이 한 가지에 대해서만은 완강한 태도를 취하고 있던 바로였다.

바로는 처음부터 야훼 하나님을 거부했다. 따라서 요셉은 스스로 애굽의 소유물이 됨을 자인하고 그 백성이 되고 그 나라 국위를 선양하고 한 마디로 말해 바로의 왕관을 장식하는 진주의 구실을 하지 않으면 안 되었던 것이다.

이러한 목적에 의하여 요셉에게 명예와 재보를 아낌없이 주었다. 그 때문에 그는 요셉을 사브낫바네아(구제자)라고 부르고 아스낫을 아내로 준 것이다.

어떤 뜻에서 본다면 그 결혼은 굉장한 명예였다. 그 까닭은 아스낫이 애굽의 태양신의 성도(聖都) 온 제사장 보디베라의 딸이었고 제사장의 계급은 애굽에서는 사회적으로 지극히 높은 자리였기 때문이다. 제사장으로 말하면 일종의 현인으로 자연의 신비를 궁구하고 심원한 학문을 연구하는 애굽의 지혜를 역사상의 속담으로 하는 일에 공헌한 사람들이었다.

  요셉이 해몽을 하고 뛰어난 현명함을 보였을 때 바로는 이것으로 인한 요셉의 유례 드문 통찰력을 야훼로부터 연결시키고 않고 다만 자연의 신비 속에 그가 귀일된 것으로 본 것이다. 그래서 바로는 요셉이 애굽의 현인들과 관계를 맺는 일과 아스낫과의 결혼으로 제사장의 계급에 동화되는 것을 어떤 점으로 보나 타당하다고 생각했던 것이다.

  요셉이 이 결혼에 꼭 따라야 할 이유는 없었다. 그러나 한 가지 분명한 사실은 그 결혼이 정치적인 것이 포함된 결합인 것, 폐쇄적인 귀족 사회에 요셉을 넣어 애굽에 완전 귀화시키려고 바로에 의해서 계획되었던 것이라는 인상은 의심할 여지가 없이 분명하다. 태양신이 대제사장의 사위가 되는 일로 해서 그 위신의 전부를 우상 신앙에 따르는 계급의 일원으로 되었던 것이다. 그는 이 결혼을 단호히 거부했어야 한다.

  요셉이 자진해서 그 결혼을 승낙했다는 것은 아니다. 그는 이전에 시위대장 보디발의 집에 있을 때 그 인간 됨을 잘 알 수 있는 사람이었다.

  창세기 39장 4절부터 시작되는 기록에는 다음과 같은 사건이 있다.

  그는 (보디발)요셉이 눈에 들어 심복으로 삼고 집안 일의 관리인으로 세워 그에게 모든 것을 맡겼다. 온갖 일과 모든 소유를 맡기자 야훼께서는 요셉을 보아 그 이집트 사람에게 복을 내리셨다. 야훼의 축복은 집과 밭뿐 아니라 그에게 있는 모든 것 위에 내렸다. 이렇듯이 그는 자기에게 있는 모든 것을 요셉의 손에 내맡겼다.

  그리고 그가 있는 한 자신이 먹는 음식을 빼놓고는 아무것에도 마음을 쓰지 않았다. 그런데 요셉은 아주 깨끗하고 잘 생긴 사나이여서 얼마쯤 세월이 흐르자 주인의 아내가 눈짓을 하며 자기 침실로 가자고 꾀는 것이었다. 그는 주인의 아내에게 그럴 수 없다고 사정하였다.

  "보시다시피 주인께서는 제가 있는 한 집안의 일은 통 마음을 쓰지 않으십니다. 당신께 있는 것을 모두 제 손에 맡겨 주셨습니다. 이 집안에서는 그분보다 제가 실권이 더 있습니다. 마님만은 당신의 아내이기 때문에 범접할 수 없지만 그 밖의 일은 못할 것이 없습니다. 그런데 이렇게 엄청난 짓을 제가 어떻게 저지를 수 있겠습니까? 이것은 하나님께 죄가 됩니다."

그러나 그녀는 날이면 날마다 수작을 걸어왔다. 요셉은 말을 듣지 않고 그녀의 침실에 들지 않았다.

하루는 그가 일을 보러 집 안으로 들어갔는데 마침 집안에 사람이라곤 아무도 없었다. 그녀는 요셉의 옷자락을 잡고 침실로 가자고 꾀었다. 그러나 요셉은 옷을 그의 손에 잡힌 채 뿌리치고 밖으로 뛰쳐나갔다. 요셉의 옷을 자기 손에 내버려둔 채 밖으로 뛰쳐나가는 것을 보고 그녀는 집안 사람들을 향해 소리쳤다.

"이것 좀 봐라. 주인께서 우리를 웃음거리로 만들려고 저 히브리 녀석을 데리고 왔구나. 그놈이 나에게 달려들어 강간하려고 했어. 그래서 나는 고함을 질렀지. 그랬더니 그놈이 내가 고함지르는 소리를 듣고 옷을 내버려둔 채 뛰쳐나갔다."

그리고는 그 옷을 곁에 챙겨놓고 주인을 기다리다가 주인이 집에 돌아오자 주인에게 이야기를 꺼내는 것이었다.

"당신이 데려온 그 히브리 종 녀석 말이에요."

이 말을 듣고 주인은 화가 치밀어 올랐다. 그래서 요셉의 주인은 그를 감옥에 가뒀다.

요셉은 이미 산전수전 다 겪은 사람으로 음부의 수법에 경솔히 넘어갈 사람이 아니라는 것은 위의 기사로 충분히 이해가 가는 것이었다.

여기서 중요한 것은 태양신을 섬기는 제사장의 딸이 요셉의 아내로 순응했다는 점이다. 그녀가 요셉을 인하여 얻게 된 두 아들의 이름이 벌써 그녀와의 결혼으로 요셉의 천막으로 밀려든 죄의 그늘을 노출시키고 있다. 므낫세라는 것은 망각을 뜻한다. 왜냐하면 '주는 나에게 나의 모든 괴로움과 아버지 집의 모든 일을 잊어버리게 해주셨기 때문이라고' 요셉은 말하고 있다. 또 에브라임은 이중의 풍요, 즉 요셉의 말에 의하면 나의 권한의 땅에서 나를 풍부하게 열매 맺게 해주셨다라는 뜻이었다. 요셉은 애굽 사람중의 애굽 사람으로 만들려고 한 바로의 의도는 벌써 성공되어 가고 있었다. 그의 아내 아스낫 때문에 요셉 자신도 애굽인으로 자처하고 있었다. 그녀 까닭에 요셉은 자기 아버지의 집에 대해서는 벌써 죽은 것과 동일한 것으로 체념하기에 이르렀다.

이러한 심경 역시 아스낫의 영향에서 온 것이다. 물론 이따금 잊어버렸던 아버지의 집은 하나님의 섭리로써 다시금 그의 것이 되었다. 그때에 요셉은 전에 이미 녹슬어 버린 형제간의 인연을 스스로 다시 불러일으킨 것이다. 그가 자기의 형제들과의 정리를 되찾음을 알게 되자 자기가 죽으면 그 뼈를 그의 부모와 함께 가나안에 묻어 주기를 주장하기까지 하였다.

그의 뼈와 함께 아스낫과 결혼의 해독도 묻어버렸다면 좋았을 것을 아스낫의 피의 얼마쯤은 므나세와 에브라임의 핏속에 흘러서 그들의 참 이스라엘 사람과 분리시켰다. 아스낫의 이 아들들에게서 머지 않아 하나님 힘의 세력이 일어나서 야곱의 자손의 혈통 속에서 분열의 독소를 부어넣었다. 에브라임은 유다에게 그리고 솔로몬의 아들 여로보암에게 항거했다. 이것이 마침내는 사마리아와 예루살렘의 분쟁으로 이끄는 것이었다.

바알 숭배가 성하게 퍼진 것은 사마리아였고 이세벨의 주의 선지자를 죽인 것도 또한 그곳이었다. 이렇게 해서 한번은 권세와 영예를 떨친 요셉의 형제들은 전멸하고 말았다.

야곱 집의 영광은 다만 유다에게 부어주신 것이었다. 어찌하여 요셉의 형제가 이렇게도 급속히 망했느냐고 묻는다면 성경은 오직 한 가지 대답을 보여주실 것이다. 요셉은 제사장 보디베라의 딸 아스낫을 아내로 취했기 때문이다라고.

요게벳

출애굽기 2:1-10, 6:20

레위 가문에 한 남자가 있었는데 그는 같은 레위 가문의 여자를 아내로 맞았다. 아내가 아이를 배어 사내아이를 낳았는데 너무나도 잘 생겨서 석 달 동안 숨겨서 길렀다. 그러다가 더 숨겨둘 수 없게 되자 왕골 상자를 얻어다가 역청과 송진을 바르고 그 속에 아기를 뉘어 강가 숲 속에 놓아두었다. 그리고 아기의 누이가 멀리 서서 형편을 살피고 있었다.

마침 바로의 딸이 목욕하러 강으로 나왔다. 시녀들은 강가를 거닐고 있었는데 공주가 갈대숲 속에 있는 상자를 보고 시녀 하나를 보내어 건져다가 열어보았더니 사내아이가 울고 있었다. 공주는 불쌍한 생각이 들어

"이 아기는 틀림없이 히브리인의 아기다."

하고 중얼거렸다. 그 때 아기의 누이가 나서서 바로의 딸에게 말하였다.

"아기에게 젖을 빨리게 히브리 여인 가운데서 유모를 하나 데려다 드릴까요?"

"그래 어서 다녀오너라."

바로의 딸이 이렇게 대답하자 소녀는 아기의 어머니의 불러왔다. 바로의 딸이 그녀에게 부탁하였다.

"내가 삯을 줄 터이니 이 아기를 데려다 젖을 먹여 키워다오."

그리하여 여인은 아기를 데려다 젖을 먹여 키웠다. 아이가 꽤 자란 뒤에 어머니는 아이를 바로의 딸에게 데려갔다. 공주는 그 아이를 자기의 아들로 삼고 물에서 건져냈다고 하여 모세라고 이름을 지어주었다.

◆ 도움말

요게벳은 그의 생애와 행한 모든 것으로 신앙을 증명한 많은 증인중의 한 사람으로서 히브리서 11장에 나타나 있다.

그녀는 레위 족속에서 낳았고 출애굽기 6장 20절에 의하면 남편 아므람보다도 연장자였던 것 같다.

그녀는 아므람의 아버지의 자매 곧 고모였음이 기록되어 있는 것이다. 이 같은 근친혼은 후세에 엄히 금지되어 있지만 유대인이 애굽에 머물러 있던 혼란기에는 그것이 허술하게 지켜지고 있었다.

히브리여인들이 아기를 낳을 때 남자아이는 모조리 나일강에 쳐 넣으라는 바로의 명령이 내렸을 때 요게벳은 아이를 남매나 두고 있었다. 딸은 꽤 큰 소녀로 나중에 미리암이라고 등장하는 딸이고 또 한 사람은 세 살박이 어리고 철없는 개구쟁이 사내였다. 요게벳은 임신하는 것을 피하고 싶었을 것이다.

바로의 명이 두려울 때에 아이를 갖게 되고 태어난 아이가 딸이 아니고 아들일 경우는 산모는 산모대로 마음 아프고 아기는 나일강에 던져지는 죽음이 기다리고 있을 뿐이기 때문이다.

왕의 명을 거역한다는 것도 불가능한 일이지만 만일 거역하려 해도 가혹한 지배자 바로의 단속에 빈틈을 전혀 주지 않았다.

〈사내 아이는 나일강에!〉 이것이 바로의 분명한 명령이었다.

요게벳은 아들 모세를 낳고, 아들을 낳았다는 기쁨보다 두려움과 슬픈 탄식을 하지 않으면 안 되었다. 그러나 한 어머니의 슬픈 탄식은 그녀를 영웅적 여성으로 만들었다. 내 아들을 위해 싸우리라. 이러한 결심을 하게 된 것은 그녀가 어린 아들을 들여다보는 순간에 갖게 된 것이다. (그녀는 그 아들의 아름다움을 보고)라고 성서에 두 번이나 거듭

해서 기록했다.(출애굽기 2장 1~11, 사도행전 7장 20, 히브리 11장 23 절)

이것은 만일 이렇게까지 아름다운 아기가 아니었다면 그녀도 그처럼 애착을 가지지 않았으리라는 뜻은 아니다. 사도행전 7장 20절은 이것과는 달리 올바른 해석을 하고 있다. 여기에는 문자 그대로 읽으면, 본문 옆에 단 주석을 참조한다면 모세는 하나님 앞에서 아름다웠다고 씌어 있는 것이다. 그 아들을 구하고자 하는 요게벳의 굳은 결의는 이 한 마디로써 설명될 것이다.

〈하나님 앞에서 아름다웠다〉 이 표현은 참으로 하늘에서 보낸 이 세상의 것이 아닌 천사와 같은 무엇인가가 아기의 얼굴에 빛나고 있었다는 것에 다름없다. 요게벳에게는 이 갓난아기는 벌써 그녀 자신의 것이 아니라 하나님으로 말미암아 그 무릎 위에 올려놓으신 하나의 작은 인격이었다고 생각된다.

그 확신은 그녀를 강하게 움직여서 그 아기에 대해서 하나님의 뜻이 계시다는 것을 희미하게나마 알게 해주신 것이다. 이제야말로 신앙은 사랑을 융합되었다. 이 신앙과 사랑이 무기로 뭉쳤다. 그래서 그녀는 어떠한 희생을 하더라도 아기를 구하겠다고 결심한 것이다. 모세를 숨겨서 키운 석 달 동안의 고초는 어떠했을까? 어쩌면 그녀는 아기를 어느 으슥한 헛간이나 사람들이 알지 못하는 어느 구석에 숨겨 두었는지도 모른다. 그러다가 아기가 성장함에 따라 우는 소리도 커지고 한 자리에 얌전히 누워만 있으려고 하지도 않아 끝내는 남들의 눈에 띨 것이 두려워졌을 것이다.

그 때에 하나님께서는 그녀의 열렬한 신앙을 통해서 모세의 사명을 그녀에게 직감하도록 해주신 것이었다. 그래서 요게벳은 갈대로 배를 짜서 거기에 모세를 태우고 강에 띄운 뒤 큰딸을 보내어 어떻게 되는가를 지켜보게 하였던 것이다. 모세의 누이 미리암은 남모르게 따라가며 아기에게 먹을 것을 가져다 주었는지도 모른다.

하나님께서는 요게벳의 용감한 신앙을 가상히 여기셨다. 적어도 요게벳은 일주일 동안을 밤잠을 못 이루고 괴로워하였을 것이다. 그러던 중 미리암이 아기를 안고 집으로 돌아왔을 때 그녀는 모세를 찾은 기쁨에 감사와 찬미로 온통 뒤덮였을 것이다.

자식을 잃은 모성의 아픔은 형언할 수 없는 고통이다. 남자로서는 감히 그 고통의 정도를 모르려니와 그것을 이겨내지도 못할 것이다.

요게벳의 신앙이야말로 그 아기를 구한 위대한 믿음이며 오늘날 어머니들이 본받아야 할 모범 여성상이리라.

십브라와 부아

출애굽기 1:15-21

야곱을 따라 가족을 데리고 이집트로 내려간 이스라엘의 아들들의 이름은 다음과 같다.

르우벤, 시므온, 레위, 유다, 이싸갈, 즈불론, 베냐민, 단, 납달리, 가드, 아셀, 등 야곱의 혈통에서 태어난 사람은 칠십 명이 되었는데, 그 중에서 요셉은 이미 이집트에 내려가 있었다. 얼마 뒤에 요셉이 죽고 그의 동기들과 그 시대 사람들도 다 죽었으나 이스라엘 백성은 자식을 많이 낳고 번성하여 온 땅에 가득 찰 만큼 무섭게 불어났다.

그런데 요셉의 사적을 모르는 왕이 새로 이집트의 왕이 되어 자기 백성에게 이렇게 일렀다.

"보아라, 이스라엘 백성이 이렇듯 무섭게 불어나니 큰일이다. 그들이 더 불어나지 못하게 기회를 보아 손을 써야겠다. 전쟁이라도 일어나면 원수의 편에 붙어 우리를 치고 나라를 빼앗을지도 모른다."

그리하여 그들은 공사 감독들을 두어 이스라엘 백성에게 강제 노동을 시켜 바로의 곡식을 저장해 둘 도성 비돔과 람세스를 세웠다.

그러나 이렇게 억압을 받으면 받을수록 이스라엘 백성은 더욱 불어났다. 이집트인들은 그들을 두려워한 나머지 이스라엘 백성을 더욱 혹독하게 부렸다. 그들은 흙을 이겨 벽돌을 만드는 일과 밭일 등, 온갖 고된 일을 시키면서 이스라엘 백성을 괴롭혔다.

한편 이집트 왕은 히브리 산파, 한 사람은 시브라였고 또 한 사람은 부아였다. 그들에게 명령을 내렸다.

"히브리 여인이 해산하는 것을 도와줄 때, 사타구니를 보고 아들이거든 죽여버리고 딸이거든 살려 두어라."
 그러나 산파들은 하나님을 두려워하여 이집트 왕이 하라는 대로 하지 않고 사내아이들을 살려 주었다. 이집트 왕이 산파들을 불러 들여서
 "사내아이들을 살려 두다니, 어찌하여 이런 짓을 하였느냐?" 하고 꾸짖었다. 산파들이 바로에게 대답하였다.
 "히브리 여인들은 이집트 여인과는 달리 기운이 좋아 산파가 가기 전에 아기르 낳아 버립니다."
 하나님께서 산파들을 잘 돌보아 주셨다. 이스라엘 백성은 날로 무섭게 불어 나갔다. 산파들이 하나님을 두려워하는 것을 보시고 하나님께서는 그들의 후손을 일으켜 주셨다. 마침내 바로는 온 백성에게 명을 내렸다.
 "히브리인들이 계집아이를 낳으면 살려 두되 사내아이를 낳으면 모두 강물에 집어넣어라."

◆ 도움말

 십브라와 부아는 중년 귀부인들로 이름으로 보아 그녀들은 아름다운 용모를 가졌던 것으로 추측된다.
 출애굽기 1장 15절부터 하반절에는 이 두 여인과 애굽왕의 기사로 채워졌다. 애굽의 왕이 히브리 산파 십브라는 자와 부아라는 산파에게 이르기를
 "히브리 여인이 해산하는 것을 도와 줄 때 살펴서 남자거든 죽이고 여자거든 살려 두어라."
 그러나 산파들은 하나님을 두려워하여 애굽왕이 하라는 대로 하지 않고 사내아이들을 살려주었다. 애굽왕이 산파들을 불러
 "사내아이들을 살려두다니, 어찌하여 그런 짓을 하였느냐?"
 하고 꾸짖었다. 산파들은 바로에게 대답하였다.

"히브리 여인들은 애굽 여인과는 달리 기운이 좋아 산파가 가기 전에 아기를 낳아버립니다."

하나님께서 산파들을 돌보아 주셨다. 이스라엘 백성은 날로 무섭게 불어나갔다. 하나님께서 그들의 후손을 일으키신 것이다. 마침내 바로는 백성에게 명령을 내렸다.

"히브리인들이 계집아이를 낳으면 살려 두되 사내아이를 낳으면 모조리 죽이러라."

바로의 명을 받은 사람 중에 가장 어려운 딜레마에 빠진 사람은 산파인 십브라와 부아였다. 산파가 하는 일이라면 산모와 아기를 위하여 최선을 다해야 하는 것이 그들의 의무였다. 그런데 바로의 명은 무서운 살인을 강요하는 것이었다.

두 여인은 누구에게 순종해야 할 것이냐? 왕중의 하나님께냐? 애굽 땅의 왕 바로에게냐? 이 문제는 실로 어려운 것이었다.

마침내 두 산파는 그들 본연의 의무와 사명이 외치는 소리를 따르기로 한 것이다. 이 세상 왕의 명령이 하나님의 뜻에 어긋날 때는 그에게 순종하는 것이 죄악이라는 것을 잘 알고 있었다.

바로가 격노하여 그들의 죄를 물었을 때 그녀들은 매우 지혜롭게 대답하여 위기를 모면했다.

"유대 부인들은 매우 건강하여 우리가 가기도 전에 아기를 낳고 맙니다."

하나님께서는 산파들의 거부하기까지 주님의 뜻에 순종하려는 그 신앙적 용기를 가상히 여기고 그들과 히브리인에게 축복을 내리신 것이다.

십브라와 부아는 유대인의 갓난아기를 위하여 자기들의 생명까지도 내걸었던 것이다.

부끄러움이나 산고를 면하겠다고 고의로 뱃속의 자식을 죽이는 일이 있다. 얼마나 무서운 일인가? 처녀가 정조를 소홀히 하다가 임신했을 경우 세상의 수치를 두려워하여 낙태를 하는 것을 본다. 과연 주안에서 인간의 시선만 숨겼다 하여 죄가 다 씻어지는 것일까?

크리스천은 이런 죄에 빠지는 일이 없도록 자기 몸을 소중히 지키는 것이 중요할 것이다. 한번 죄에 빠지면 하나님 앞에 숨길 수 없고 또 하나님의 도우심을 받을 수 없다고 하는 산 교훈을 십브라와 부아는 그 행위로 증언한 것이다.

십브라와 부아는 그들이 한 일이 헌신적이고 영적인 의의를 보여주고 있다. 그리고 이 고결한 유대 부인들은 또 한 가지 정신적 교훈을 전해 주고 있다. 하나님을 두려워하는 유모는 그 집에서 정신적인 축복을 미치게 하는 기회를 가지고 있다. 그녀는 밤이나 낮이나 항상 아기 엄마와 함께 지내는 유일한 사람이다.

그러므로 아기 엄마의 행복하고 순수한 정신 상태 아래 있음으로 해서 신앙적 유모는 감명 깊은 영혼 속에 모든 것을 이룰 수가 있는 것이다.

새로운 영아의 창조는 하나님의 전능을 보여주시는 증거인 것이다.

바로의 딸

출애굽기 2:1-10

　레위 가문에 한 남자가 있었는데 그는 같은 레위 가문의 여자를 아내로 맞았다. 아내가 아기를 배어 사내아이를 낳았는데 너무나도 잘 생겨서 석 달 동안을 숨겨서 길렀다. 그러다가 더 숨겨 둘 수 없게 되자 왕골상자를 얻어다가 역청과 송진을 바르고 그 속에 아기를 뉘어 강가 갈대 숲 속에 놓아두었다. 그리고 아기의 누이가 멀찍이 서서 형편을 살피고 있었다. 마침 바로의 딸이 목욕하러 강으로 나왔다. 시녀들은 강가를 거닐고 있었는데 공주가 갈대 숲 속에 있는 상자를 보고 시녀 하나를 보내어 건져다가 열어 보았더니, 사내아이가 울고 있었다. 공주는 불쌍한 생각이 들어
　"이 아기는 틀림없이 히브리인의 아기다."
　하고 중얼거렸다. 그때 아기의 누이가 나서서 바로의 딸에게 말하였다.
　"아기에게 젖을 빨리게 히브리 여인 가운데서 유모를 하나 데려다 드릴까요?"
　바로의 딸이
　"그래, 어서 다녀오너라."
　하고 대답하자 소녀는 아기의 어머니를 불러 왔다. 바로의 딸이 그에게 부탁하였다.
　"내가 삯을 줄 터이니 이 아기를 데려다 젖을 먹여 길러다오."
　그리하여 여인은 아기를 데려다 젖을 먹여 키웠다. 아이가 꽤 자란 뒤에 어머니는 아이를 바로의 딸에게 데려갔다. 공주는 그 아이를 자기의 아들로 삼고, 물에서 건져냈다고 하여 모세라는 이름을 지어 주었다.

◆ 도움말

　애굽에 사는 유대인으로 궁전 가까이에서 살고 있는 사람은 극히 드물었다. 고센과 비돔과 람세스는 왕의 명령으로 지방으로 쫓겨갔던 것이다. 이 일은 유대인의 갓난아기가 궁전 근처의 나일강에 내버렸던 것이 오직 한 사람뿐이었다는 사실로서 짐작할 수 있는 것이다. 그렇지 않았다면 바로왕의 딸과 요게벳의 갓난아이들과의 이야기는 모두 무의미한 것으로 되고 말 것이다.

　유대인들이 궁전 가까운 곳에 많이 살고 있었다면 공주는 나일강변에서 유대인의 갓난아기를 벌써 몇 번이나 보고 갓난아기를 궁전으로 데려갔을지도 모른다. 그런데 사실 근처에 유대인의 집이라고는 아주 적었고 또 그런 사내아이를 낳았다는 일도 매우 드물었던 것이다. 그날 나일강의 갈대 사이에서 목욕을 하려고 강변에 내려가 서 있던 공주의 눈에 나타난 것은 대단히 기이한 광경이었을 줄 생각된다.

　특히 이 주목할만한 것은 이 이교도인 공주의 가슴속에 인간이 가지는 감정이 뛰고 있었다는 사실이다. 그뿐 아니라 그녀는 어린아이에 대한 따뜻한 애정을 나타냈던 것이다. 물론 애정은 보통 남자들에게보다 여성에게 더욱 절실히 나타난다. 그것은 여성 본래의 성품인 것으로 퍽 자연스러운 것이다. 즉 모성적인 포용력과 본능적 충동으로 일어난 것이다. 이것이 그녀들에게 작고 귀엽고 탐스러운 생명체에 대한 애정을 불러일으켰던 것이다. 젊은 처녀가 또 같은 비슷한 나이의 부녀들이 애정의 대상이 될만한 아기가 없을 경우에 작은 새 종류나 그와 같은 작은 동물들에게 애정을 쏟는 것과 같은 일이 있는 것이 본능의 소치인 것이다.

　그러나 갈대 사이에서 아주 귀여운 꿈속에서 보는 듯한 갓난아기에서 소녀의 마음이 온통 쏠리게 되었다는 것은 이상할 게 아무 것도 없다. 그녀가 이 귀엽고 사랑스런 아기를 강물 속의 악어의 밥으로 만든다는 것은 견딜 수 없는 당연한 일이다. 이 행동 속에 그녀의 고결한 성품이 각각 다르게 나타났다고 말한다면 좀 지나친 말일 것이다. 다만 이 높고 귀한 지위에 있는 소녀가 격식이 까다로운 궁중 생활 속에서도 선천적으로 타고난 여성다운 성품을 잃지 않고 있었다는 사실을 보여준 것에 지나지 않았다. 여기에서 어린 갓난아이에 대한 애정을 아직 잃지 않고 있다는 것과 아마도 그 아기가 아직도 자기 몸을 지킬만한 아무런 방법과 도리를 모르는 존재라고 하는 것이 분명해진 것에 불과한 것이다. 그러나 그녀의 다음 행동은 이 공주에 대한 우리들의 평가를 더 높게 하는 것이다. 그녀가 도덕적으로 보다 경박한 인간이었다면 그녀는 〈아버님이 남자아이는 모두 물에 빠뜨려 버리라고 말씀하셨다. 이 아기는 귀엽기는 하지만 그에게 손을 대는 일만은 사양한다〉라고 자신에게 말해 들려줄 것이 틀림이 없다. 그러나 그녀는 아버님께 책망을 받는 일도 두려워하지 않고 아기를 데리고 온 것이다. 이런 사랑스런 갓난아이를 죽인다는 것은 너무하다. 그녀는 이렇게 생각한 것이다. 사랑스럽다고 생각하는 그 마음은 아기 자체를 아끼는 애정이 깊어져서 그녀는 몇 달만이라도 그 자신의 어머니 품에 맡기려 한 것이다. 그녀는 이렇게 모세를 위해 마음을 쏟아 그의 모친을 행복하게 해 주었다. 마침내 모세는 성인이 되었지만 그녀는 일찍이 있었던 사랑스러움과 아름다움이 자취를 감추었다고 해서 그를 그냥 두는 일을 하지 않고 그를 위해 모든 것을 책임지고 왕자로서 합당한 교육을 받게 해 주었던 것이다. 그녀의 이와 같은 행동은 많은 크리스천 부인, 적지 않은 크리스천 어머니들을 부끄럽게 했다. 그녀들은 처음에 흘러 넘칠 듯한 애정으로 그 아기들을 마음대로 키우고 마친 미친 듯한 무지각한 사랑을 한다. 그러나 그들의 작은 〈인형〉이 성장해서 그 천진난만한 귀여움이 없어지면 그녀들은 어느 틈에 그들을 버리고 그 훈육에 게을리 한다. 인간에게 이와 같은 행동은 있을 수 없는 일이다. 동물에게나 적당한 행동이다. 동물의 어미 역시 처음에는 새끼들을 위해 지극히 정성껏 마음을 쓰지만 한번 그 귀여움과 어린 티가 없어지면 단번에 그들을 자기 잠자리에서 내쫓고 모르는 체하는 것이다.

　이와 같은 행동과 비교했을 때 저 애굽의 공주는 참으로 훌륭하였다. 그녀는 이 교도였지만 어린 모세에 대한 태도에서 이 교도의 수준을 넘은 정신적으로 고상하고 깨끗한 위치에 있었다. 모세는 구여운 장난감처럼 그녀의 마음을 끌었다. 그러나 그녀는 그를 장난감같이 취급하지 않았다. 그녀는 그의 행복을 위해서 마음을 쓰고 그를 자기의 소유물로 하지 않고 그를 위해서 자기의 목숨까지 걸었던 것이다.

십보라

출애굽기 2:15-22, 18:2-18

세월이 지나 모세는 성년이 되었다.

그는 어느 날 밖에 나갔다가 동족이 고생하는 모습을 보게 되었다. 그때 마침 애굽인 하나가 히브리인을 때리는 것을 보고 그는 이리 저리 살펴 사람이 없는 것을 알고 그 애굽인을 쳐죽여 모래 속에 묻어 버렸다.

이튿날 다시 나갔다가 이번에는 히브리인 둘이 맞붙어 싸우는 것을 보고 잘못한 자에게

"당신은 왜 동족을 때리오?"

하고 나무랐다. 그 사내는

"누가 당신을 우리의 우두머리로 삼고 우리의 재판관으로 삼았단 말이오? 당신은 애굽인을 죽이듯이 나를 죽일 작정이오?" 하고 대들었다. 모세는 일이 탄로났음을 두려워하였다.

바로는 이 소식을 전해 듣고 모세를 죽이려고 했다. 그래서 모세는 바로의 손을 피하여 미디안 땅으로 달아나 그곳 우물가에 앉아 있었다.

미디안에는 딸 일곱을 둔 사제가 있었다. 그 딸들이 그리로 와서 물을 길어 구유에 붓고 아버지의 양떼에게 물을 먹이려고 하는데 목동들이 나타나서 그들을 쫓았다. 그러자 모세가 일어나 그 딸들을 도와 목동들을 물리치고 양떼에게 물을 먹여 주었다. 아버지 르우엘은 딸들이 돌아오는 것을 보고 물었다.

"오늘은 웬 일로 일찍 돌아오느냐?"

딸들이 대답하였다.

"어떤 애굽 사람이 목동들의 행패를 물리쳐 우리를 건져주고 양들에게 물을 길어 먹여 주었습니다."

아버지가 딸들에게 일렀다.
"그 사람이 어디 있느냐? 그런 사람을 내버려두고 오다니 될 말이냐? 어서 모셔다가 음식을 대접해 드려라."
그는 모세가 자기의 청을 받아들여 같이 살기로 하자 딸 십보라를 주어 모세를 사위로 삼았다. 십보라가 아기를 낳자 모세는
"내가 낯선 고장에 몸 붙여 사는 식객이 되었구나."
하면서 아기의 이름을 게르솜이라고 지었다.

◆ 도움말

모세의 맨 처음 결혼은 불행했다. 그 자신의 불신앙이 그 원인이었다. 그가 유대인에게 자기의 입장을 밝힌 일 우격다짐으로라도 동포를 애굽 사람의 손에서 해방시키고자 했던 일을 알고 있다.

당시의 그는 여호와가 그 백성을 애굽에서 인도해 내려고 그를 사용하시려 하신 기이한 방법에 대해서는 상상도 못했을 것이다. 그는 실의에 찬 모습으로 도망칠 수밖에 없었다. 그리하여 그는 미디안 땅에 이르러 이드로와 만난 것이었다. 그는 분한 마음을 풀 길이 없었다. 유대인이 자유를 얻을 소망은 전혀 끊어진 것으로 생각했던 것이다. 그는 이름도 없이 살다가 보람이라곤 없이 죽게 되는 것이라고 생각했을 것이다.

침울한 상황 속에서 십보라를 아내로 맞게 되었다. 사실 그는 결혼 같은 것은 서두를 필요 없이 자기 동족 가운데서 신부를 구했어도 될 일이었다. 그러나 당시의 모세는 매우 심약해 있었다. 타오르는 가시덤불을 보았을 때 가졌던 용기만큼도 그에게는 기력이 없었다. 그는 십보라가 아들을 낳아 주었을 때 아들에게 이름을 지어주던 그 심정을 보

아도 그는 삶에 환멸을 느끼고 있었음직하다.

식객이 되었구나 할 만큼 암울하게 사는 그에게 아내 십보라는 남편을 마음대로 짓밟는 형편에까지 이른 것이다. 모세는 엘리 에셀이 태어났을 때도 아내의 뜻을 거슬려 가면서 갓난아기에게 할례를 행할 용기를 내지 못하고 있었다. 그러나 그때 그의 마음속에는 강한 마음이 움트고 있었다. 그것은 엘리 에셀이라는 이름으로 충분히 짐작이 간다.

엘리 에셀이란 '내 아버지 하나님은 나의 도움이시다'라는 뜻으로 보아 그 마음을 알 수 있다. 그러나 세상에는 흔히 있는 일이지만 내면적 정신적 가치를 발전시키려는 경향은 생산적이고 전력적인 활동을 촉진시킨다.

모세는 아내가 두려워서 아들에게 할례 행하기를 그만 두었다. 그것은 모세가 탄식을 하며 슬퍼한 하나님에 대한 범죄였다. 믿지 않는 여성을 만나 아내의 뜻을 따라 그는 자식에게 해야 할 계약의 표시를 지키지 못했다. 십보라의 의사가 모세를 누른 것이다.

이때 하나님은 그들 사이에 개입하시게 되었다. 그들이 멀리 이주하려고 떠나는 도중 어느 날 모세와 그의 가족은 어느 낯선 동네에 들어가 하루를 묵게 되었다. 이 때 하나님은 무서운 병으로 모세를 치셨다.

십보라는 남편이 파리한 모습으로 누워 있는 것을 보았다. 그의 얼굴에는 이미 죽음의 그림자가 짙게 어려 있었다. 두 부부는 똑같이 마음이 아팠다. 그들은 동시에 이렇게 중병이 일어남은 하나님의 계약을 범한 죄에 대한 벌일 것이라는 것을 느꼈다.

깊은 절망 속에 빠진 십보라는 이번만은 남편의 뜻을 따르지 않으면 안 되겠다고 생각했다. 중병의 모세는 전혀 힘이 없어 아무 것도 할 수 없었으므로 십보라는 엘리 에셀을 그녀 스스로 안고 돌칼을 들어 아들의 포경을 잘랐다.

출애굽기 4장 25절과 26절에는 이렇게 씌어 있다.

「십보라가 돌칼로 제 아들의 포경을 자르고 그것을 모세의 발에 대며 말하였다.

"당신의 피로 얻은 나의 남편입니다."

그러자 야훼께서 그를 놓아주셨다. 그래서 십보라는

"할례를 베풀어 피 흘려 얻은 신랑"이라고 말하였다」

십보라의 이 행동은 그녀의 회심을 타나낸 것이 아니고 또 그녀의 마음이 깨어져 부서짐도 아니며 그녀가 주의 백성이 된 것도 아니다. 그것은 단지 남편을 위기에서 건지려는 생각에서 한 행동이다.

이러한 일이 있은 뒤에 두 부부가 화목하게 된 것도 아니었다. 그녀와 두 아들은 미디안으로 돌아가고 모세 혼자만 애굽으로 향했다는 것이 나중에 기록으로 밝혀진 것이다. 그러나 나중에 모세의 장인 이드로는 그녀를 남편에게 데리고 간다.

이미 이스라엘의 지도자가 된 모세는 예전에 분별 없이 결혼했던 아내를 부인하거나 무시하지 않는다. 그에게 있어서 결혼을 경솔히 여기기에는 너무나 신성한 결합이었던 것이다. 그러나 성서에는 그녀의 방문 기록 외에는 더 이상 한 마디도 언급해 놓은 곳이 없다. 아내로서 어머니로서 그녀는 아무 것도 후손에게 유산으로 남기지 않았다.

미리암도 한때는 죄에 빠졌었다. 그러나 그녀는 어떠한 경우에도 신앙 있는 여성으로 우리의 가슴속에 남는다. 그러나 십보라에게는 그러한 점이 전혀 없다. 그녀는 남편에게 거역하고 가족까지도 자기와 같은 낮은 수준으로 끌어내림으로써 전혀 구원 받지 못한 사람이 되고 말았다.

　오늘날도 기독교를 믿는다고 하면서도 십보라와 같은 마음가짐에서 벗어나지 못하는 여자이며 아내된 자도 있는 것이다. 아내 된 자들은 그 남편을 거역함으로써 하나님 앞에 죄를 범하여 신성한 가문을 더럽히는 일이 없도록 해야 할 것이다.

라합

여호수아 1:1, 6:17-25

눈의 아들 여호수아는 시땀에서 정탐원 둘을 밀파하여 여리고 지역을 살펴보고 오라고 일렀다. 그의 지시를 따라 그들은 여리고로 가서 라합이라는 창녀집을 찾아가 거기에서 묵었다. 누군가가 여리고 왕에게 이 사실을 전했다.

"이스라엘 사람 몇이 이 땅을 정탐하여 오늘밤 이리로 왔습니다."

여리고 왕이 라합에게 전갈을 보냈다.

"너를 찾아 네 집에 온 자들을 내놓아라. 그들은 이 온 지역을 정탐하러 온 자들이다."

그러나 그녀는 두 사람을 숨기고 이렇게 대답하였다.

"그들이 저에게 오기는 했습니다. 하지만 어디에서 왔는지는 몰랐습니다. 어둑어둑해서 성문이 닫힐 때쯤 나갔는데 어디로 갔는지는 모르겠습니다. 급히 쫓아가시면 잡을 수 있을 것입니다."

그녀는 그들을 지붕으로 데리고 올라가 지붕 위에 열어놓은 삼대 속에 숨겨두었던 것이다. 추적대는 요단강가 나루터까지 쫓아갔다. 그들이 성문을 나가자 성문은 닫혔다.

정탐원들은 아직 자지 않고 있었는데 라합이 지붕 위로 올라가 그들에게 말하였다.

"나는 야훼께서 이 땅을 당신들에게 주신 줄 믿습니다. 우리는 당신들 때문에 겁에 질려 있습니다. 이 땅에 사는 사람들은 모두 당신들 때문에 어쩔 줄을 모르고 있습니다. 야훼께서 홍해 바다를 말리시어 당신들을 애굽에서 나오게 하신 이야기를 우리는 들었습니다. 또 당신들이 요단강 건너편에 있는 두 아모리왕 시혼과 옥을 어떻게 해치웠고 어떻게 전멸시켰는지도 들었습니다. 당신들 소식을 듣고 우리는 넋을 잃었습니다. 당신들의 하나님 야훼야말로 위로 하늘과 아래로 땅을 내신 하나님이십니다. 내가 당신들을 안전하게 해드렸으니 당신들도 내 가문 사람들을 잘 봐 주겠다고 야훼를 두고 맹세해 주십시오. 그리고 그렇게 하겠다고 확실한 표를 주십시오. 내 부모와 형제들과 그들에게 딸린 모든 식구를 살펴주십시오."

그들이 그녀에게 대답하였다.

"우리가 왔었다는 누설만 하지 않는다면 죽는 한이 있어도 목숨을 걸고 너희를 봐주겠다. 또 야훼께서 이 땅을 주실 때 너희를 성실하게 친절하게 대해 주마."

라합이 살고 있는 집은 성벽에 붙어 있었다. 라합은 그들을 창문에서 밧줄로 내려주면서 일렀다.

"당신들을 쫓는 사람들에게 잡히지 않도록 산으로 달아나십시오. 그 쫓던 사람들이 돌아오기까지 사흘 동안 거기 숨어 있다가 가셔요."

그들이 대답하였다.

"네 소원대로 맹세를 해놓고 그 맹세를 못 지켰다는 원망을 우리는 듣고 싶지 않다. 여기 분홍 줄이 있으니 우리가 이 땅을 들어올 때 우리를 내려준 창문에다 이것을 달아 두어 표시를 하여라. 그리고 부모들과 형제들과 일가 친척들을 다 네 집에 모여 있게 하여라. 누구든지 집문 밖으로 나갔다가 죽으면 그것은 우리 탓이 아니다. 하지만 누구든지 너와 함께 집 안에 머물러 있다가 맞아 죽으면 그 핏 값은 우리가 받겠다. 만일 네가 우리 사이에서 이루어진 일을 누설하면 너에게 맹세한 서약에 우리는 매이지 않는다."

"그렇게 합시다."

그들이 떠나간 다음 그녀는 창문에다 분홍 줄을 달아 두었다.

◆ 도움말

옛날의 랍비도 그 후의 많은 주석자들도 라합이 성서에 기록되어 있는 것과는 별다른 여성이었음을 설명하려고 시도해 왔다. 그들은 모두가 그녀를 창녀였다는 것을 부인하고 있다. 그녀는 살몬에게 시집가서 보아스의 어머니가 되고 그리하여 그리스도의 계보 가운데 그 이름을 두게 되었다.

사도 바울은 그녀를 구름과 같은 많은 증인의 한 사람으로 들고 있다. 그녀는 사라와 함께 신앙의 모범적인 여성으로 알려지고 있는 것이다. 또한 사도 야고보도 그의 행함으로 말미암아 의로 여김을 받은 여성으로 하여 그녀에 대하여 말하고 있다. (약 2:25)

그러한 여자가 어떻게 창녀였겠느냐고 믿으려 하지 않는다.

따라서 우리 성서에 창녀라고 번역한 히브리어의 Zoonah와 희랍말 Pone이라는 말에 대해서는 여러 가지로 왈가왈부한다. 어떤 이는 이 말을 여인숙 마담과 같은 것이라고 하기도 한다. 또 어떤 사람은 라합이 하갈과 씰바와 같은 첩이었을 것이라고 추측하기도 한다. 또 어떤 사람은 그녀가 젊었을 때 한번 분별 없는 행동을 한 일이 있었지만 그 당시에는 이미 존경을 받고 사는 부인으로 여리고 성에서 오래도록 산 여자였을 것이라고도 한다. 이 같은 추측은 모두 죄인을 구원하시는 하나님의 계획에 대한 몰이해에서 나타난 것이다.

그러나 추측이 사실을 변조시킬 수는 없다. 라합은 사실상 창기였다. 그녀는 창기인 동시에 신앙이 독실한 여성이었다. 알지 못하는 남자를 집으로 끌어들였을 때에도 신앙은 여전히 그녀의 것이었고 그녀 속에 작용하고 있었다. 그런데 하나님이 여리고 성과 라합이 있던 창기의 소굴을 무너뜨리신 후에 비로소 그녀는 그 죄악에서 참으로 회개했던 것이다.

그 후에 그녀는 이스라엘 관리중 한 사람에게 시집을 갔다. 그러나 그녀가 음탕한 육욕에 빠져 있을 때도 그녀가 지켰던 진실한 신앙이 나중에는 사도 바울에게 '신앙의 여성'으로 세움을 입어 불후의 영광을 회개했던 것이다.

라합 시대에 있어서 이와 같은 창기의 집을 가장 잘 이용한 것은 떠돌이 장사꾼이었다. 그녀는 이런 사람들에게서 애굽에서 나와 가까이 오고 있는 위대한 국민에 대해서 또한 놀랄 만한 기적을 행하신 이스라엘 하나님에 대해서 수없이 들어왔던 것이다.

하나님은 이러한 장사꾼들을 쓰셔서 그의 말씀을 전하셨던 것이다.

이스라엘은 그 당시 불만을 토해내고 있었다. 하나님은 미리암을 치셔서 문둥이가 되지 않으면 안 되었다.

이와 같은 일들이 하나님의 선민들 가운데서 일어나고 있는 한편 하나님은 이 유곽의 여인을 은혜 가운데 들어오는 일을 허락하셨던 것이다. 의심할 여지도 없이 여리고에 사는 몇 백 명이라고 할 만한 덕망 있는 사람들을 무시해 버렸던 것이다. 이 죄 많은 창녀에게 하나님의 은혜는 허락되었던 것이다.

라합의 경건한 태도는 그녀의 마음속에서 오래도록 성장해 나갔을 것이다. 그녀의 신앙이 성장해 가고 있는 그때에 하나님이 보내신 두 사람의 대표자들이 그녀를 방문했던 것이다. 그들은 그녀를 희롱하기 위하여가 아니라 하나님의 백성을 위해 길을 예비하려고 나타났던 것이다. 이제야말로 라합의 신앙은 확실하고 적극적인 것으로 되었다. 그녀는 이미 자기는 하나님의 뜻을 거역할 수 없음을 느꼈다. 또 거역하려고 생각도 하지 않았다. 그녀는 든 손님들을 하나님의 사자로 간주하였다. 아마도 여리고 왕은 아침이 되면 이 일로 인하여 그녀를 교수형에 처하는지도 모른다. 하지만 그녀는 조금도 두려워하지 않았다. 하나님으로부터 보내신 사자로 안 이상 그녀는 그들을 어떻게 해서든지 구해내지 않으면 안 되었다.

라합은 하나님을 위해 행동했고 그 열매는 당장에 나타났다. 그녀의 얼어붙었던 마음은 당장에 녹아서 이때까지 잊고 있었던 부모의 일을 생각하고 그들도 또한 하나님으로부터 구원받을 수 있는가를 물었던 것이다.

이스라엘 군사는 여리고 성 주변에 진을 쳤다. 그러나 이 여리고 성 안에 사는 사람 중에는 이 창녀를 제외한 다른 어느 한 사람도 이 군사들 속에 하나님 자신이 접근해 계신다는 사실을 알지 못하였다. 그녀는 창문을 열고 빨간 줄을 던져 내렸다. 그녀에게는 신앙이 있었다. 자신이 속함 받는 것을 확신하고 있었다.

하나님은 그녀를 그의 아들의 거룩한 계보에 넣어주었다. (히브리 11:31 참조)

그러나 이 일에 있어서 하나님은 그녀의 간음을 호의적으로 모른 체 하신 것은 아니다. 이와 같은 점은 생각하지 않기를 바란다. 바울은 이렇게 말하였다.

"하나님은 금하신다." 라고,

그것은 다만 우리에게 하나님의 은혜가 능치 못하심이 없는 것을 보이시려고 그 은혜는 가장 죄가 중한 자라도 구원하실 수 있고 또한 그것을 원하신다는 것을 가르쳐 주기 위함인 것이다. 우리들 속에 있는 죄의 불길이 타오르는 것을 하나님이 멈추게 하셨다는 것으로 우리가 다른 사람의 죄를 대하여 교만한 태도로 깔보아서는 안 된다. 하나님은 이렇게 가르쳐 주시는 것이다.

드보라

사사기 4:4-10, 5:7

그때 이스라엘을 다스리던 판관은 람비돗의 아내인 드보라였다.

그가 에브라임 사막 지대 라마와 베델 사이에 있는 드보라의 종려 나무 밑에 자리 잡으면 이스라엘 백성은 그에게 나와 재판을 받곤 했다. 이 드보라가 납달리 케데스에 사람을 보내어 아비노암의 아들 바락을 불러다 놓고 일렀다.

"이스라엘 하나님 야훼께서 이렇게 명령하셨소. '너는 납다리 지파와 즈불룬 지파에서 만 명을 뽑아 다불산으로 이끌고 가거라. 그러면 나는 야빈의 군대 지휘관 시스라를 키슨강으로 유인해 내겠다. 내가 그의 전군을 병거대까지 유인해 내다가 네 손에 붙이리라'라고"

바락이 그에게 대답하였다.

"만일 당신이 저와 함께 가시겠다면 가겠지만 함께 가시지 않는다면 못 가겠습니다."

"내가 꼭 함께 가겠소. 하지만 어떤 길에서 그대에게 영광이 돌아오지 않으리라는 것은 알아두시오. 야훼께서 시스라를 여인의 손에 넘겨주실 것이오."

하고 일어나 바라고가 함께 게데스로 갔다. 바락이 즈불론과 납달리 지파를 케데스로 출동시켰다. 만 명이나 되는 군대가 그의 뒤를 따라 올라가는데 드보라도 그와 함께 올라갔다.

◆도움말

드보라는 이스라엘의 기이한 역사 가운데 잔다크였다. 이스라엘 역사는 실로 놀랄 만한 역사이다. 이스라엘과 같이 때때로 급속히 우상숭배에 물들었던 나라는 일찍이 없었다. 이러한 때에 그들은 그 국민적인 자각을 잃고 그 위신과 명예를 완전히 던져버린 것처럼 보인다. 그러나 이 결함을 보충하는데 역시 이상한 다른 한 면을 이스라엘은 가지고 있었다.

이스라엘만큼 불굴의 회복력을 갖춘 국민은 세상에 없다. 그 회복력에 의해 그들은 최악의 상태에 들었다가도 정신적, 정치적 분열에서 소생했던 것이다.

이 소생력은 그들이 인간에 의해서 배양된 것이 아니라 하나님의 선물이었다고 하는 것을 드보라와 그 시대의 이야기를 통해서 분명히 알게 된다.

팔레스티나 평원의 대부분의 지역은 당시에 또다시 가나안인의 세력권 안에 속해 있었다. 그 왕 야빈은 하솔에 있으면서 병력을 가지고 이스라엘을 지배하고 있었다. 그의 군사는 강력하고 우수한 장비를 갖추었으며 특히 그 구백 승의 철병거(鐵兵車)를 가지고 있어서 대단한 위협을 주고 있었다. 그 전차를 적 앞에 내보내면 어떠한 강군도 꼼짝 못했다.

그래서 이 평원에 사는 사람들은 야빈에게 공물을 바치지 않을 수 없었다. 그들의 처지는 노예의 신세였고 그것은 그 당시에 있어서 후세에 터키 사람에 의해 그리스도교가 오랜 세월 탄압 당한 그 이상의 잔혹한 것이었다. 그러나 산지에서 살고 있던 사람들은 여전히 일종의 자유를 구가했다. 야빈의 전차도 여기에서만은 소용이 없었던 것이다. 또한 에브라임 고지에 사는 사람들은 일종의 조직체까지 가지고 있었다.

람비돗의 아내 드보라는 일찍이 그 국민들 마음속에 영웅적 용기를 사람들 사이에 고무시키는 재능을 보이고 있었다. 그녀는 라말과 벳엘 사이 종려나무 아래 살고 있었다. 그녀는 이스라엘의 어머니라는 인정을 받고 있었다. 그녀의 재능은 다방면에 이르러 총명한 두뇌를 가지고 있을 뿐 아니라 예언과 음창(吟唱)에도 뛰어났다. 그 재능으로 그녀는 산지의 백성을 야훼께 돌이키는 일에 성공하였다.

그녀는 애굽과 시내산에서의 이스라엘의 뜻깊은 역사를 그들에게 되새기게 하고 앞으로 보다 좋은 날들이 올 것을 예언하였다. 판관인 그녀는 사람들 사이에서 발생하는 일들을 재판하기도 하고 때로는 충고를 하기도 하였다. 이렇게 하여 그녀의 명성은 널리 알려지게 되었다. 이스라엘은 그 훌륭한 여성에게서 그들이 구심점을 찾고 있었다. 그녀의 노래는 입에서 입으로 널리 퍼져서 온 언덕에 메아리쳤다. 이렇게 해서 그녀는 모든 지파 가운데 용감한 신념과 기쁜 소망을 불러 깨우쳐 주었다. 그녀는 바락의 도움을 구하여 사람들 사이에 소규모의 상비군을 설치하게 했다. 또 게릴라전을 통해서 바락을 통솔자로 내세워 그 군대를 용맹하게 훈련시켰다.

그녀는 분명히 이상적 면에서도 현실적 면에서도 다 함께 적극적이며 무엇에나 적응할 수 있는 능력의 소유자였다. 그래서 드보라는 게나우와 하세랄보다도 저 잔다크보다도 위대하였다.

드보라는 하나님의 소명을 받고 있었다. 드물게 보는 슬기와 분별력을 가지고 있었지만 그녀라고 일조일석에 그 영광을 획득한 것이 아니었다. 독립을 위한 오랫동안의 싸움에 대비시킨 것이다. 그 준비가 완료된 뒤에 비로소 결연히 민첩한 행동으로 옮긴 것이다.

드보라는 전략상 가장 적절한 시기를 알아냈다. 그녀는 바락을 불러서 행동을 할 때가 왔다고 일렀다. 바락은 납달리 지파에서 일만 명을 모집하고 그들을 에브라임에서 기손강까지 잇다른 다볼산 기슭에 배치하게 되었다. 그것이 완료된 뒤에 자신도 진지를 방문하겠다고 약속하였다. 그녀는 다른 한편으로 그 지방 산지에 사는 백성에게 말하기를 남아 있는 산길을 모두 점령하라고 명했다. 그녀는 야빈의 거만과 호언장담하는 거동을 알고 있었다.

그리고 그녀는 우기를 이용하여 야빈의 위험한 기손 골짜기로 들어가도록 하나님께서 인도해 주실 것을 굳게 믿고 있었다. 모든 일은 그녀의 지시대로 착착 진행되었다.

바락은 다볼에 일만 명의 군사를 동원시켰다. 다른 군대는 다른 산길을 막았다. 드보라는 진지를 방문했다. 자유를 위한 이 같은 노력을 야빈이 듣고 당장에 전차와 군사를 거느리고 기손 골짜기를 향하여 공격을 개시했다. 다볼산 중턱에서는 역사이래 처음 보는 장엄한 장면이 벌어지고 있었다. 장비가 빈약한 보병들이지만 그들은 죽음의 위협 앞에서도 조금도 후퇴함이 없이 야빈의 강력한 군대에 맞섰다. 적은 오히려 기가 꺾여 쫓기다가 기손강 거센 물결에 빠져들고 말았다.

하나님은 번개와 천둥을 동반한 폭우를 쏟아 부으셨다. 이 비로 인하여 강물이 불어 언덕까지 넘치고 산이 무너지는 등 큰 소동이 일어나자 야빈의 군대는 뿔뿔이 흩어지고 말았다. 이때 이스라엘 사람들이 산 속에서 쏟아져 나와 습격하여 적을 전멸시켰다.

하나님은 한 사람의 여인을 통해서 이 일을 성취시킨 것이다. 그것은 바락의 공이 아니었다. 만약 그랬더라면 바락을 칭송하는 노래가 만백성의 입에서 흘러나왔을 것이다. 그러나 하나님은 하나님의 전능이 한층 더 빛나게 드러나기 위해 한 여성을 세워서 이렇게 성취하신 것이다.

드보라는 다만 여호와의 영이 그녀를 움직였고 힘을 주셨으며 용기를 불어 주셨으므로 강했던 것이다. 하나님은 그녀의 마음을 강하게 하여 주셨다. 그 강한 불길은 이스라엘 구석구석까지 날아 떨어졌다. 그 힘은 모든 사람들의 마음에 용기를 솟구치게 하였다.

하나님께서는 한 여자를 통하여 그 뜻을 이룬 것같이 하나님 자신이 아들 그리스도의 빛으로 잠자고 있는 자를 불러일으키는 것이다.

야 엘

사사기 4:12-24, 5:24-31

아비노암의 아들 바락이 다볼산에 올라갔다는 것을 전해들은 시스라는 구백 대나 되는 철병거까지 합친 전 군대를 하로셋에서 키손강으로 출동시켰다. 드보라가 바락에게 일렀다.
"행동을 개시하시오. 이 날은 야훼께서 시스라를 그대 손에 붙이시는 날이오. 정녕 야훼께서 그대 앞에 서서 전진하실 것이오."
그리하여 바락은 만 명 부대를 이끌고 다볼산에서 쳐내려 갔다. 야훼께서 시스라가 거느린 그의 전 병거대와 군대를 바락 앞에서 혼란에 빠뜨리셨다. 그러자 시스라는 병거에서 내려 도보로 도망쳤다. 바락은 그 병거대와 군대를 하로셋까지 따라 가며 추격전을 벌였다. 시스라의 군대는 하나도 남지 않고 다 칼에 맞아 쓰러졌다.
한편 시스라는 켄 사람 헤벨의 아내 야엘의 장막을 향해 뛰어 도망쳐 갔다. 하솔 왕 야빈과 켄 사람 헤벨 가문은 서로 우호관계를 맺고 있었던 것이다. 야엘이 시스라를 나와 맞으며 말하였다.
"어서 들어오십시오. 나리, 어서 들어오십시오. 마음 놓으십시오."
시스라가 그의 천막에 들어오자 야엘은 담요로 그를 덮어 주었다. 시스라는 목이 마르니 마실 물을 좀 달라고 청하였다. 야엘이 우유가 든 가죽부대를 열어 좀 마시게 하고는 다시 그를 덮어주자, 시스라는 야엘에게 부탁하였다.
"천막 문에 섰다가 누가 와서, 여기에 누가 없느냐고 묻거든 없다고 해주오."
헤벨의 아내 야엘은 천막 말뚝과 망치를 가지고 살금살금 다가가서 말뚝이 땅에 꽂히도록 그의 관자놀이에 들이박았다. 시스라는 기진맥진하여 정신 없이 자다가 참변을 당하고 말았다. 때마침 바락이 시스라를 추적하여 왔다. 야엘이 나가서 그를 맞으며 입을 열었다.
"들어와 보십시오. 장군께서 찾으시는 사람이 여기에 있습니다."
바락이 들어가 보니 시스라는 관자놀이에 말뚝이 박힌 채 죽어 쓰러져 있었다.
이렇게 하나님께서는 그 날 이스라엘 백성 앞에서 가나안 왕 야빈의 기세를 꺾으셨다. 그 후로 가나안 왕 야빈은 점점 심하게 이스라엘 백성의 손에 눌리다가 마침내 망하고 말았다.

◆ 도움말

엉뚱한 데로 간 명예 야엘은 잠자는 호로휄비스의 목에 칼을 찌른 저 베쓰리아의 유디트를 연상시킨다.

야엘은 겐 사람 헤벨의 아내였다. 겐 사람은 이스라엘 사람이 아니라 모세의 아내 자손이었다. 천막 생활을 하는 유목민족으로 드보라 시대에는 다볼산 기슭에 장막을 치고 있었다. 다시 말해서 바락과 드보라가 철병거와 함께 한 야빈의 강력한 군대를 멸망시킨 그 지준에서 말로써 나타낼 수 없는 정도로 가까운 땅에 살고 있었던 민족이다.

야빈은 겐 사람이 그가 몹시 증오하고 있는 이스라엘 사람에 대해서 자기와 한편이 되어 주기를 바라면서 그들을 이 지방에 머물러 있도록 해 두었다. 그러나 야빈의 기대는 배반당했다. 겐 사람은 마땅히 모세의 위대한 업적을 기억하고 있었을 것이다.

처음부터 이스라엘과 보조를 같이한 것이다.

이 이야기는 여주인공 야엘 역시 이스라엘을 마음에 두고 있었다. 바락의 승리라는 소식을 듣고 그녀는 가슴에 설렘을 느꼈다. 시스라가 그 전차로 말미암아 이스라엘을 패하게 했다는 소식을 만일 들었다면 아마도 비탄의 눈물을 흘렸음에 틀림없다.

  바락이 원했을 것으로 아는 명예가 이 여성의 것으로 된 것이다. 마치 하나님의 심판에 엎드러진 것처럼 이스라엘의 잔혹한 압제자는 그녀의 손에 의해서 죽음을 당한 것이다. 드보라가 바락에게 야빈을 습격하라고 명했을 때 바락이 주저하지 않았더라면 골리앗을 죽인 다윗의 그것과 비교할만한 영예는 당연히 그의 것으로 되었을 것이다. 그러나 그 때 바락은 주저하였기 때문에 드보라는 예언자로서 그에게 주의 말씀을 고하여 '이번 싸움에서 당신은 영예를 얻지 못할 것이요. 여호와는 어느 여인 한 사람의 손에 시스라를 팔아 넘길 것이라고 말씀하셨으니까'라고 말한 것이다.

  비느하스의 행위 따라서 시스라를 죽인 야엘은 비난한 바가 아니다. 예전에 어떤 이스라엘 사람이 미디안의 한 창녀를 그의 천막에 불러 들였던 사실을 기억할 것이다. 비느하스는 이 때에 그의 긴 창으로 그들을 꿰뚫었던 것이다. 이 행동으로 말미암아 비느하스는 여호와로 향한 열렬한 신앙에서 버려졌으므로 칭찬을 받은 것이다.

  이 비느하스와 야엘의 행동을 비교할 때 특히 비난받을 만한 것은 아니었다. 왜냐하면 그녀는 이 일에 있어서 시스라를 향한 주의 심판의 막대기로 사용되었기 때문이다. 그러니까 드보라의 노래 속에는 〈겐 사람 헤벨의 아내 야엘은 모든 여자 위에 뛰어나므로 찬양할 자로다. 천막의 여인 중에 가장 축복 받을 자여〉라고 노래 불렀던 것이다.

  이러므로 현대 주석자들과 초기의 주석자들은 이구동성으로 야엘은 자기 개인 감정으로 시스라를 죽인 것이 아니라 주의 영예 여호와에 대한 순결한 열정을 그녀 속에 타오르게 하셨다고 말하고 있는 것이 당연한 것이다. 하지만 그녀가 그 열정을 실현하기 위하여 행한 그 수단 역시 하나님이 기뻐하신 바라고 속단을 하는 것은 무리다.

비느하스와 다윗의 행동은 이 점에 있어서 다른 것이다. 그들은 그 목적을 달성하기 위해서 윤리적으로 염치를 모르는 수단을 하나도 쓰지 않았다. 비느하스의 경우는 정대하고 떳떳한 공격이었다. 다윗은 물매를 손에 들고서 거인 골리앗에게 가까이 나아갔다. 이 사람들은 하나님이 자기들을 도와 주실 것을 확실히 믿고 있었기 때문이다.

야엘에게는 하나님께 대한 신앙의 정열은 없었다. 그녀가 하나님과 하나님의 백성과 원수를 죽여버리자고 하는 충동을 느낀 것만은 사실이었다. 그러나 하나님이 도와 주시리라는 신앙이 그녀에게는 부족했다. 따라서 정정당당한 태도로 시스라에게 대할 용기는 없었던 것이다. 그녀는 다윗과 같이 상대에게 '너는 하나님을 모독한다' 하고 격렬한 비난을 할만한 열의는 보이지 못하였다. 그러므로 다윗과 비느하스의 이름은 생명이 있지만 야엘의 이름은 끝내 흐려지고 마는 운명에 있었던 것이다.

야엘이 품위 없는 막된 여인은 절대 아니었다. 그녀는 불란서 혁명중 호랑이처럼 억세고 팔팔한 성품을 보여준 저 파리의 부인들과는 유가 다르다. 다만 그녀에게는 용기가 없었다. 정정당당하게 시스라에게 향하여 나갈 수가 없었던 것이다. 야엘은 '힘이 약한 자는 슬기를 가져야 한다'는 격언을 실천했을 뿐이다. 말하자면 술책을 써서 미소지으며 문에서 시스라를 영접해 들이고 그의 목마름을 위하여 마실 것을 주고 그를 위해 침상을 내주어 환영하는 듯한 태도에 시스라는 완전히 안도의 한숨을 쉬고 아무 걱정 없이 잠들게 했던 것이다. 그때에 그녀는 그에게 이불을 덮어주고 천막에서 말뚝을 가지고 와서 그의 관자놀이에 이것을 힘껏 쳐서 꿰뚫었던 것이다.

시스라에게 주의 심판은 내렸다. 성령의 뜨거운 마음이 야엘로 하여금 이 일을 행하게 하신 것이었다. 그러나 그녀는 비열하고 흉측스런 수단을 썼다. 그 때문에 그녀의 과오는 영원히 씻을 수 없는 것이다.

입다의 딸

사사기 11:29-39

야훼의 영이 입다에게 내렸다. 그는 길르앗과 므나쎄 지역을 일주하고 길르앗 미스바에 있다가 다시 거기에서 암몬군의 배후로 돌았다. 거기에서 입다는 야훼께 서원하였다.

"만일 하나님께서 저 암몬군을 제 손에 붙여 주신다면, 암몬군을 처부수고 돌아올 때 제 집 문에서 저를 맞으러 처음 나오는 사람을 야훼께 번제로 바쳐 올리겠습니다."

그리고 나서 입다는 암몬 진지로 쳐들어갔다. 야훼께서 그들을 그의 손에 붙여 주셨으므로 아로엘에서 민닛 어귀에 이르기까지 스무 성읍을 처부수었다. 또 아벨그라밈까지 진격하여 마구 짓부수었다. 이리하여 암몬군은 이스라엘군에게 꺾이고 말았다.

입다가 미스바에 있는 집으로 돌아오는데, 소구를 잡고 춤을 추며 집에서 나와 그를 맞은 것은 그의 외동딸이었다. 입다는 자기 딸이 나오는 것을 보고 옷을 찢으며 외쳤다.

"아이고 이 자식아, 네가 내 가슴에 칼을 꽂는구나. 내가 입을 열어 야훼께 한 말이 있는데, 천하없어도 그 말은 돌이킬 수 없는데 이를 어쩐단 말이냐!"

그러자 딸이 아뢰었다.

"아버지, 아버지께서 저를 두고 야훼께 하신 말씀이 있으시다면 그대로 하십시오. 야훼께서 아버지의 적수인 암몬 사람들에게 복수해 주셨는데, 저야 아무려면 어떻습니까?"

그리고서 딸은 한 가지만 허락해 달라고 하며 아버지에게 청을 드렸다.

"두 달만 저에게 말미를 주십시오. 그러면 벗들과 함께 산으로 들어가 돌아다니며 처녀로 죽는 몸, 실컷 울어 한이나 풀겠습니다."

입다는 두 달 말미를 주어 딸을 떠나 보냈다. 두 달 동안 딸은 벗들과 함께 산에 들어가 처녀로 죽는 것을 한하여 실컷 울었다.

두 달이 지나 아버지에게 돌아오자 아버지는 딸을 서원한 대로 하였다. 그 딸은 남자를 안 일이 없었다. 이로부터 이스라엘엔 한 가지 관습이 생겼다. 길르앗 사람 입다의 딸을 생각하고 이스라엘 처녀들은 해마다 집을 떠나 나흘 동안을 애곡하게 된 것이다.

◈ 도움말

입다가 실지로 딸을 번제로 드린 것이 아니라는 것은 이미 논의할 바가 못될 것이다. 사람을 제물로 바친다는 것은 이스라엘에서 가장 미워하는 것이다. 아버지들이 여호와께 대하여는 몰록의 경우와는 달리 아이를 제물로 바친다는 일은 결코 하지 않았던 것이다. 뿐만 아니라 이 이야기 가운데 씌어 있는 모든 것이 이 같은 해석을 배척한다.

얼마 후 죽어야 할 운명의 자식이 두 달 동안의 연기(延期)를 하고 그 두 달 동안의 양친과 떨어져서 지낼 수 있었을 것인가?

또 죽음이 정말 그녀를 기다린다고 했을 때 그녀가 어떻게? 처녀의 몸인 것을 특별히 슬퍼하며 한탄했을 것인가? 또 그런 경우 '그녀는 남자를 알지 못한다'라는 말은 도대체 무엇을 뜻하는 것인가? 어찌하여 이스라엘의 딸들은 해마다 나흘씩을 그녀를 위한 슬픈 날로 정했다는 것일까.

따라서 개혁파 주석가들은 루터에게 반대하고 이렇게 항상 주장해 온 것이다. 의심할 여지없이 입다의 희생은 그가 딸에게 지금까지도 한 번도 결혼을 허락한 일도 없었고 주의 성막에서의 봉사에 바치지 않아서는 안 된다고 하는 것에 다름이 없는 것이다.

그녀가 스스로 택한 길은 아니었다. 다만 그의 아버지가 말한 맹세 때문에 입다의 딸은 주께 바친 바 된 처녀로서 성막 사람이 되지 않으면 안 되는 것이다. 그의 동무들과 가족과 작별하고 죽는 날까지 거기서 살아야만 되는 것이었다.

우리는 이 성경의 기술에서 이교적 신화의 이야기를 다시금 생각할 필요는 없다. 입다는 암몬 사람을 쳐부수고 기기승승해서 자기의 공을 내세웠다. 그러나 그의 분별 없는 맹세로 인해 그는 자기 딸을 잃고 동시에 그녀에게서 인생의 즐거움을 영원히 빼앗아 버렸던 것이었다.

참으로 이것이야말로 우리들 앞에 등장하는 입다의 딸의 역할이었던 것이다. 그녀는 곧 아버지 맹세의 희생으로 등장한다.

그 슬픔을 구차하게 감추지 않고 서슴지 않고 운명에 몸을 내맡겨 버린 그녀의 태도는 정말로 우리에게 비극적인 감동을 전해준 것이다.

입다의 딸은 수도원 암자에 자진해서 어지러운 세상을 피하여 숨어서 살 만한 성품의 여자는 아니었다. 이것은 그녀가 그의 아버지를 환영하러 나왔던 그 태도에서도 생각했던 것보다 훨씬 활달한 성격이었음이 분명한 일이다. 말이 없고 내성적인 여자였다면 집안에서 얌전히 기다리다가 아버진가 들어올 때에 비로소 나가 맞이했을 것이다.

그러나 입다의 딸은 그와 달랐다. 그녀에게는 생명력과 활기가 넘쳐 흐르고 정열적 감정이 풍부한 소유자였다. 그녀는 미스바의 딸들을 전부 불러모아서 북과 질그릇을 가지고 오라고 말해 두었다. 그녀는 이 처녀들과 함께 그녀의 아버지인 정복자 입다가 동네에 들어오는 것을 앞장서서 뛰어나가 그를 영접했을 것이다. 춤추며 노래하며 기쁨이 넘처흐르는 모습으로 보아 참으로 이와 같은 여성은 '생명이 넘쳐흐르는' 처녀였음에 틀림없다. 그의 빛나는 정열적인 눈동자는 서상의 두려운 기색도 없이 주시하는 매혹적인 것이다.

더구나 그녀의 영혼 속에는 이 세상 사람으로서 여호와의 이름을 찬미하고 여호와의 선택하신 그 아버지의 영예를 축복하고자 하는 열의에 가득 차 있었던 것이다.

이 성경의 기술은 그녀가 마침내 결혼할 시기에 있었다는 것을 암시한다. 따라서 우리는 벌써 그녀가 소녀가 아니었고 그렇다고 해서 성숙한 부인도 아닌 젊은 여자의 꽃다운 나이의 여성이라고 생각하는 것이 좋을 듯하다. 한 마디로 그 아름다움에 그의 부풀어 오른 화려한 꿈에서 보나 참으로 여자답게 피어나는 꽃과 같은 모습이었던 것이다.

그뿐 만도 아니었다. 그녀는 하루아침에 이스라엘의 영웅이 된 아버지 즉 암몬인에게서 이스라엘을 구해낸 승리자의 딸이 되었던 것이다. 사회적으로는 높은 지위에 있는 많은 청년들이 그녀에게 호감을 가졌을지도 모른다. 암몬 사람을 쳐부수고 개선한 씩씩하고 쾌활한 젊은 군인들도 그녀의 매력 앞에 굴복되었을 것이 아닌가. 그녀의 화려한 모습으로 가까이 다가오는 것을 보고 어찌 그렇지 않았을까 보냐? 미스바의 미녀들이 선두에 서서 노래하고 춤추는 그녀를 바라보면서……

참으로 아버지의 말은 청천벽력이었고 그녀의 머리 위에 떨어지는 철퇴와 같았다. "아아 내 딸이여 나는 여호와께 맹세를 하였다. 나는 너를 이 세상에서 떼어놓아서 죽음의 손에 넘기지 않으면 안 되게 되었다" 하면서 입다는 그 맹세의 두렵고 비극적인 사실을 마음 아파하였다. 그는 활기에 넘쳐흐르는 외동딸을 바라보고 자기는 이 발랄한 환희의

정을 슬픈 탄식으로 바꾸어 버리고, 그녀 앞에 미래의 꿈을 짓밟아 버리는 것이라고 생각할 때 뉘우침과 비통함으로 어찌할 바를 몰랐을 것이다.

이 일에 대해서 그녀는 어떤 태도로 나왔던가. 허세를 피우고 마음에도 없는 "걱정 없어요. 아버지, 이 뜬세상을 버리고 그 고독한 생활이 난 곧 마음에 들게 될 거예요"라고 잘라 말했던가?

아니다. 그 찰나 그녀의 태도는 더욱 진실했고 인간다운 것이었다. 깊은 수심에 빠져 있지도 않았지만 그 희생이란 중대한 사실을 알아차리고 숨기지 않았다. 그녀는 말했다. "아버지가 주를 향하여 말을 꺼내셨으니 그대로 내게 행하소서"라고 다시 말을 이어 "그러나 다만 두 달 동안만 나를 혼자 있게 해주십시오. 내가 산에 들어가서 처녀로 끝마치는 내 몸을 슬퍼하렵니다"라고 덧붙여 말했던 것이다.

두 달 동안 말미를 주었다. 그녀는 그의 가장 친한 친구 몇 사람과 가까운 산으로 갔다. 입다가 여름 한때 지내는 작은 초옥에서 자기를 기다리는 놀라운 변화에 깨끗이 처리하려고 뜻을 세웠던 것이다.

그녀는 결혼해서 충실하고 풍부한 생활을 즐겨 보려고 했다. 그러나 그런 소망은 거절당한 것이다. 그녀는 그의 친구들과 가족을 떠나서 고독에 묻혀 지내지 않으면 안 되었다. 단순하고 변화가 없어 잊어버려진 생활을 혼자서 보내지 않으면 안 되었다.

감상적이고 광신적인 여성에게는 어쩌면 이것은 일종의 이상적인 생활이 될지도 모른다. 그러나 생명이 넘친 행복한 딸에게는 결코 그렇지는 못했다.

그것은 그녀가 바칠 수 있는 최대의 희생이었다. 그녀는 그 희생을 흔들리지 않고 깨끗이 드렸다. 아버지가 맹세한 것이다. 이것을 깨달아 알게 해서는 안 된다. 이렇게 생각하고 그녀는 괴로운 눈물을 흘리면서도 불평하지 않았다. 그리고 사는 동안에 만족해하며 은둔 생활로 들어간 것이다.

마노아의 아내

사사기 13:1-20

이스라엘 백성이 야훼의 눈에 거슬리는 일을 하였다. 그래서 다시 야훼께서는 그들을 사십 년 동안 블레셋 사람들의 손에 붙이셨다. 그때 소라 지방에 단지파 출신 마노아라는 사람이 있었다.

그의 아내는 아기를 낳지 못하는 돌계집이었는데, 야훼의 천사가 그 여인에게 나타나 말하였다.

"보아라. 너는 아기를 낳아 보지 못한 돌계집이지만 이제 임신하여 아들을 낳으리라. 이제부터 몸을 조심하여 포도주나 소주를 마시지 말고 부정한 것을 일절 먹지 말라. 네가 임신하여 아들을 낳거든 그 머리에 면도칼을 대지 말라. 그 아이는 모태에서부터 이미 하나님께 바쳐진 나실인이다. 그 아이가 비로소 이스라엘을 블레셋 사람들 손에서 건져 낼 것이다."

이 말을 듣고 그는 남편에게 가서 말하였다.

"하나님의 사람이 저에게 나타났습니다. 그의 생김새는 하나님의 천사 같아서 어찌나 위엄차던지 저는 그분이 어디서 오셨는가 묻지도 못했습니다. 그분은 저에게 성함을 일러 주시지도 않았습니다. 그런데 그분은 제가 임신하여 아들을 낳을 것이라고 하시면서 이제부터 포도주나 소주를 마시지 말고 부정한 것을 일절 먹지 말라고 하셨습니다. 또 저에게 태어날 아이는 임신되는 날부터 죽을 때까지 하나님께 바쳐진 나실인이 될 것이라고 하셨습니다."

이 말을 듣고 마노아는 야훼께 빌었다.

"주여, 바라옵건대 주께서 보내셨던 그 하나님의 사람을 다시 보내셔서 아이가 태어난 다음 그 아이를 어떻게 할지 우리에게 가르쳐 주게 하십시오."

야훼께서 마노아의 기도를 들으시고, 당신의 천사를 다시 보내시어 마노아

구약성서에 나오는 여인들 99

의 아내가 들에 앉아 있을 때에 나타나게 하셨다. 그때 남편 마노아는 함께 있지 않았다. 여인은 급히 뛰어가 남편에게 일렀다.

"전날 저에게 나타나셨던 분이 다시 나타나셨습니다."

마노아는 곧 아내를 뒤쫓아가서, 당신이 저번에 아내에게 말하던 분이냐고 묻고는, 그가 그렇다고 대답하자 그에게 물었다.

"그때 하신 말씀이 이루어져 아이가 태어나면 그 아이는 무슨 일을 어떻게 할 것입니까?"

야훼의 천사가 마노아에게 일러주었다.

"내가 네 아내에게 이미 일러 둔 것을 하나도 빠뜨리지 않고 지켜야 한다. 포도나무에 열리는 것을 먹으면 안 된다. 포도주와 소주를 마시지 말고 부정한 것을 일절 먹지 말라. 그리하여 내가 네 아내에게 일러 준 이 모든 명령을 지켜야 한다."

이 말을 듣고 마노아는 야훼의 천사에게 청을 드렸다.

"새끼 염소를 한 마리 잡아 올리겠으니 좀 기다려 주십시오."

그러면서도 마노아는 그분이 야훼의 천사라는 것을 알지 못하였다. 야훼의 천사는 마노아에게 일렀다.

"기다릴 수야 있겠지만, 대접은 못 받는다. 번제를 바칠 마음이 있으면 야훼께 바쳐라."

"그러면 성함이라도 알려 주십시오. 그래야 하신 말씀이 다 이루어진 다음 그 고마운 심정을 표시해 올릴 수 있지 않겠습니까?"

하고 마노아가 야훼의 천사에게 청을 드려 보았지만, 야훼의 천사는

"어디라고 내 이름을 묻는 거냐?"

하며 자기 이름은 비밀이라고 잘라 말했다. 그제야 마노아는 새끼 염소 한 마리와 곡식예물을 가져다가 바위 위에 올려놓고 야훼께 드렸다. 그러나 마노아와 그의 아내가 보는 앞에서 놀라운 일이 일어났다. 불길이 제단에서 하늘로 치솟는데 야훼의 천사가 그 불길을 타고 올라가는 것이었다. 이를 보고 마노아와 그의 아내는 땅에 엎드렸다. 그 후로 야훼의 천사는 마노아와 그의 아내에게 다시 나타나지 않았다. 그제야 마노아는 그분이 야훼의 천사였다는 것을 깨달았다.

"거룩한 분을 뵈었으니, 우리는 영락없이 죽게 되었어."

하고 마노아가 아내에게 걱정스러운 소리를 했지만, 그의 아내는 이렇게 말하였다.

"만일 야훼께서 우리를 죽이실 생각이셨다면 우리가 드린 번제물과 곡식예물을 받지 않으셨을 것 아닙니까? 그리고 이 모든 일들을 알려 주시지도 않으셨을 것 아닙니까?"

여인은 아들을 낳아 이름을 삼손이라 지어 주었다. 아이는 야훼께서 내리시는 복을 받으며 자랐다. 삼손의 소리와 에스다올 사이에 있는 단의 진지에 있을 때 야훼의 영이 처음 그에게 내렸다.

◆ 도움말

사사 시대의 부인 가운데 마노아의 아내도 또한 우리들의 눈길을 돌리게 하는 여성 중의 한 사람이다. 한나와 사라처럼 그녀도 얼마 동안은 잉태하지 못하는 여인이었다. 따라서 그녀는 아기를 가질 수 없다는 실망과 슬픔을 맛보았지만, 후에 특별한 주의 권고를 받고 어머니로서의 넘치는 기쁨을 누릴 수 있었던 이스라엘 역사 초기 중에 나오는 여성의 하나로 손꼽게 된 것이다. 이 어머니들이 겪어야만 했던 신앙의 고투에서 얻어진 아들들이 이삭, 사무엘, 삼손 등이다.

삼손의 어머니는 단지파에서 난 마노아라는 남자에게 시집가서 그와 함께 소라에서 살았다. 분명히 이 부부는 인생의 필요한 것들을 빠짐없이 가지고 있었다. 그의 축사에는 그들의 가축이 있었고 아주 부유한 생활을 하였던 것으로 보이다. 다만 그 가정은 피를 나누는 자식을 가지는 참된 기쁨을 지금까지 거부당하고 있었던 것이다.

그런데 어느 날 마노아의 아내가 혼자서 밭에 나갔을 때 어떤 이상한 사람이 그녀 앞에 나타났다. 그는 다름 아닌 주의 사자로 오래 전 저 마므레 평지에서 아브라함에게 나타난 적 있는 그와 비슷하였다. 나중에 마노아의 아내는 그 사자를 가리켜서 그 얼굴이 '무서울 정도로 빛나고 있었다'라고 얘기하고 있었지만 그가 처음에는 사람인 줄 알고 있었던 것이다. 이와 같은 사람을 만난 것은 난생 처음이었지만 그는 알지도 못하는 사람인데도 자기 마음속에 있는 괴로움을 잘 알고 있음을 알아차렸다.

왜냐하면 그는 그녀를 향하여 느닷없이 그녀가 아기를 못 낳는다는 문제를 들고 나온 까닭이었다. 그는 그녀가 얼마 후 어머니가 되겠다는 뜻하지 않은 보증을 주고 그 아기는 특별한 뜻에서 주의 종이 될 것이다. 즉 나실인이 될 것이라고 알려준 것이다. 그 까닭에 아기를 낳기까지는 포도나무 열매에서 얻은 술을 마시지 않아야 한다고 타일렀던 것이다.

곧 집에 돌아가자 이 이상한 일들을 남편에게 자세히 이야기하였다. 감히 그 사람이 누구인지는 물어 볼 수 없었고 그 사람 역시 자기가 누구임을 밝혀주지 않았다고 그녀는 말하였다. 남편은 깜짝 놀라서 그녀의 생각하는 것과 같이 그는 하나님의 사자가 아니었나…… 하고 상상했다. 천사가 아니라면 어찌 그 같은 약속을 할 수가 있단 말인가. 그렇게 생각은 하면서도 무엇인가 만족할 수 없었다. 그는 경건한 마음으로 무릎을 꿇어 엎드려 그 사자를 한 번 다시 자기들 앞에 나타나 주기를 하나님께 호소했던 것이다.

하나님은 기도를 들으셨다. 마노아의 아내가 어느 날 밭에 있을 때 그 빛나는 사람이 또 다시 그녀 앞에 나타났다. 이번에는 그녀가 흥분해서 남편을 부르러 급히 집으로 달려갔다. 곧 남편이 달려왔다.
 그리고 그 두 사람은 공손히 그 앞에 무릎을 꿇었다.
 분명 천사라고는 생각하였지만 그 사람에게서 발하는 빛난 광채 때문에 두 사람은 어찌할 바를 몰랐다. 마노아에게 이 긴장은 견디기 어려울 정도였다. 그는 대담하게 물었다. "이 여인에게 말씀하셨던 분이 바로 당신이었습니까?" 천사가 그것을 긍정하자 마노아는 그를 위해 대접하려고 염소 새끼를 잡겠다고 부탁했다.
 그러나 천사는 "아무리 당신이 나를 머물게 하려고 해도 당신의 음식을 먹지 않을 것이오. 당신이 만일 번제를 드리고자 하면 여호와께 드리십시오"라고 말하고 이 일을 거절했다. 마노아는 이 말을 듣고 참으로 이 분은 천사임에 틀림없다고 생각했다. 그러나 그가 메시야 자신이었다는 사실은 깨닫지 못했던 것이다. 그러나 '당신은 누구입니까'라는 질문에 '내 이름은 기묘니라'라는 대답을 주고 있다. 마노아는 번제 드릴 준비를 하였다. 하늘을 향하여 불꽃이 타오르는 순간 천사가 불꽃과 함께 승천하였다. 여호와 앞에 두 사람의 부부는 엎드렸다. 이것이야말로 진실로 주 자신이었다라고 두 사람은 말한 것이었다.
 환상은 사라졌다. 그러나 메시야의 말씀은 없어지지 않았다.
 마침내 마노아의 아내는 잉태하여 해산할 달이 차서 그 백성에게 삼손을 주셨다. 그야말로 하나님으로 말미암아 약속의 사람 구제자였고 블레셋에 대해 복수를 해야만 하는 영웅이었다 이 같은 일들을 하나님은 마노아와 그의 아내 때문이 아니라 삼손을 위하여 이루신 것이었다.
 그 백성의 부르짖음을 주는 들으셨다. 모든 백성들은 불평을 토하고 있었다. 나라를 구해 낼 사람은 아무리 기다려도 나타나지 않고 절망

속에 많은 사람들은 빠져 있었다. 더구나 이 같은 불평이 분발한 가운데 주는 이미 구원의 길을 예비하고 계셨던 것이다. 삼손이 태어난 것이 곧 그것이다.

삼손의 어머니는 하나님의 나타나심이 무엇보다도 확실했기 때문에 오랫동안 잉태하지 못하는 몸으로 지내왔다. 이스라엘에 구제자를 준 것은 그녀가 아니라 여호와 자신이었다. 하나님은 이 이야기에서 우리들에게 삼손의 장래가 그 정신적 고투를 통해서 얼마나 준비시켜 주셨다는 것을 보여주고 계신다. 삼손은 신앙적 영웅이어야 했다.

그의 어머니 마노아의 아내는 먼저 신앙의 싸움을 싸우지 않으면 안 되었던 것이다.

들릴라

사사기 16:4~50

소렉이라는 그 옛날에 골짜기에 살고 있던 들리라는 그녀에 대해서 읽는 사람 모두의 마음에 증오의 정을 금할 수 없게 한다.

삼손은 하나님의 전사였다. 그의 등장은 이스라엘의 구원자로 오히려 지금도 하나의 신비를 비치고 있다. 그는 하나님의 계획을 달성하기 위해 참으로 이상하고 괴상한 방법으로 하나님의 선정하심을 입었다. 이 용감한 영웅 삼손에게 근본적인 하나의 죄가 있었다. 그는 여성의 유혹을 물리칠 만한 힘을 소유하지 못하였다. 그의 이런 약점을 노려서 먼저 한 사람의 여인이 다음에 또 다른 여성이 그를 꾀어서 정복시켜 버렸다. 이 사건의 경위가 성경 중 이장에 기록되어 있고 그 중에서도 이와 같은 농간으로 성공한 것이 바로 들릴라였다.

가자에 있을 때에도 삼손은 벌써 자기의 육욕의 희생이 될 뻔하였다. 이곳에서도 그는 기생집을 찾아가고 그래서 블레셋 사람의 술책에 말려들었다. 그러나 하나님은 여전히 그를 불쌍히 여기시고 성문 빗장까지 빼내는 힘을 그에게 주셨던 것이다. 이와 같이 그는 블레셋 사람이 잠에서 깨어나기 전에 피할 수 있었던 것이다.

그러나 삼손의 성욕은 그를 마음대로 거느리어 모든 일을 처리하고 이 약점은 어떻게 해서도 억누를 길이 없었다. 가자에서 돌아올 때 다시 또 그는 기생의 집으로 들어갔다. 이것이 소렉 골자기 에스디올에 사는 들릴라의 집이었던 것이다.

들릴라는 이름은 귓맛이 좋은 이라는 이름이었다. 허영심이 많은 여성이 자기 본명이 떳떳하게 있으면서도 마음에 들고 좋다고 하여 부르는 따위의 이름이다. 실제로 이 들릴라의 집에서 삼손은 죽음보다도 무서운 운명에 부딪쳤던 것이다. 남을 슬그머니 달래거나 꾀거나 속이는 기술이 창녀들에게 있기 마련인 것처럼 들리라는 냉정한 성질과 됨됨이를 속에 지니고 있으면서도 연연한 마음으로 구슬리는데도 기술적이었다.

애정에 차 있는 듯 상냥하고 친절한 모습을 보이면서 삼손을 파멸의 웅덩이로 들어가게 했다. 오직 그녀의 목적은 돈 하나만을 손에 넣으려는 것이었다. 삼손을 속이고 자기들의 손에 넘기어 주면 많은 돈을 준다고 약속했다. 그리하여 그녀는 그를 함정에 빠뜨리려고 어떤 비열한 수단이라도 불사하는 결심이었다. 말이나 행동이 천하고 더러운 속임수의 연애극이 전개되었다. 그녀는 나는 당신만을 마음속으로 사랑하고 있다고 말하였다. 그러나 물론 그것만으로는 안 된다. 당신도 나를 사랑해 주지 않으면 당신의 그것도 온 몸으로 사랑해 주지 않으면 안 된다. 그렇지 않고서 어떻게 참된 사랑의 관계를 맺을 수 있겠느냐고 그녀는 이같이 그럴 듯한 말로 살살 꾀었던 것이다. 그녀는 이와 같은 말로 삼손의 마음을 샀다. 매춘부이기는 하였어도 연애에 대해서 이 여자는 이상적 경지에 이르는 아름다운 생각을 가지고 있었다.

이와 같은 여성에게 빠진다는 것은 그러하기까지 죄가 깊은 것은 아니다. 그는 이렇게 생각했다. 들릴라는 그를 향해 내게 대해서 당신도 숨기는 일이 없기를 바란다고 하였다. 기이하고 묘한 말을 걸어서 속이는 일에 주의해 주기 바란다. "당신의 들릴라에게 제발 숨기지 말아 주세요" 하고 그녀는 말했다. 그리고 "조금도 내 생각은 해주지 않으면서 어떻게 당신을 사랑한다고 말할 수 있어요" 하면서 덧붙여 말했다. 증오할 만한 간사한 뱀 같은 여자가 어쩌면 있을까…… 어처구니없기 짝이 없다.

그녀는 그 계략을 뚫고 나아갔다. 삼손은 그녀의 매력 앞에 마음이 흔들리기 시작했다. 그가 처음에는 그녀를 믿을 수 없어서 몇 번은 그녀를 속이기까지 하였으나 그의 농간에 점점 말려들어 거기서 뛰쳐나올 수가 없었던 것이다. 그의 초인적인 힘은 유혹을 받을 때마다 점점 놀라운 방법으로 보여줄 뿐이었다. 자기의 머리털에 그 힘의 근원이 있음을 그는 알고 있었다. 그러나 그는 먼저 푸른 칡과 세 줄로 자기를 묶게 했다. 그리고 이것을 불에 탄 헝겊처럼 쉽게 끊어버리는 것이었다. 세 번째에도 이미 그는 머리털에 대해 언급하고 베틀의 북실과 함께 짜게 하기도 했다. 그러나 주는 여전히 함께 계셔서 그는 다시금 피할 수가 있었다.

여기서 들릴라는 그의 감추어 두었던 썩 잘된 생각을 들고 나왔다. 그녀는 자기의 완전히 무시당하고 없는 것처럼 되어 조롱거리밖에 되지 않았다는 것을 보이고 토라져 버렸다. 마침내 삼손은 꺾이고 말았다. 그는 자기의 머리털을 가리키고 나실인의 명예를 그녀에게 팔아 넘겨 버린 것이다. 결국 여호와는 그에게서 떠나셨다. 삼손은 마침내 블레셋 사람의 포로가 된 것이다.

증오해야 할 여성 들릴라는 냉소했다. 그것은 그녀의 거짓된 구설과 교활한 구변의 승리를 뜻한다. 블레셋 군사가 할 수 없었던 것을 그녀는 해냈다. 그녀는 이것을 득의하는 빛이 외모와 행동에 나타나는 모양이 자만했다.

저항하지 못하는 삼손을 블레셋 사람의 손에 넘겨 준 자기의 수법에 저 자신이 들떠 있었다. 그녀는 그들이 그를 묶어서 집에서 끌어내는 것을 구경했다. 그리고 그 배신한 상금으로 준 많은 돈에 기쁨을 감추지 못했다. 그러나 들릴라는 파렴치한 여성으로 성경 가운데 말로써 나타낼 수 없을 정도로 드러나서 두드러진 위치를 차지하고 있다. 그녀의 깊은 죄악은 근본적으로 저주스러운 것이다. 그러나 돈에 눈이 어두워서 사랑을 팔았다는 사실은 더욱 무서운 것이다. 그녀는 기특할 정도로 삼손을 추종했고 마음에도 없는 사랑을 가장 고결하고 신성한 것이 사랑이라는 듯이 처신했다.

그리고 그러는 동안 자기 방 속에 원수들을 숨겨놓고 사랑하는 애인을 그 손에 넘길 기회만을 찾고 있었던 것이다. 들릴라는 여성으로서의 매력을 가증한 목적을 위해 악용한 것이 사실이다. 그러나 이기적인 목적으로 사랑을 속이고 허영심과 애교를 부리는 여성은 본질적으로 모두 들릴라와 같은 종류이다.

여성적인 매력과 애정의 표현도 역시 하나님의 선물이다. 여성은 그것을 그 창조주에게서 받은 것이다. 따라서 이것을 고의로 농간을 부리고 가장 아름답고 고귀한 선물을 악용하는 자를 하나님은 반드시 벌하시는 것이다.

룻

룻기 1장 (오르바에 대한 성경 참조)

보아스에게 시집가서 오벳을 낳았을 때 룻은 이미 나이가 들어 아주 젊은 여인이 아니었다. 그녀는 말론에게 시집가서 거의 십 년을 같이 지냈고 그 후에도 많은 세월을 과부의 몸으로 지내왔다. 그러나 동양 사람들의 눈에 그녀는 여성의 전성기로 보였다.

다만 그림자가 물체를 따르듯이 언제나 나이가 많은 나오미 곁에 있었으므로 자칫하면 젊은 여성으로 생각하기 쉬운 것이다.

오르바와 마찬가지로 룻도 이교적 환경의 사람이었다. 그녀 역시 저 타락한 모압 사람 중의 하나로, 오르바와 함께 엘리멜렉의 성결된 분위기의 감화를 받게 된 것이다. 그러나 오르바와는 달리 마음의 문을 열고 은혜를 받아 들였다. 마음속의 충분한 은혜가 그 외형적 행동에까지 나타났다. 그녀는 하나님의 택하심을 입어서 하나님의 부르심과 엘리멜렉의 인도에 순수히 대응했다. 저 베들레헴의 기근은 룻의 생명의 고갈에서 벗어가기 위한 신령한 양식을 그녀를 위해 준비하신 계기라고 할 수 있다.

이번 일로 해서 하나님의 선택은 이 두 사람이 서로 헤어지기 전부터 오르바보다도 더 분명하게 구별되었다고 결론을 내려서는 안 된다.

룻이 남편 말론의 신앙을 받아들인 것처럼 아니 그보다도 **훨씬 더 열심히** 오르바는 기룐의 신앙을 받아들이고 있었는지도 모른다. 순수한 황금은 광산 깊은 곳에 묻혀 있어서 오랫동안 햇빛을 보지 못하는 수가 많다. 신앙이 깊을수록 그 진가가 곧 나타난다고 말할 수는 없을 것이다.

나오미가 룻을 오르바보다 더 편애해 주었다는 사실은 조금도 찾아볼 수 없다. 그녀는 오르바와 룻에게 똑같은 어조로 말하고 있다. 그 중대한 순간에도 나오미는 먼저 오르바에게 말을 붙였다.

마치 순진한 룻이 오르바의 적극적인 행동에 잘 따르고 있었다는 듯이 룻의 남편 말론이 장남이니만큼 룻의 의향부터 먼저 묻는 것이 순서였을 터인데도 나오미는 그렇게 하지 않았던 것이다.

조용한 성품을 지닌 사람의 경우에는 무슨 일이 일어나도 옆에서 몹시 흔들어 깨워 일으키기까지는, 깊은 잠에 빠져있는 일이 흔히 있다. 룻의 경우 그것은 모압에게로 돌아가라고 하는 나오미의 권고였다.

세 사람은 다 함께 출발했다. 만일 아무도 무엇을 말하지 않았더라면 세 사람은 틀림없이 베들레헴으로 가는 여행을 계속했을 것이다. 그러나 나오미는 뜻밖에도 머물러서 두 며느리를 향하여 그의 백성의 신에게로 돌아가라고 재촉했던 것이다. 그의 말대로 오르바는 떠나버렸다. 그러나 룻은 그의 속에 오래 깊은 신앙의 확신이 홀연히 분명한 형태로 나타난 것이다. 그녀는 스스로 결단을 내렸다.

"나는 이후로 살든지 죽든지 하나님의 백성과 함께 구원을 받고 싶다"

그녀는 이와 같이 분명하게 이 빛나는 고백을 한 것이다. 당신의 백성은 내 백성이고 또 당신의 하나님도 나의 하나님이십니다. 당신이 계신 곳에 나도 있고 당신이 죽으시면 나도 같은 곳에 묻힐 것입니다. 죽음 이외에는 아무 것과도 당신과 나를 떠나게 한다면 야훼는 내게 큰 벌을 내리실 것입니다.

이렇게 하여 하나님은 불쌍하고 의지할 데 없는 나오미에게 룻의 애정을 은총으로 베푸셨던 것이다. 나오미는 룻을 하나님의 백성과 메시야에게 결부시키는 인연을 맺게 해 준 것이다.

룻에게는 과감한 정신력이 없었다. 추상적이고 정신적인 가치에 대한 자기만족과 어떠한 정서적인 가치에 대한 자아만족과 어떠한 정서적인 애정도 없는 만족을 룻에게는 찾을 수 없다. 그녀는 경건한 시어머니의 슬픈 기색으로 차 있는 얼굴을 감사에 넘치는 마음으로 바라보았다. 그녀는 그의 시모에게 매어달렸다. 이스라엘의 하나님께 대한 그녀의 신앙은 나오미에 대한 애정과 일치되었다. 그녀는 생과 사를 그 어머니와 함께 하기를 원했다. 그러나 그 애정 뒤에는 나오미의 하나님은 곧 자기의 하나님이란 확고한 고백이 뒷받침하고 있는 것이다. 즉 그녀는 하나님 자신이 그녀를 모압인 속에서 택하여 내시고 이스라엘 백성 가운데 심어 주신 것으로 고백하고 있는 것이다.

그러므로 룻의 신앙은 낮과 같은 밝은 햇빛 속에서 피어난 꽃송이였다. 그것은 정숙하고 조용한 봉사의 형태를 취하고 독선적이고 영적인 교만 같은 것은 조금도 사이에 끼어 있지 않다. 룻은 "이 가엾은 노인은 누군가가 섬기지 않으면 안 되고 그것도 자기의 본분인 것 같다"라는 말을 결코 하지 않았다. 그녀는 어머니로서의 나오미에 대한 존경을 가지고 그의 딸로서 그의 권고에 따르고자 한 것이다.

그러니까, 그녀는 그의 어머니와 자기를 위해서 베들레헴 밖에서 추수하는 사람의 뒤를 따라 다녔던 것이었다.

그녀가 정숙하고 온순한 태도를 가졌으므로 하나님은 그녀에게 축복을 내리셨다. 그의 인도하심을 입어 그녀는 보아스의 밭으로 가게 된 것이다. 모든 사람들이 그녀를 도왔다. 그녀는 내쫓김을 당하지 않고 오히려 격려와 도움을 입었다. 나오미는 보아스에 대하여 이야기를 듣고 보아스는 자기의 친척이었으므로 문득 룻을 아내로 맞아 주었으면 하고 생각했다. 룻은 이 일에 대해서도 어머니의 소원을 순종하고 전적으로 행동했다. 모든 일에 있어서 가장 중요한 일에 있어서도 그녀는 끝까지 순종하였다. 이렇게 하여 하나님은 그녀의 생명의 줄을 그의 백성의 역사 속에서보다 친절하게 엮어 주신 것이다.

보아스는 룻을 아내로 맞았다. 그로 인하여 룻은 오벳을 낳았다. 이렇게 해서 모압인 룻은 하나님의 선민 속에 세움을 입었다. 그녀는 다윗의 어머니가 되었고 그리하여 임마누엘 그녀의 영혼의 구주인 그분의 어머니가 된 것이다.

오르바

룻기 1:15

오르바는 은혜의 손길을 거절하고 빤히 보면서 멸망의 늪으로 빠져 들어간 여성이었다. 어느 한때 은혜의 손길은 그녀에게 매우 가깝게 뻗쳐 있었다. 하나님은 이스라엘의 어느 한 가정을 기근으로 인하여 하는 수 없이 그녀의 나라로 피해 들어오게끔 일을 추진시키셨다. 이리하여 오르바는 참 하나님을 섬기는 네 식구의 사람을 알게 된 여성으로 선택을 받았던 것이다.

그것은 예로부터 그녀의 조상 롯이 섬겨 온 같은 하나님이었다. 소돔과 고모라에 무서운 복수의 철퇴가 내려지고 주를 받아들인 자들을 기적적으로 구해내 주신 분이었다. 오르바도 또한 롯의 아내와 같은 민족에 속해 있었다. 하나님이 롯의 아내를 그의 불신 까닭에 멸하신 이야기는 모압 사람들 사이에 여전히 전해 왔음에 틀림없다. 뿐만 아니라 오르바는 이스라엘 하나님의 기적적인 업적에 대해서도 새로이 들어서 알고 있었을 것이다. 다시 말해 그녀는 나오미의 아들 중 한 사람의 사랑을 받았다. 특별히 그녀는 하나님에 대한 바른 지식을 얻을 수 있는 좋은 기회를 얻을 수 있었던 것이다. 하나님의 말씀을 전해 준 네 식구의 사람들이 다 함께 그녀에게 접근했다. 그녀는 이 사람들과 항상 사귀어오다가 결국 시집와서 그 집 사람이 되었던 것이다.

그것만도 아니다. 그녀는 그 집에 시집 온 것이 자기 하나뿐이 아니었다. 이 룻은 참 하나님을 알지 못하는 이방인이 여기에 한번 접촉하면 그의 지배를 받지 않을 수 없다는 놀라운 사실을 오르바에게 보여 주었다. 그러나 이처럼 쉽게 얻기 힘든 좋은 것을 얻을 수 있는 기회가 주어지고 있었는데도 불구하고 오르바는 자기에게 주어진 구원의 은혜에 대해서 마음을 굳게 닫고 있었다. 몰록은 항상 그의 신이었다. 몰록을 신으로 삼고 그것을 가슴에 안고서 그녀는 그 영혼을 멸망에 넘겨주어버렸다. 아내로 있던 그녀가 특별나게 여호와에게 반항한다는 것은 있을 것 같지 않았다. 그러나 나오미는 그녀에 대해서 '그의 신들에게 돌아갔다' 하고 말한 것으로 보면 그녀는 나오미의 집에서는 다만 권에 못 이겨 형식적으로 예배했던 것에 지나지 않았을 것이다. 그러나 그의 회심은 문자 그대로의 형식적인 것이었다. 그녀에게는 결혼만이 유일한 중대사이고 종교는 둘째 번으로 돌린 부수적인 것에 불과하였다. 예를 들면 나오미가 그녀를 향하여 〈너는, 내가 다시 아들을 낳아서 네 남편으로 할 수 없는 것 아니냐〉라고 잘 타일러 주어야만 했던 일을 생각해 주기 바란다. 이것을 미루어 그녀는 종교에 관한 남편의 희망에 다만 형식적으로 따랐던 것같이 생각된다. 즉 오르바는 결혼만을 제일주의로 생각했던 것이다.

남편이 만일 살아 있었다면 행복하고 부유한 생활을 누릴 수 있는 확실한 희망이 주어질 수 있다면, 오르바는 그를 따라서 아마도 베들레헴까지 갔을 것이다. 그리고 베들레헴은 외형적 신자 한 사람을 더하게 했던 것이다.

그러나 야훼는 그녀를 유달리 취급하셨다. 룻의 남편과 같이 오르바의 남편도 죽음이 손에 잡히게 하셨다. 이때야말로 그녀의 회심이 진정인지 아닌지를 시험하는 절호의 기회였다. 우리들은 여기서 그 오르바 며느리의 영적 상태에 대한 나오미의 명확한 무관심을 이해할 수 있는 것이다. 나오미는 때때로 오르바를 관찰하고 외면만의 경건 속에 그녀의 이교적 경향이 잠재해 있음을 몇 번이고 알아냈다. 그러기 때문에 나오미는 이 일을 최종적으로 시험해 보지 않으면 안 되겠다고 하는 올바른 결의를 하게 된 것이다.

만일 이스라엘 하나님께 대한 오르바의 선택이 건실한 확신에서 나온 것이라면 비로소 그녀는 그때에야 베들레헴으로 갈 수가 있다. 나오미는 이렇게 생각했던 것이다.

그 시험에 오르바는 실패했다. 그녀는 자식 없고 가난하고 늙은 과부를 지극히 존경하고 있었지만 그보다도 세력 있고 부자인 모압 사람을 더 높이 평가했다. 이스라엘 하나님이라고 그를 섬겨서 무슨 이익이 있었다는 거죠? 엘리멜렉은 죽어버렸고 기룐과 말론도 죽었고 그녀가 베들레헴에 가면 더욱 더 가난해질 뿐 점점 더 괴로워질 것이라는 결론을 내렸다. 이 하나님과 비교할 때, 그녀의 나라 사람들이 섬기는 우상 몰록이 훨씬 더 고맙다고 생각해서 그녀는 나오미에게 작별의 키스를 하고 영원히 하나님의 사랑에서 떨어져 나간 것이다.

이와 같이 모압의 두 여성 룻과 오르바는 분열되었다. 룻은 나오미를 따라 베들레헴으로 가고 그리스도의 어머니가 됐다. 오르바는 나오미와 작별하고 모압인과 그 신 몰록에게로 돌아가서 영원히 멸망에 빠진 것이다.

한나

사무엘 상 1:1-2

에브라임 산지 라미다임 소빔에 에브라임 사람 엘가나라 하는 자가 있으니 그는 여로함의 아들이요 엘리후의 손자요 도후의 증손이요 숩의 현손이더라 그에게 두 아내가 있으니 하나의 이름은 한나요 하나의 이름은 브닌나라 브닌나는 자식이 있고 한나는 무자하더라

◆ **도움말**

한나는 신앙으로 인연이 되어 어머니가 되었다. 처음에 그녀는 아기를 못 낳는 여성으로 등장했다. 그랬던 것이 마침내 어머니가 되고 그와 동시에 그녀의 사명도 다하게 된다. 이후에 그녀의 사명도 다하게 된다. 이후에 그녀에 대하여 성경은 한 말도 언급하지 않았다. 그 후에 하나님의 계시는 한나가 아니라 그녀가 주께 구함으로 얻은 아들 사무엘에게 보이셨던 것이다.

따라서 한나는 어느 점으로 보아 우리에게 사라를 생각나게 한다. 어머니가 되기 전 사라 역시 한나처럼 다른 부인과 같이 사랑싸움을 하지 않으면 안 되었다. 그러나 사라는 아기를 낳기 전의 신앙의 징조를 속으로 짐작하여 헤아릴 수는 없다. 때때로 그녀는 성실하지 못한 웃음을 보였다. 이것을 신앙으로 인도한 것은 실로 아브라함의 확고부동한 신

앙에 의한 것이었다.

한편 한나에게 남편 엘카나가는 정신적 영향을 주었다고 말할 수 없다. 엘카나는 선량한 사람이었다. 그는 해마다 성소에서 하나님을 경배하기 위해 실로까지 경건한 여행을 떠났다. 그는 한나를 다른 아내 브닌나보다 사랑했고 공적인 제사를 지낼 때에는 보다 높은 영예를 한나에게 주었다. 한나가 석녀의 몸을 슬퍼하여 울고 있음을 엘카나는 충분히 이해할 수 있었다.

"한나, 왜 우는 거지? 열 아들보다도 나은 남편이 내가 아닌가?"라고 말한 것만 보아도 그들의 사이가 얼마나 깊은 동정을 가지고 있었는지를 보여주고 있다.

그러나 엘카나에게는 솔직하고 확고한 신앙은 보이지 않는다. 물론 이것은 그가 하나님의 택하심을 받지 못했다는 뜻이 아니다. 그는 다만 ─ 마음대로 되지 않기도 했지만 ─ 한나가 아기를 낳지 못한다는 사실을 깨끗이 체념하고 있었던 것이다. 엘카나는 아기 주시기를 구해서 아브라함이 한 것처럼 기도하는 가운데서 하나님과 논쟁한 일이 한번도 없었다. 그 역시 때로는 "주여 나의 아내 한나에게 좋은 아기를 주십시오"라고 기도했을지도 모른다.

그러나 이렇게 막연한 기도는 깊은 고통 속에서 부르짖는 영혼의 신앙 싸움을 암시하지 않는다. 이와 같은 기도를 가지고 일이 끝났다고 하는 사람은 비록 응답을 받지 못해도 당연하다고 생각한다.

열렬한 신앙은 그들의 특징이 아니다. 여기에 반해 한나는 엘카나에게 없는 것을 모두 다 갖고 있었다. 저 족장 아브라함의 집에서는 남편이 이끌고 아내는 따랐다. 하지만 엘카나의 가정은 그와 반대였다. 한

나야말로 신앙의 싸움은 열렬히 했던 것이다.
 이것으로 인하여 오늘날도 눈물을 많이 흘리게 한다. 그러나 오늘의 불임상태를 일으키는 분은 주되신 하나님이시고 다만 그분만이 이러한 상태를 바꾸어 고쳐 주실 수 있음을 한나만큼 분명하게 이해하지 못한다. 때로 그는 의사의 도움을 청하고 어떤 때는 또 다른 수단을 구한다. 그러나 어느 쪽으로 보거나 잉태하게 하시는 것은 하나님이 주장하여 관리하고 있는 것이다.
 그러나 오늘의 행사를 보면 이와 같이 생각하는 영적 수준에서 거리가 먼 것이다. 불임증 상태에서 고쳐 주셔요, 하고 요구하는 대신에 근대 여성들은 그것을 과학에서 대답을 구한다. 사람은 스스로 만족하게 여기고 수많은 병으로부터 피할 길을 찾을 수 있다고 생각한다.
 그러나 이와 같이 휴머니즘은 한나의 말과 얼마나 막다른 지경에서 서로 반대적으로 대비되는가. 한나의 노래는 (지금은 다시 거만하고 오만불손한 말을 입 밖에 내지 말지니 여호와는 자식의 하나님이시라)라고, 따라서 한나에게 있던 두드러지게 나타나는 미덕은 그의 신앙이다. 그것을 그녀는 자기의 힘으로 얻은 것이 아니다. 이것은 하나님께서 주셨던 것이었다.
 하나님은 그녀를 위하여 놀라운 일을 계획하셨다. 그렇게 하여 사무엘이 태어난 것이다. 주께서는 사무엘의 출생을 미리 예비하고 계셨다는 사실을 한나의 오랜 세월의 실망과 다음에 찾아온 환희를 통해서 보여주시는 것이다.
 한나는 고통 속에서도 여호와를 의지하는 마음으로 모두를 맡겨버린 생활이었다. 오로지 하나님만이 여성으로 하여금 어머니가 되게 하실 수 있다는 신념을 버리지 않았다. 그래서 그것을 신적인 직관이라고 불리든 예감이라고 하던 간에 한나를 돌보아 줄 무엇인가가 있었던 것이다. 그녀는 기도의 응답을 받기까지는 만족을 몰랐다. 하나님의 인도하심을 따른 그녀에게는 브닌나의 끊임없는 조롱에서 다만 그의 가슴속에 깊이 스며드는 소망의 동경이 더욱 용솟음칠 뿐이었다. 그녀는 자기 마음 속의 전부를 하나님께 내놓았다. 하나님이야말로 아기의 창조주 되심을 확신하였다.

그러므로 그녀는 하나님을 유일한 주재로 삼고 아기를 주십시오 하고 전심으로 바라고 구하면, 하나님은 반드시 그녀를 위해서 아기를 주실 것으로 믿었던 것이다.

엘카나와 그의 아내가 제가 지내기 위하여 실로로 다음에 갔을 때 한나는 조용히 지성소로 들어갔다. 그리고 보이지 않는 벽에 몸을 붙이고 서서 열심히 기도를 드렸다. 그녀는 하나님과 싸워서 그 기도의 응답을 얻기까지 하나님 붙든 손을 놓지 않았다.

그 기도는 어쩌면 순수하고 깨끗한 기도라고 말할 수 없었을지 모른다. 브닌나의 모습은 그녀의 마음을 흥분시켰을지도 모르며 무자비하게도 자기를 못 견디게 구박한 여성에게 도전하여 이기고 싶은 생각도 있었을 것이기 때문이다.

"내 입은 내 원수의 귀에 크게 열리게 하소서"라고 한 그녀의 노래 뜻으로 충분히 이해하고도 남음이 있는 것이다. 또한 만일 아기를 주셨을 때에는 그 아기는 주께 바치겠다고 그녀가 마음먹었던 사실도 알고 있다. 이러한 모든 일은 그녀가 자기의 불임으로 인한 수치를 씻고자 하는 간절한 소망을 암시하고 있는 것이다.

그러나 이 기도는 어디까지나 하나님만이 아기를 주실 수 있는 분이라고 소박하고 순수한 신앙에 의한 것이다. 그녀는 하나님을 의지하면 반드시 응답하실 것을 믿고 있었다. 이 확신이 바로 그녀로 하여금 하나님께 매달릴 수 있게 한 것이다.

하나님은 한나의 기도를 들어 주셨고 사무엘을 그녀에게 주셨다. 아기를 얻은 다음 그 아기를 하나님께 바친다는 어머니는 결코 많지 않다. 이와 같은 한나의 신앙은 후세의 예수교 신자 부인들에게 교훈을 준다. 하나님은 아기를 주시는 분이라는 것을…… 이렇게 생각할 때 여성은 자기 자식을 창조주 되신 하나님께 기쁨으로 바칠 것이다.

이가봇의 어머니

사무엘 상 4:12-22

　당일에 어떤 베냐민 사람이 진에서 달려나와 그 옷을 찢고 그 머리에 티끌을 무릅쓰고 실로에 이르니라 그가 이를 때에는 엘리가 길 곁 자기 의자에 앉아 기다리며 그 마음이 여호와의 궤로 인하여 떨릴 즈음이라 그 사람이 성에 들어오며 고하되 온 성이 부르짖는지라 엘리야가 그 부르짖는 소리를 듣고 가로되 이 훤화하는 소리는 어쩜이뇨 그 사람이 빨리 와서 엘리에게 고하니 때에 엘리의 나이 구십 팔이라 는이 어두워서 보지 못하더라(생략) 당신의 두 아들 홉니와 비느하스도 죽임을 당하였고 하나님의 궤는 빼앗겼나이다. 하나님의 궤를 말할 때에 엘리야가 자기 의자에서 자빠져 자기 문 곁에서 목이 부러져 죽었으니 나이 많고 비둔한 연고라 그가 이스라엘 사사가 된 지 사십 년이었더라(생략)

◆ 도움말

　이가봇의 어머니에 관한 성서의 기록은 베냐민의 어머니 이야기를 연상시켜 준다. 그녀 역시 라헬과 같이 아기를 낳자마자 곧 죽고 말았다. 라헬이 출산할 때 둘러 있던 사람들은 "안심하세요, 아들입니다" 하고 그녀를 위로하려고 하였다.

　이가봇의 어머니를 지켜보던 사람 역시 "아들입니다. 걱정 말아요" 하고 말했다. 라헬이 그 죽음의 고통 속에서 "베냐민이라고 아이에게는 이름해 주시오" 하고 말한 것처럼 이가봇의 어머니도 숨을 거두는 마지막 순간에 "그 아기는 이가봇이라고 불러주시오. 이미 영광은 이스라엘에서 떠나갔습니다" 하고 소리쳤던 것이다.

이와 같은 이 두 여인의 공통적 사연은 흥미를 끌게 한다. 그러나 이 두 사람에 대해 똑같은 관점에서 생각한다는 것은 결코 이치에 어그러진 일이다. 이가봇의 어머니 이야기는 보다 감동적이다. 추호도 의심할 여지없는 신앙 안에서 그녀는 죽었다. 우리들에게 특히 성경은 이 일을 알게 해 주는 것이다. 하나님의 언약궤를 빼앗겼다는 말을 듣자 아직 때가 이르지 않았을 때에 뜻밖에 그녀에게 진통이 닥쳐온 것이다.

이렇게 한다고 말해서 이 기사가 성경에서 찾아볼 수 있는 것과 같이 그녀의 순교를 전적으로 피력하려는 것은 아니다. 그것은 근거 없는 말이기 때문이다. 곧 출생하려는 아들을 위하여 자기 생명을 희생하지 않으면 안 되는 모친에 대해서 거룩하신 하나님은 깊은 동정을 가지고 계시다는 말이다.

하나님은 인류의 어두운 역사 속에서도 두세 번 인간 주위를 돌아보시므로 그 어려움을 돌봐주시는 것이다. 우리 주위 사람 중에도 이와 같은 비참한 모습으로 희생당하는 여성이 있다. 예쁘고 명랑한 웃음소리로 모두의 마음을 즐겁게 해주는 딸들 가운데도 후일에 이 같은 슬픈 운명에 부딪치지 않을 것이라고 장담할 수 없는 것이다.

현대인은 라헬과 이가봇의 어머니에 대해 조금도 관심을 가지지 않을지도 모른다. 그러나 어머니나 딸들이 내일 이 같은 경험을 하지 않는다고 장담하지 못하는 까닭에 이 감동적인 서술에 관심을 가지지 않아서는 안 될 것이다.

이가봇의 어머니 경우에는 의미가 다르게 심각하다. 그녀는 남편 비느하스와 시아버지의 죽음에 큰 충격을 받아 조산을 맞았고 공포로 인한 진통을 더 심하게 받았다. 그러나 그녀의 두려움은 인간적인 것보다 신앙에 의한 두려움이 더 컸다. 성경에는 가족의 죽음은 하나님의 언약궤를 잃은 것에 비하면 그다지 치명적인 타격이 아니었음을 미리 암시하여 알려주고 있다.

그 아들에게 이가봇(영광은 없다)이라는 이름을 지어 준 것은 엘리나 비느하스의 죽음을 의미했던 것은 아니다. 오직 언약의 궤에 미친 큰 변을 생각했던 것이다. 거듭 두 번이나 '영광은 이스라엘에서 떠나갔다. 하나님의 궤를 빼앗겼기 때문이다'라고 말한 것이 증명하는 것이다.

이 변을 당한 그녀의 반응도 그의 신앙이 만일 깊지 못했다면 주께 대한 두려움이 그녀의 가장 큰 관심사가 아니었다면 그처럼 급한 일은 당하지 않았을 것이다. 엘리도 이 소식을 듣고 역시 두려웠다. 그러나 엘리의 공포심은 신앙 때문이었기보다는 오히려 그의 양심이 신랄하게 그를 괴롭혔던 까닭이다. 자기가 제사장으로 언약궤를 전쟁의 도가니 속으로 가져가는 것을 못하게 말려야 했다고 생각했다.

이와는 반대로 이가봇의 어머니는 하나님의 거룩하신 영예를 더럽혔음을 슬퍼하고 한탄한 것이었다. 그러니까 그녀는 약하고 불경건한 자들의 집단인 가정에서 가장 깊은 신앙의 유일한 소유자로 있었다는 인상을 주고 있는 것이다.

그녀의 남편 비느하스는 그의 형 홉니와 함께 멸시의 대상이었다. 그는 예물로 가져온 물건을 거침없이 부당하게 제것으로 하고 성막에 오는 사람들에 대해서도 폭군이었다. 그에 대해서 〈벨리알의 자식, 하나님을 알지 못하는 자)라고 씌어 있는 것은 그 때문인 것이다. 그러나 이스라엘 사람을 속이고 폭력으로 위협했다.

이가봇의 이 같은 일은 어머니로 하여금 적지 않은 충격과 고통을 준 것임에 틀림없다. 아마도 그녀는 그런 고통 속에서 늙은 엘리를 의지하고 약간의 위안과 의지의 대상으로 여겼을지 모른다. 엘리에게는 신앙이 있었다. 그러나 그는 마음이 연약하고 적극성이 부족한 인간이었다.

따라서 소홀하게 되고 거의 돌보지 않고 내버려진 여성은 그 가정에서 적극적이고 효과적인 신앙을 전과 다름없이 지니고 있었던 유일한 존재였음이 틀림없다. 이와 같은 여성은 인생의 괴로운 운명에 처해 있는 것으로 생각된다.

하나님도 때로는 그를 내버려두시는 것처럼 보일 때도 있다. 이런 때에는 절망이 그들을 짓누르고 위협한다. 그러나 신앙의 여성은 소망을 잃지 않는다. 당신의 은총 속에 하나님은 조용한 안식과 확신을 안겨주신다. 그들에 대한 인생의 용기는 아무리 하여도 약해지지 않고 그들은 불신앙의 사람들을 위해 기도를 드리기도 한다.

이와 같은 이가봇의 어머니 생애는 마침내 그 괴롭고도 긴 일생의 막을 내렸다. 그녀는 하나님의 무서운 형벌이 비느하스와 홉니 위에 떨어짐을 보았다. 그녀는 하나님의 노하심이 엘리의 비겁과 태만으로 말미암아 임하심을 보았다. 그녀는 더구나 언약궤의 유실을 못하는 파국을 적어도 이스라엘의 누구보다도 뼈에 사무치게 몹시 간절하게 느낄 수밖에 없었다.

아직 달도 차지 않은 아이를 충격으로 낳게 되었고 그 결과 그녀는 이가봇을 낳자 숨을 거두었던 것이다. 엘리나 언약궤보다도 하나님을 찾은 그녀에게 천국이 영원히 그녀의 것이었다. 이가봇은 고독했다. 과거의 기억만이 그에게 부모를 생각나게 했다. 그러나 이가봇의 어머니처럼 믿음으로 세상을 떠나는 어머니는 하늘에 계신 아버지에게 자기 자신을 주는 것이다. 이가봇의 어머니는 이 모든 것을 깨닫고 숨을 거둔 것이다.

엔돌의 무녀

사무엘 상 4:12~22

블레셋군이 이스라엘을 치려고 동원령을 내린 때였다. 아기스가 다윗에게 일렀다.

"그대는 부하를 거느리고 우리 대열에 끼여 같이 출전하게 될 터이니 그리 아시오."

다윗이

"알았습니다. 분부만 내리시면 그대로 하겠습니다."

하고 선뜻 대답하자 아기스는 다윗에게

"그렇다면, 나는 장군을 나의 종신 호위대장으로 삼겠소."

하였다.

사무엘은 이미 죽어 이스라엘 온 국민의 애도 속에 고향 라마에 묻혔다. 한편 사울은 혼백을 불러내는 무당과 박수를 나라에서 몰아내었다.

블레셋 군이 수넴에 집결하여 진을 치자 사울도 이스라엘 전군을 길보아에 집결시켜 진을 치기는 했지만 블레셋 진영을 본 사울은 몹시 겁에 질렸다. 그래서 사울은 야훼께 어떻게 하면 좋겠는가 여쭈어 보았다. 그러나 야훼께서는 꿈으로도, 우림으로도, 예언자로도 대답해 주지 않으셨다.

그리하여 사울은 신하들에게

"혼백을 불러내는 무당을 찾아보아라. 내가 가서 물어 봐야겠다."

하고 영을 내렸다. 신하들이

"엔드로에 혼백을 불러내는 무당이 있습니다."

하고 아뢰자, 사울은 남이 알아보지 못하게 옷을 갈아입고 두 신하를 데리고 밤에 그 여자를 찾아가서

"내가 말하는 혼백을 불러내어 내 운수를 보아다오."

하고 청하였다. 그 여자가 사울에게

"당신은 혼백을 불러내는 무당과 박수가 이 땅에서 왕명으로 근절된 것을 모르십니까? 그런데 생사람을 잡으려고 이 목에 올가미를 씌우시는 겁니까?"

하고 대답하자, 사울은 야훼 앞에서 맹세하였다.

"내가 살아 계신 야훼 앞에서 맹세한다. 이 일로 자네에게 죄가 돌아가는 일은 결코 없으리라."

그러자 그 여인이 물었다.

"누구를 불러 드릴까요?"

그가 대답하였다.

"사무엘을 불러다오."

그 여자는 사무엘이 나타난 것을 보고 놀라 소리치며 사울에게 물었다.

"어찌하여 저를 속이셨습니까? 당신은 사울 임금님이 아니십니까?"

왕이 말하였다.

"두려워 말라. 무엇이 보이는지 말만 하여라."

그 여자는

"지하에서 유령이 올라오는 것이 보입니다."

하고 대답하였다. 사울이 다시 그 여자에게

"어떤 모습이냐?"

하고 묻자

"도포를 입은 노인이 올라옵니다."

하고 대답하였다.

이 말에 사울은 그가 사무엘인 줄 알고 얼굴을 땅에 대고 절을 하였다. 사무엘이 사울에게 물었다.

"무슨 일로 나를 불러내어 성가시게 구느냐?"

사울이 대답하였다.

"매우 어려운 일이 생겼습니다. 블레셋군이 저를 치려고 진을 쳤는데, 하나님께서는 저를 떠나셨는지 예언자로도, 꿈으로도 저의 물음에 대답해 주시지 않으십니다. 그래서 어떻게 하면 좋을지 몰라 말씀을 듣고자 선생을 모신 것입니다."
　사무엘이 입을 열었다.
　"야훼께서 이미 너를 떠나 네 원수가 되셨는데 어쩌자고 나에게 묻느냐? 너는 야훼의 말씀을 나에게서 듣지 않았느냐? 야훼께서는 이미 그대로 하셨다. 이미 이 나라를 네 손에서 빼앗아 동족인 다윗에게 주셨다. 너는 야훼의 말씀을 듣지 않았고 그의 진노를 아말렉에게 쏟지 않았다. 야훼께서 오늘 너에게 이렇게 하시는 것은 그 때문이다. 야훼께서는 너는 물론이요 이스라엘까지도 전부 블레셋군의 손에 붙이셨다. 내일이면 너와 네 아들들이 나와 함께 있게 되리라. 게다가 야훼께서는 이스라엘 군대도 블레셋군의 손에 붙이실 것이다."
　이 말을 듣고 사울은 그만 땅바닥에 번듯이 쓰러졌다. 하루 종일 그리고 밤새도록 아무 것도 입에 대지 못해 기운이 빠진 데다가 사무엘이 하는 말에 겁을 먹고 기절했던 것이다.
　여자가 가까이 와서 사울이 겁에 질려 있는 것을 보고 간청하였다.
　"보십시오. 이 계집종은 임금님의 말씀을 따라 목숨을 걸고 분부대로 하였습니다. 그러니 이제 임금님께서도 이 계집종이 아뢰는 말씀을 들어주십시오. 변변치 않지만 잡수실 것을 장만하겠습니다. 길을 가시려면 무엇을 드시고 기운을 차리셔야 하지 않겠습니까?"
　사울은 먹지 않겠다고 고집을 부렸으나, 신하들과 그 여자의 청에 못 이겨 일어나 평상에 앉았다.
　여자는 서둘러 집에 있는 살진 송아지를 잡고 또 밀가루를 가져다가 누룩을 넣을 새도 없이 빵을 구워서 사울과 그의 신하들 앞에 차려 놓았다. 그들은 그것을 먹고 그 밤으로 길을 떠났다.

◆도움말

　엔돌의 무녀는 우리들에게 드고아의 여인을 연상시킨다. 이 두 사람은 어느 쪽이나 여성의 본분에서 이탈되어 있다. 드고아의 여인은 일을 꾸며서 연출하는 역할을 취했다. 엔돌의 무녀는 비밀한 신비력에 자신을 귀일시켰다. 이와 같이 하여 그녀들은 똑같이 보통 여성들과는 특이한 영역을 택하고 이것을 생계의 수단으로 하고 그 사회에 중요한 지위를 차지했다. 드고아의 여인은 스스로 궁구하고 책략을 써서 자기의 구변과 변설의 교묘함을 이용했다.

엔돌의 무녀는 이와는 달리 정반대의 수법을 썼다. 그녀는 특히 이렇다 할 어떤 개성이 있는 여인이 아니었다. 그가 생각해내는 것은 자기 스스로 생각해낸 것도 그녀의 하나님 여호와로부터 얻은 것도 아니다. 악마와 자연의 신비한 힘에서 얻은 것이었다.

여성이 남성에 비해 신비한 초자연적 힘의 영향을 받기 쉬운 것 같다. 남성은 이성이 고도로 발달해서 배우나 마술사에는 관심을 두지 않아 그 방면에는 남성보다 여성이 많고 복술인이나 마술사 같은 사람들을 찾는 것도 남자보다 여자가 많다. 점집에는 여성들이 꼬리를 물고 줄을 잇는다. 천국의 소망이 없는 여인들은 본성으로 이와 같은 신비적 영향에 좌우되는 위험성을 가지고 악마의 소리에 순진하게 귀를 기울이는 것이다. 이와 같은 경향은 원래 그들의 섬세한 감수성 깊은 감성과 비교적 약한 자존심에서 기인된다.

악마는 그 점을 벌써 낙원(에덴)에서 간파하고 있었다. 그는 유혹에 대해 가장 연약한 하와를 통해서 아담에게 접근했던 것이다.

엔돌의 무녀를 고집이 세고 천박한 성정의 인물이었다고 단정할 수는 없다. 사울이 그녀를 방문할 당시에도 그녀는 호감을 줄 정도로 자연스러운 미덕을 지니고 있었다. 자기의 운명에 대한 무서운 예언을 듣고 사울은 땅에 엎어져 버렸다. 이것은 엔돌 무녀가 지닌 숭고한 여성다운 감정을 불러일으켰다. 그녀는 그를 위로하고 도움을 베풀려고 했다.

무녀는 사울의 종에게 명하여 그를 자기 침상 위에 눕혔다. 그리고 식사를 해서 기력을 돕도록 진언하여 그가 그것을 겨우 허락하자 자기의 송아지를 잡아서 사울과 종자들에게 풍성한 대접을 했던 것이다.

이와 같은 동정을 베풀기 이전에도 불손한 말이나 여자답지 않은 행동은 전혀 그의 입에서 나오지 않았다. 사람의 마음을 도취케 하므로 잊기 어려운 인상을 남기려는 태도도 보이지 않았다. 인상적인 연기의 장막 속에 기만을 감추려고 하는 기색은 전혀 보이지 않았다.

이것은 바로 그녀가 얼마나 죄에 완전히 물들어 있었는가를 보여주는 단면이다. 한번 보아 거짓인 줄 안 것을 환상과 계략을 써서 참말인 양 보여주려고 하는 것은 무서운 죄이다.

그러나 엔돌의 무녀가 속인 것은 아니다. 그녀는 실지로 악귀와 통해 있었던 것으로 생각된다. 이 같은 죄의 중량은 그 전의 조보다는 훨씬 참고 견딜만한 것이다.

성경에는 마법사·점쟁이·마술사·기술사 등의 예가 때때로 등장한다. 이 같은 사람들은 큰 세력을 가지고 있었다. 이 어두움의 세력 속에 자기가 의지할 곳을 구해 보려는 사람들의 경향은 몇 세기를 거듭해서 오늘날까지 이른 것이다. 하나님은 악마와의 교섭을 금하셨음에도 불구하고 이 같은 사업에 종사하는 자들이 가는 곳마다 있다.

엔돌의 무녀 역시 그 중의 한 사람이다. 그녀는 그의 미신적 사업 까닭에 널리 그 이름이 알려졌다. 전에 사울은 온 나라에 있는 마술사를 하나도 남김없이 죽이라고 명한 바 있었다. 그러나 이 엔돌의 무녀는 그 명성이 널리 알려져 있었으므로 사울이 누군가 알려진 무녀가 없느냐고 물었을 때 그의 신하들은 그녀의 이름을 대었던 것이다.

세상에 마술사란 것이 존재한다는 것은 천재의 감화를 받을만한 영을 하나님이 인간 속에 만들어 주셨다는 사실을 증명하는데 불과하다. 이 능력으로 인간은 하나님으로부터 힘을 얻고 신앙의 힘에 감화 받아 이것을 표현할 수 있는 것이다. 그러나 죄 많은 인간은 이 천부(天賦)의 힘을 창조주의 의도와는 완전히 정반대의 용도로 지향하였다. 그들은 이것을 지옥의 힘과 사귐으로서 하나님을 대항하고 악마와 한편이 되는 영향력을 끼치기 위하여 사용한 것이었다.

만일 엔돌의 무녀가 악마가 아닌 하나님께 속하였더라면 과연 어떤 업적을 남길 수 있었을까? 그랬더라면 그녀는 자기를 악마의 손에서 구할 수 있는 유일하신 분에게 속하였을지도 모른다. 그러나 그녀는 자기를 사단에게 팔아 버렸던 것이다.

그녀와 같은 부류의 여성은 오늘날에도 끊일 줄을 모르고 늘어난다. 그 책임은 현대인들에게 있고 유감스럽게도 그리스도의 성도들 가운데 이런 부류의 여성을 볼 수가 있다. 그러므로 그녀가 했던 것과 같은 수단으로 보잘것없는 점쟁이와 마술사들이 여전히 돈을 벌고 있다.

이 사실은 점쟁이와 마주앉아 점을 치고 돈을 건네는 그리스도인의 책임이 얼마나 크고 무서운 죄인가를 깨닫게 하는 것이다.

리스바

사무엘 하 3:7-14

아야의 딸 리스바는 상복을 가져다가 바위 위에 펴놓고 그 위에 앉아 추수가 시작될 때부터 하늘에서 빗방울이 떨어질 때까지 주검을 지켜 낮에는 공중의 새가 내려앉지 못하게 하고 밤에는 들짐승이 달려들지 못하게 하였다.

다윗은 사울의 후궁 아야의 딸 리스바 이야기를 전해 듣고 사울의 뼈와 그 아들 요나단의 뼈를 야베스 길르앗 사람들에게서 찾아 왔다. 블레셋 사람들이 사울을 길보아에서 죽여 벳산 광장에 매달아 둔 것을 그들이 몰래 거두어 두었던 것이다. 다윗은 거기에서 사울의 뼈와 그 아들 요나단의 뼈를 가져오고 사람들이 나무에 매달았던 자들의 뼈도 모았다. 그들은 사울의 뼈와 그의 아들 요나단의 뼈와 함께 베냐민 지방 셀라에 있는 사울의 아버지 키스의 무덤에 합장했다. 모두 어명을 따라 한 일이었다. 그런 다음에야 하나님께서는 기도를 들어주시고 나라를 돌보시게 되었다.

블레셋군이 다시 이스라엘에 싸움을 걸어왔다. 다윗이 부하들을 거느리고 내려가 블레셋 사람과 싸우다가 지쳐 있는데, 르바임 후손 브놉이라는 자가 삼백 세겔이나 나가는 청동 창을 들고 허리에는 새 칼을 차고 다윗을 잡아죽이려고 덤벼들었다.

그러나 스루야의 아들 아비새가 그 블레셋 사람을 쳐죽이고 다윗을 살려내었다. 이렇게 되자 다윗의 부하들은 이스라엘의 등불이 꺼져서는 안 될 터인데, 다시 왕이 자기들과 같이 출전해서는 안 되겠다고 하였다.

그 뒤 이스라엘은 다시 곱에서 블레셋군과 싸움이 붙었는데, 후사 사람 십개가 르바임 사람 삽을 쳐죽인 것이 바로 이때였다.

곱에서 블레셋군과 또 한 차례 싸움이 붙었을 때 베들레헴 사람 야이르의 아들 엘하난이 갓 사람 골리앗을 죽였는데 골리앗의 창대는 베틀 용두머리만 큼 굵었다.

　갓에서 또 싸움이 붙었다. 그때 손가락 발가락이 여섯 개씩 모두 스물 네 개가 되는 거인이 나타났는데 그도 르바임 사람이었다. 그는 이스라엘에게 욕을 퍼붓다가 마침내 다윗의 조카 요나단에게 맞아 죽었다. 요나단의 아비는 시므아였다.

　이 넷은 모두 갓에 살던 르바임 사람들인데 다윗과 다윗의 부하들 손에 죽었다.

◆ 도움말

　사무엘하 21:10서 리스바의 아름다운 행동은 그 참모습을 아는 많은 사람들의 마음을 감동시켰다. 그녀는 이스라엘의 저명한 여성 중 한 사람으로 전에부터 사람들의 존경을 한 몸에 받아 왔다. 그녀는 사울왕 후궁의 시녀였다. 그러나 사울이 죽은 후 아브넬의 욕망에 굴해 버렸다는 도리에 어긋한 행동을 했다는 사실이 성경에 기록되었다. 이 점에서 그녀는 아무런 동정도 살 수 없고 도리어 여성의 연약함과 혐오감을 불러일으키고 있다. 리스바의 가장 아름다운 행위는 자기 아들 암모니아 므비모셋 그리고 미갈의 형 다섯 아들들의 시체에 대한 그녀의 따뜻한 마음씨인 것이다. 사울은 교만 죄를 자주 범해 왔는데 전에 기브온 사람과의 서약을 무효화시킨 일이 있었다.

　즉 아모리인에 속한 민족으로 그 옛날 헌 누더기 옷을 입고 곰팡이 난 방에서 여호수아에게 와서 먼 나라에서 오랜 여행을 하면서 찾아온 것 같은 인상을 주려고 시도한 사람이다. 그때에 여호수아는 경솔하게도 그들과 계약을 해 버렸다. 그들의 기만적 행위는 곧 알게 되었지만 서약은 이미 굳게 서 있었다. 더구나 여호수아는 주의 이름으로 그 서약을 봉한 것이어서 기브온 사람을 칼로 쳐서 멸할 수도 없었다.

그들은 이스라엘에 살면서 장작 패고 물긷는 일을 하는 것으로 정하였다. 이렇게 하여 여호수아와 이스라엘 사람이 하나님의 이름으로 한 맹세는 비록 그들이 충실하지 못하다 하더라도 여전히 구속력을 갖는다는 것을 나타낸 것이다. 이러한 불상사는 인간에게 하나님의 약속이 확실하다는 것, 비록 우리들의 기브온 사람처럼 죄가 많아도 반드시 성취되고야 만다는 것을 보증하기 위해 성경에 기록되어 있다.

이스라엘 사람은 기브온 사람과의 계약을 몇 해 동안이나 충실히 계속 지켜왔다. 마침내 사울이 왕위에 올랐다. 그는 하나님의 계획을 실천에 옮기는 것으로 생각했지만 하나님의 계획과 자기의 생각을 한데 묶어 버렸다. 대체로 좋은 의도였지만 그 자신의 의도가 하나님의 계획에 의해 변할 수 없는 것은 아니었다. 그는 단순한 인간적인 동정에서 아각의 생명을 구해 주었다. 또 어느 때는 자기야말로 왕으로서 제사장 사무엘을 대신해서 번제를 드릴 수도 있는 몸이라고 생각했다. 더욱이 거룩한 영역 안에서 이방인의 존재라는 문제의 장본인인 기브온은 사람을 전멸까지는 하지 않았으나 대단히 포악하게 행하였다. 그래서 여호수아가 체결한 계약은 파기 당하고 하나님의 이름에 의해서 이스라엘이 기브온에게 준 약속은 짓밟아 버리게 되었다.

이 불신앙적인 행위는 벌하지 않고 둘 수가 없었던 것이다. 길보아에게 사울이 전사하자마자 기브온 사람은 자기들이 당한 박해의 대가로 사울 집의 일곱 아들의 목숨을 구했다. 공정한 왕 다윗은 이 일을 승낙할 수밖에 없었다. 그는 리스바의 두 아들 암모니아와 므비모셋과 미갈의 형 다섯 아들을 희생의 대상으로 선정했다. 그들은 기브온 사람에게 인도되어 마침내 교수대에서 죽고 말았다.

　이 때에 이르러서 리스마는 그의 아름답고 고귀한 여성의 미를 나타냈던 것이다. 그 아들들을 죽음의 손에서 구해내는 것은 그녀로서는 할 수 없었다. 교수대 위에는 이미 두 아들의 시체가 매달려 있었다. 처참한 정의의 손을 누구도 피한 길이 없었다. 그들은 치욕적인 죽음에 이르렀다. 그러나 사람의 힘을 다하여 외치는 그 시체에서 울려나오는 듯하여 죽은 자에 대하여 마땅한 예의를 베풀어야 할 것을 촉구하는 듯했다. 그대로 버려 둔다면 매와 독수리가 내려와서 시체의 눈을 쪼아내고 썩은 살을 뼈에서 긁어내 버릴 것이다. 이것을 리스바는 알고 있었다. 그렇게까지 치욕을 당하는 것은 이치에 어그러진다.

　이렇게 생각한 그녀는 목숨을 걸고 기브온 사람이 있는 곳으로 갔다. 복수에 굶주린 그들이 리스바의 목숨까지 빼앗고 그 한을 풀려고 하는 욕망에 차 있지 않다고 누가 단언하랴만 자기 생명을 돌보지 않았다.

　그의 마음은 아들들을 최후의 치욕에서 구하려는 일념으로 불타 있었다. 그녀는 교수대를 받치고 있는 반석에 보자기를 덮었다. 그리고 그 베 보자기 위에 올라서서 시체를 지켰다. 때로는 섰다가 앉았다가 하면서 수심의 나날을 보내며 밤이면 밤마다 졸음과 싸웠다. 며칠이 지나고 또 몇 주일이 지나 세월은 흘렀다. 마침내 그녀는 온몸의 소름이 끼치는 이 감시를 곡식을 베기 시작할 때부터 우기에 이르기까지 계속한 것이다.

　밤마다 큰 독수리가 가까이 올 때마다 그녀는 온 몸이 떨렸다. 그러나 목이 터질 듯한 부르짖음과 날뛰는 몸짓으로 그것들을 쫓아버렸다.

그 자식들의 살은 썩어 냄새가 진동했다. 그러나 그녀는 괴로운 시련에도 참는 것을 배웠다. 밤이면 졸음에 쫓기다가 독수리 날개 치는 소리에 놀라 깨면 반쯤 기어가면서도 시체에 다가드는 침입자를 손으로 막아내었던 것이다.

이와 같이 그녀는 어머니로서의 역할을 다하고 그 모성애를 발휘했다. 그녀는 시체를 지켰고 먹이를 찾던 맹수도 시체를 범하지 못했다. 교수대 앞에 선 이 여성의 진실로 인간다운 애정은 오늘날 모든 사람의 마음을 감동시킨다. 그녀는 마음 속 깊은 곳에 숨은 고귀한 사랑을 보여주었을 뿐이다. 이야말로 무슨 보상을 받을 소망도 없는 것이고 개인적으로 어떤 이득이 있는 것도 아니었다. 도리어 많은 것을 잃어버릴 위험한 상황이었다.

그러한 처지에서도 과단성 있고 용감하게 그 일을 해낸 것은 고결하고 숭고한 사람이라고 칭찬한다면 리스바와 같은 여성에게 적합한 찬사일 것이다.

다윗은 그녀의 행위에 감동했다. 그는 그녀의 감동적인 행동을 전해 듣고 시체를 내리고 그들의 뼈를 사울과 요나단이 묻힌 그곳에 함께 장사하라고 명하기에 이르렀다. 그리하여 주로 말미암아 죽은 자에 대한 존경과 정당성을 열렬한 기도로 응답 받은 것이었다.

미갈

사무엘 하 6:11-23

야훼의 궤를 오베데돔의 집에 모셔 둔 석 달 동안, 야훼께서는 오베데돔과 그 집안 식구에게 복을 내려 주셨다.

오베데돔의 집에 하나님의 궤를 모셔 두었기 때문에 야훼께서 그 집 식구들과 모든 재산에 복을 내려 주신다는 소식을 듣고 다윗왕은 너무나도 기뻐 하나님의 궤를 오베데돔의 집에서 자기 도성으로 모시고 올라왔다. 야훼의 궤를 멘 사람들이 여섯 걸음을 옮긴 다음 다윗은 살진 황소를 잡아 제사를 드렸다. 그리고 다윗은 모시 에봇을 입고 야훼 앞에서 덩실덩실 춤을 추었다. 다윗은 온 이스라엘 백성들과 함께 나팔을 불고 함성을 지르며 야훼의 궤를 모시고 올라왔다.

야훼의 궤가 다윗의 도성에 들어올 때 다윗왕이 야웨 앞에서 덩실덩실 춤추는 것을 사울의 딸 미갈이 창으로 내려다보고는 속으로 비웃었다.

다윗은 미리 성막을 쳐서 마련해 놓은 자리에 야훼의 궤를 모셔 놓고 야훼께 번제와 친교제를 드렸다. 이렇게 번제와 친교제를 드린 다음 다윗은 만군의 야훼의 이름으로 백성들에게 복을 빌어주었다. 그리고 모여든 온 이스라엘 백성들에게 남녀를 가리지 않고 떡 한 개, 마른 대추야자 한 뭉치, 건포도 떡 한 개씩을 나누어주었다. 백성들은 모두 이것을 받아 가지고 자기 집으로 돌아갔다. 다윗이 자기 식구들에게 복을 빌어주려고 돌아오자 사울의 딸 미갈이 나가 다윗을 맞으며 말하였다.

"오늘 이스라엘의 임금으로서 체통이 참 볼만하더군요. 건달처럼 신하들의 여편네들 보는 앞에서 몸을 온통 드러내시다니."

다윗이 미갈에게 대답하였다.

"야훼께서는 그대 아버지와 그대 집안을 다 제쳐놓으시고 나를 택하여 당신의 백성 이스라엘의 왕으로 세워 주셨소. 나는 그 야훼 앞에서 춤을 추었소. 나는 앞으로도 야훼 앞에서 춤출 것이며 이번보다 더 경망히 굴 것이오. 그대는 천하게 보겠지만 지금 말한 그 여편네들은 나를 더욱 우러를 것이오."

그 뒤 사울의 딸 미갈은 죽는 날까지 자식을 낳지 못했다.

◆ 도움말

미갈은 아히노임과 사울 사이에 태어난 두 자매 중 작은딸의 이름이고 큰딸은 메랍이라고 불렀다. 사울은 블레셋 사람의 손에 다윗을 죽일 계획으로 이 두 딸의 협력을 구했던 것이다. 즉, 미갈과 메랍과의 혼인을 미끼로 해서 다윗에게 블레셋 사람의 양피 백 장을 사울에게 바칠 것을 명했다. 블레셋 사람 백 명의 목숨을 빼앗기 전에 다윗 자신이 죽임을 당할 것으로 사울은 계산하고 있었던 것이다.

미갈은 자기 감정을 숨김없이 표현하는 직설적인 성품이다. 연애의 열렬한 애정에 대해 감정이 없었다는 것은 아니지만 그녀의 성격상 두드러지게 나타나는 것은 애정보다 권세욕이었고 권세를 위해 끊임없이 계획하고 당돌한 행동도 서슴지 않고 감행하였다. 거인 골리앗을 죽인 청년 다윗은 그녀에게 깊은 인상을 주었다. 그에게 그녀는 열렬한 호의를 가지고 그에 대한 애정을 숨기려고도 하지 않았다. 다윗을 죽이려고 사울이 자객을 보냈을 때 그녀는 재빨리 다윗의 침대에 옷을 눕혀 아버지의 사자들에게 속임수를 써서 구해 주었다. 그러나 이 사건 후에 다윗에 대한 그녀의 열정은 점점 식어갔다. 이유는 발디가 왕위에 오를 징조가 많다고 생각되었기 때문이다.

왕관의 영광을 차지하고 오래 누리기 위해서 그녀는 무슨 일이든 서

습지 않았다. 그녀는 남성을 유혹하는 기술을 가지고 있었다. 발디의 경우에도 그녀는 이것을 훌륭하게 성공하였지만 결국 그녀가 더 큰 매력에 사로잡혀 발디를 버렸을 때 그는 눈물을 흘리며 그녀의 뒤를 따라 갈 정도였다.

그러나 미갈은 눈물을 흘리지 않았다. 자존심이 강하고 권세욕에만 불타는 그녀에게는 그럴 여지가 없었다. 그때 다윗은 이미 왕위에 올라 그녀를 다시 아내로 데려올 의향을 보였던 것이다. 이갈이라는 여성은 발디를 버리고 헤브론의 여왕의 보좌에 앉는다는 것이 무엇보다 자연스러웠을는지 모른다.

그녀는 다윗의 만족할만한 이상적인 아내로는 적당치 못했다. 두 사람은 여러 모로 달랐다. 다윗에게도 약점이 있었고 때때로 그가 무서운 죄악에 빠졌던 것도 사실이다. 그러나 그는 자기 이상을 지향하는 생활을 한 인간으로 하나님을 섬기는 것만이 그의 생애의 최고의 이상이었다. 그의 사상은 왕이 된 후에도 변함 없었다.

예를 들어 시편 제 19편에 기록되어 있는 진실한 그의 소원을 보면 '주의 종으로 범죄치 않게 하사 그 죄가 나를 주장하지 못하게 하소서. 그리하시면 내가 정직하여 큰 죄에서 벗어나겠나이다.' 할 정도였다.

자랑이란 곧 사단이 펴는 악덕이며 그 악덕은 파멸을 가져온다는 사실을 깊이 깨닫고 있는 다윗이었다. 미갈은 이 같은 것을 알지 못했다. 물론 유대인의 부녀로서 하나님께 약속의 기도는 올렸을 것이다. 그러나 그녀의 집에 우상을 두고 있었다는 것은 그녀의 우상 숭배적 관습을 말해 주는 것이다.

다윗은 너무 기뻐서 궤 앞에서 춤추는 사람들 틈에 끼여들었다. 그것은 언약궤로 말미암아 얻을 어떤 유익을 위한 것이 아니었다. 다만 높고 거룩한 하나님의 영광이 회복됨을 기뻐했던 것이다. 그러나 미갈의 태도는 전혀 달랐다. 그녀는 집안에 앉은 채 군중들이 흥분해 있는 모습을 창문으로 내려다볼 뿐이었다. 백성들 가운데 왕이 뛰어 들다니, 이것은 왕비인 자기의 품위를 떨어뜨리는 것이라고 생각했던 것이다. 남편인 왕이 체면도 돌아보지 않고 언약궤 앞에서 예루살렘 서민의 딸들과 어울려 춤추는 것을 본 미갈은 적지 않은 모욕감을 느꼈던 것이다.

'왕으로서 어쩌면 저렇게 점잖지 못한 행동을 한단 말인가……'

인간으로서 갖추어야 할 미덕이 무엇인가를 모르는 여성 가운데 흔히 겉치레에만 치중하는 사람이 있다. 그렇듯이 그녀는 왕의 하는 짓이 예의와 교양 없는 행동이라고 여기고 품위 있는 사람으로서 도리에 어긋난 것으로 생각했던 것이다.

그녀의 불만에 다윗은 단호한 어조로 진리를 밝혀 주었고 그의 말은 하나님의 심판이었다. 하나님은 그녀에게 한 명의 아기도 주시지 않았던 것이다.

그러나 메랍은 아들 다섯을 낳았고 하나님은 다윗에게 여러 자녀를 주셨다. 미갈은 이기주의적이고 자기 중심적이고 거만하여 눈에 보이는 권세만 미칠 듯이 좇다가 죽는 날까지 아기를 낳지 못했다.

사랑의 신성함과 완전함에 배치되는 냉담한 미갈은 거기에 맞는 운명의 여인이었다. 그녀는 먼저 다윗을 다음에는 발디엘을 유혹했다. 번쩍이고 호화찬란한 비단 옷을 입고 순진한 남성들의 눈을 끌었다. 그러나 어머니가 된다는 것보다 더 이상 가는 위대한 특권이 없다는 것을 알지 못한 채 그녀는 살다 간 것이다. 다윗의 생애는 하나님과 그의 백성을 위해 바친 삶이었다. 사울은 강력한 이스라엘 백성을 자신의 영광으로 돌리며 힘을 기울였다. 미갈도 자기 아버지와 비슷한 정신을 가지고 있었다. 남편 다윗은 그녀의 왕비로서의 영예를 더욱 빛나게 해 주어야 할 의무가 있다고 생각했던 것이었다.

밧세바

사무엘 하 11:2~5, 26, 27

어느 날 저녁에 다윗은 침대에서 일어나 궁전 옥상을 거닐다가 목욕을 하고 있는 한 여인을 보게 되었다. 매우 아름다운 여인이었다. 다윗이 사람을 보내어 그 여인이 누구인가 알아보게 하니 사령은 돌아와서 그 여인은 엘리암의 딸 밧세바인데 남편은 헷 사람 우리야라고 보고하였다. 다윗은 사령을 보내어 그 여인을 데려다가 정을 통하고는 돌려보냈다. 여인은 마침 부정을 씻고 정결한 때였다. 밧세바의 몸에 태기가 있게 되었다. 그래서 다윗에게 자기가 임신했다는 것을 알렸다.

◆ 도움말

밧세바의 이름을 들으면 다윗의 죄에 대해 기억한다. 이 죄는 실제로 무섭고 미워할 만한 성질의 것으로 이와 같은 죄악이 〈하느님의 마음을 받은 자〉 다윗의 이름에 관련된다는 것은 생각하기조차 싫은 일이다. 이 행위에는 세 가지 명백한 죄가 나타나 있다.

첫째, 추악한 간음의 행위, 둘째는 자신의 죄를 숨기려고 우리야를 취하게 만들었고, 셋째는 이 조작도 실패하자 무죄하고 충실한 장군을 고의로 사지에 몰아 넣어 죽여버린 살인죄이다.

만일 성경이 하나님의 자비를 찬송하는 대신 인간의 존엄성을 높이는 데 목적이 있었다면 이런 유례 없는 비인도적 행위가 이스라엘 왕의 역대 기사 중에 기록될 수는 결코 없었으리라. 이 사건이 기록되었다는 사실은 성경이 하나님으로부터 주신 바람의 사실에 대해서 가장 뜻 깊은 증언이 되며 하나님은 사람의 이름이나 신분을 문제삼지 않는다는 것을 알 수 있다.

그는 인간 모두에 대해서 다윗의 불명예스런 행위에서 경고를 받도록 권하시는 것이다. 우리는 그리스도의 거룩한 계보가 누가 보든지 아주 확실하게 큰 죄로 더럽혀져 있다는 사실에 대해서 혐오를 금치 못한다.

다윗과 같은 입장에서 밧세바에 대해 생각해 보는 것도 필요할 것 같다. 성경에는 이 사건에 관해 다윗에 대한 것만 기록하였고 밧세바에 대하여는 언급하고 있지 않았다. 그녀에 대하여 먼저 지적할 점은 그녀의 무례하고 조심성 없는 태도이다. 남의 눈에 뜨일 만한 곳에서 목욕을 했다는 것은 여성으로서 극히 경솔한 행동이었다.

누군가가 옥상에서 내려다볼 수 있으리라는 것을 전혀 의심하지 않았다고 한다면 변명의 여지가 없다. 당시 예루살렘 건물들은 어느 집이나 지붕이 평평하고 계단이 있어 오르내리기도 쉬워 그곳 주민들은 옥상에서 서늘한 밤 공기를 마시며 쉬는 습관이 많았다.

그러므로 밧세바는 바로 인접해 있는 궁전 옥상에서 누군가가 내려다볼 수도 있다는 것을 충분히 알고 있었을 것이다. 그러므로 몸가짐을 조심했어야 한다. 현숙한 부인이라면 그만한 것쯤을 알고도 남았을 것이다. 물론 이웃집 옥상에 있는 다윗의 모습이 그녀의 눈에 뜨이지 않았을지도 모른다. 그러나 알면서도 조심하지 않았다면 그 죄는 아주 무거운 것이 된다.

누구라도 인접한 옥상에 서서 볼 수 있는 장소에서 알몸으로 목욕을 한다면 큰 실수이다. 조심하지 않은 행동이 가져온 결과 때문에 우리는 밧세바의 인품을 낮게 평가하는 것이다. 만일 그녀가 조신한 부인이었다고 하면 다윗의 마음을 들뜨게 하지도 않았을 것이고 기름 부음을 받은 이스라엘 왕이 이 같은 불명예스러운 죄를 범하지도 않았을 것이다.

그녀의 죄는 여기서 끝난 것이 아니다. 다윗이 부를 때 거기에 응해서는 안 되는 것이었다. 왕이 부른 속셈을 눈치채지 못했다고 할 수 없다. 만에 하나 그렇게 생각했다 하더라도 왕궁으로 가서 왕의 침소에 유치되어서도 간음죄를 범하기보다는 오히려 죽기까지 항거했어야 마땅했다.

그러므로 밧세바는 의심할 여지없이 다윗의 죄의 도발자일 뿐 아니라 공범자라고 할 수 있다. 그녀의 나중의 행동이 이것을 말해주는 것이다. 남편 우리야는 예루살렘에 돌아와 그 집문 앞에서 자고 집안으로 들어가지 않았을 때 밧세바는 남편을 만나려고 하지도 않았다. 왕이 자기를 침범했다고 남편에게 호소하지도 않고 눈물로써 자기의 죄를 고백하지도 않았다. 다만 그녀는 자기 집에 있을 뿐이었다. 우리야의 죽음의 소식이 예루살렘에 알려지자 그녀는 남편을 위해 정해진 기간 동안 상복을 입었다. 그리고 그 기간이 끝나자 곧 궁전으로 들어가고 말았다.

아주 짧은 기간 동안에 일이 진행되고 죄 중에 잉태된 아기를 낳았을 때에는 곧 그녀는 궁전 사람이 된 것이다. 그러나 그 후 그 아이는 죽게 하고 다시 잉태하여 난 아들이 바로 솔로몬 왕이라는 데 대해서는 할 말이 없다. 비난의 화살은 완전히 다윗에게 퍼부어진 것처럼 생각된다. 그러므로 뒷날 회개의 상한 심령과 간절한 마음으로 회개한 것은 다윗에 있어서만 그처럼 밝혀져 있는 것이다.

  물론 이 사건에 대한 다윗의 죄를 가볍게 보려고 하는 일은 틀린 것이다. 그러나 성경의 기술은 우리에게 밧세바를 다윗의 공범자라는 것을 촉구하게 한다. 그녀와 같이 뛰어난 미모를 가진 모든 여성에 대해서 그녀는 하나의 경고가 된다. 그녀들의 창조주는 그녀들에게 하나님 앞에서 단정한 품행과 조심성 있는 현숙한 부녀로 살아가기를 권고하고 계시는 것이다.

드고아 여인

사무엘 하 14:1-22

왕이 압살롬을 그리워하는 것을 알아채고 스루야의 아들 요압이 드고아에 사람을 보내어 여걸 하나를 불러다가 일렀다.

"초상 당한 사람처럼 행동하시오. 상복을 입고 머리를 풀어 헤친 채 오랫동안 상을 입은 여인처럼 꾸민 다음 어전에 들어가 내가 일러주는 대로 아뢰시오."

그리고 나서 요압은 왕 앞에 나아가 할 말을 일러주었다. 그 드고아 여인은 왕 앞에 나아가 땅에 엎드려,

"임금님, 저를 도와 주십시오."

하며 말을 꺼냈다.

"웬일이냐?"

하고 왕이 묻자 여인은 이렇게 하소연하였다.

"임금님, 저는 남편을 여읜 과부입니다. 그런데 저에게는 아들 둘이 있었습니다. 그것들이 어쩌다가 벌판에서 싸우게 되었는데 말릴 사람이 없어 한 아이가 그만 제 동기를 때려죽이고 말았습니다. 그런데 이번에는 온 문중이 들고 일어나 동기를 죽인 놈을 내놓으라고 이 계집을 들볶지 않겠습니까? 그 애를 쳐죽여 죽은 아이의 원수를 갚고 그 애의 씨를 말려 버리겠다는 것입니다. 그리 되면 이 계집의 불씨마저 꺼지고 맙니다. 남편의 이름을 이어 내려 갈 후손이 이 땅 위에서 영영 끊기고 맙니다. 저는 사람들이 너무도 무섭게 굴어서 이 말씀을 드리려고 이렇게 어전까지 나왔습니다. 임금님께 아뢰면 형여 이 계집의 청을 들어주시려니 생각했던 것입니다. 임금님께서는 이 계집의 소원을 들으시고 하나님은 자식을 하나님의 유업인 이스라엘에서 끊어 버리려는 사람의

손에서 건져 주실 것이라고 생각하였습니다. 임금님이야말로 하늘이 내신 분 이시므로 옳고 그름을 가리실 수 있으십니다. 그래서 임금님께서는 이 계집을 안심시켜 줄 말씀을 해 주시리라고 생각하였습니다. 야훼 하나님께서 임금님 과 같이 계시기를 빕니다."

이 말을 듣고 왕이 여인에게 다짐을 주었다.

"집에 가 있거라. 내가 선처해 주마."

드고아 여인이 이렇게 아뢰었다.

"이 죄는 저와 저의 가문에 있습니다. 임금님께서 무슨 죄가 있사옵니까? 이 일로 왕실에 누를 끼치고 싶지는 않습니다."

"다시 너에게 그런 말을 하는 자가 있으면 이리로 끌고 오너라. 아무도 다시 는 너를 괴롭히지 못하게 하리라."

하고 왕이 다시 다짐해 주었지만, 여인은 계속 간청하는 것이었다.

"저 원수를 갚겠다는 자들이 제 아들을 기어이 죽여 없앤다고 하면 어떻게 하겠습니까? 그렇게 못한다고 임금님의 하나님 야훼를 두고 맹세해 주십시 오."

그가 다짐하였다.

"살아 계시는 야훼 앞에서 맹세하거니와 네 아들의 머리카락 한 올도 땅에 떨어뜨리는 일이 없게 해 주리라."

여인이 다시 입을 열었다.

"이 계집이 감히 임금님께 한 말씀드리겠습니다."

"말해 보아라."

하고 그가 말하였다. 여인은 그제야 속말을 꺼냈다.

"임금님께선 꼭 그런 생각을 하고 계시니, 어찌 그럴 수가 있으십니까? 그것 은 하나님의 백성이 바라는 바가 아닙니다. 말씀만은 그렇게 하시면서 쫓겨난 그 분을 불러들이지 않으시니, 어찌 잘못이 없다고 하시겠습니까? 우리는 땅 에 엎질러져서 다시는 담을 수 없는 물같이 죽은 몸들입니다. 하나님께서는 사 람의 목숨을 소중히 여기십니다. 그분이 비록 쫓겨났지만 하나님께서는 그분 을 쫓아내실 뜻이 없으신 줄로 압니다."

왕은 이 말을 듣고

"한 가지 물을 터이니 숨기지 말고 대답하여라."하고 말했다.
"임금님, 말씀하십시오."
하고 여인이 대답하자, 왕은
"이 모든 것을 너에게 시킨 사람이 요압이 아니냐."
하고 물었다.
"임금님, 과연 그렇습니다."
하며 여인이 대답하였다.
"임금님께서는 바로 알아 보셨습니다. 과연 그렇습니다. 이 일을 시킨 것은 틀림없이 임금의 신하 요압입니다. 이 계집이 드린 말씀은 모두 요압이 일러준 그대로입니다. 요압은 그 일을 이렇게 빗대어 말하게 한 것입니다. 과연 임금님의 지혜는 하나님의 천사 같아서 모르시는 일이 없으십니다."
왕은 요압을 불러 말하였다.
"좋소, 그대 뜻대로 하리다. 어서 그 애 압살롬을 데려오시오."
요압은 땅에 엎드려 절하며,
"소신의 청을 이처럼 들어주시니 성은이 망극합니다."
하고 고마워하였다. 요압은 그술에 가서 압살롬을 데려왔다. 그러나
"압살롬을 제 궁으로 데려가 거기에서 살게 하고 내 눈앞에 얼씬거리지 못하게 하라."
는 어명이 있었으므로, 압살롬은 자기 궁으로 물러가 살면서 어전에는 얼씬도 못하였다.

◆ 도움말

압살롬의 죄를 원만히 수습하기 위하여 요압이 다윗에게 보낸 여인은 일종의 여배우였다. 성경에서는 그녀를 슬기 있는 여자라고 부르고 있다. 그렇지만 그녀의 지혜라는 것은 솔로몬과 같은 슬기자란 뜻이 아니었다. 다만 세상적인 지혜라 할 수 있는 자신에게 주어진 의무를 재치 있게 연출했다는 것에 불과하다. 요압은 그녀에 대한 소문을 듣고

있었다.

　압살롬은 다말에게 행한 야비한 유괴자 암논을 죽인 죄로 인하여 예루살렘에서 추방당하여 있었던 것이다. 물론 암논의 죄는 파렴치하고 증오스러운 것이었다. 그러나 압살롬에게는 암논을 죽일 권리는 없었던 것이다. 죄악이 자기 자식에게 미쳤을 경우에서도 정의의 지배를 어디까지나 뒤흔들게 하지 않았다는 데서 다윗은 정직한 사람이었다. 압살롬이 예루살렘에서 추방당한 것은 아주 당연한 처사였던 것이다.

　요압은 이것을 좋아하지 않았다. 다윗이 죽은 후에 이스라엘의 장래를 맡아야 할 자는 압살롬밖에는 없다고 요압은 믿고 있었다. 그래서 그는 젊은 왕자에게 예루살렘 성문을 다시 열어 주기 위해 한 가지의 계책을 마련했던 것이다. 그는 드고아의 여인에게 왕 앞으로 가서 압살롬에 대한 총애를 옛날과 같이 돌이키도록 어떤 방법을 쓰기로 하였다.

　전에 나단이 가난한 사람과 그의 새끼 양 이야기로 다윗을 부끄럽게 하였던 것처럼 이 드고아의 여인도 거짓 이야기를 가지고 다윗에게 감명을 주려는 임무를 띠고 있었다.

　왕을 알현한 후 그의 신상에 대한 일을 그럴 듯이 연출하여 진실로 긴박하고 딱한 사정을 재치 있게 말해서 성공적으로 감동시켰던 것이다. 이러한 지시를 그녀는 받고 있었고 그것을 완전히 성취시켰다. 그녀는 요압의 의도를 정확히 이해했다. 요압의 계획을 실행함에 있어서 그녀만큼 우수한 협력자를 선택하기는 어려웠을 것이다. 그녀가 왕의 몸에 그물을 던진 수완은 실로 능란하였다. '저는 과부로서 두 아들을 가졌습니다' 이 두 아들이 서로 다투다가 그만 한 사람이 죽고 말았습니다.

그런데 그 피의 보수를 구하는 자가 있어서 지금 살아 남은 아들을 쫓으려 합니다. 그가 붙잡히는 날에는 저는 자식 없는 과부로서 도울 자가 없이 혼자 남아 있을 터이지요. 그러하오니 왕이여 제발 당신의 힘으로 부디 내 아들을 살려 주십시오. 제발 소원입니다 라고 호소한 것이다.

이것이 그녀가 한 역할이었다. 그녀의 모습은 참으로 슬픔과 촉박한 사정이 엿보였으므로 다윗은 감동되어 불쌍하게 생각되었다. 그녀는 자기의 신상에서 일어난 것처럼 부각시킴으로써 듣는 자로 하여금 이것은 어떻게 해주지 않으면 안 되겠다고 생각할 수밖에 없었다.

왕 앞에 서 있으면서도 조금도 기죽지 않고 놀랄 만큼 당황하지 않고 침착하고 태연한 태도였다. 그녀는 곁눈으로 자연스럽게 자신의 말의 효과가 어느 정도인가를 살피고 있었다. 그리고 그것을 다윗의 흥분된 기분으로 박자에 맞추어 말을 계속한 것이다. 왕에게 아첨하며 왕의 지혜를 칭찬했다. 천사와 같은 지혜 왕이야말로 하나님의 사랑하는 자 등등…… 찬양하는가 하면 다음 순간에는 압살롬의 운명에 대해서 왕을 전율시켰다. 확실히 배우로서는 성공적인 연극이었다. 전혀 밑도 끝도 없는 일을 그럴 듯하게 꾸며내는데 능수 능란하였다. 말을 마치고 그녀가 머리를 숙였을 때 왕은 그녀의 알현 뒤에 숨은 허구를 의심하여 물었다.

'대체 너의 이야기에는 요압의 의사가 작용한 것 아니냐?' 그녀는 그 물음에 대해서도 마땅한 대답은 알고 있었다. '이것이 내가 부름을 입은 역할입니다. 땅에 있는 일들은 모든 일들을 아시는 당신의 총명이야말로 완전히 하나님의 사자와 흡사한 것입니다.'라고 말하면 자신은 이 문제에 대한 책임을 완전히 해소될 것이다. 다윗은 마침내 마음이 누그러졌다. 그리하여 그 결과 자기 몸에 하나님의 심판을 초래하게 한 것이었다.

만일 드고아의 여인이 이 일들을 모두 자기 생각으로 된 것이라고 했다면 그녀의 죄는 훨씬 가볍게 되었을 것이다. 고결한 목적을 얻기 위해서라면 꾸민 이야기도 나쁘지는 않다. 이것은 죤·번안의 경우에 확실한 것이다. 따라서 그녀의 죄는 그녀가 다른 사람에게 지혜를 빌려서 행동했다는 사실에서 기인한다. 그녀는 자기의 확신에서 일을 촉구한 것이 아니었다. 그녀의 죄는 그녀에게 주어진 역할을 연출했다는 일— 이 말의 함축된 여러 가지 점에서— 에 있다. 단지 그녀는 하나의 역할을 연출한데 불과하다. 자기의 말재주로 몸짓으로 말의 억양으로 왕을 어떻게 매혹시킬 것인가, 그녀는 그것을 보여주고 싶었던 것이다.

이것은 그녀의 가증한 성격상의 기만성을 보여준 것으로 그녀와 같은 연극 방면의 기질을 가진 모든 여성에 대해 아름다워도 진실성이 없는 연극은 피해야 하고 그런 것에 말려드는 죄에 대해 경각심을 주려는데 목적이 있다.

우리는 그녀와 같은 배우의 최면술에 빠지지 않도록 주의해야 한다는 교훈을 잊어서는 안 된다.

아비가일

사무엘 하 25:2-42

아비가일 미온이라는 곳에 양이 3천 마리 염소가 천 마리나 되는 큰 부자가 있었다. 그의 이름은 나발이요 아내의 이름은 아비가일이었다. 아비가일은 자색을 겸비한 여자였으나 그 남편은 갈렙 가문 출신으로서 인색하고 거친 사람이었다. 다윗은 광야에 있다가 나발이 양털을 깎고 있다는 소문을 듣고 거느리고 있던 젊은이 몇 사람을 보내면서 이렇게 일렀다.

"가르멜로 올라가 나발을 찾아보고 내 이름으로 안부를 묻고 이렇게 나의 말을 전하여라. 새해에 복 많이 받으십시오. 댁의 집안과 모든 소유가 번창하기를 빕니다. 댁에서 지금 양털을 깎는다는 소식을 듣고 왔습니다. 지금 댁의 목자들이 우리와 함께 있는데 우리는 그들을 괴롭힌 적이 없습니다. 그들이 가르멜에서 양을 치고 있는 동안 한 마리도 잃지 않았습니다. 댁의 일꾼들에게 물어보면 알 것입니다. 그러니 내가 보낸 젊은이들을 잘 보아주십시오. 이 즐거운 날에 우리가 왔으니 이 다윗을 댁의 아들처럼 여겨 소인들에게 무엇이든지 손에 닿는 대로 집어서 보내주십시오."

다윗이 보낸 젊은이들이 나발에게 가서 다윗의 말을 그대로 전하고 기다리고 있자니 나발은 이렇게 대꾸하는 것이었다.

"도대체 다윗이 누구냐? 이새의 아들이란 자가 누구냐? 요즈음은 주인에게서 뛰쳐나온 종놈들이 저마다 우두머리가 되는 세상이거든! 나가 어찌 털을 깎느라고 수고하는 내 일꾼들에게 주려고 마련한 떡과 술과 고기를 어디서 굴러 왔는지도 모르는 놈들에게 주랴?"

다윗이 보낸 젊은이들이 그곳을 물러나 다윗에게로 돌아와 이 모든 말을 그대로 전하였다. 그러자 다윗은 자기 부하들에게 칼을 차라고 이르고는 자신도 칼을 찼다. 이리하여 그의 부하 사 백 명이 칼을 치고 그를 따라 쳐 올라가고, 부하 이 백 명은 뒤에 남아 물건을 지켰다.

이 일을 어떤 일꾼이 나발의 아내 아비가일에게 알려주었다.

"다윗이 광야로부터 사람들을 보내어 우리 주인께 축수하면서 무엇을 좀 달라고 하자 주인께서 마구 쫓아 보내셨습니다. 그들은 우리를 조금도 괴롭히지 않고 매우 잘 대해 주었습니다. 들에서 그들과 함께 지내는 동안 우리는 새끼 양 한 마리도 잃지 않았습니다. 그들은 우리가 양을 치는 동안 밤낮으로 우리를 성처럼 감싸주었습니다. 그러니 이제 헤아려 처신하지 않으면 우리 주인이나 온 집안이 정녕 화를 입을 것입니다. 주인 어른은 성급하신 분이라 말씀을 드릴 수가 없습니다."

그리하여 아비가일은 떡 이 백 개, 술 두 부대, 요리한 양 다섯 마리, 볶은 밀 한 말, 건포도 백 뭉치, 말린 무화과 과자 이 백 개를 서둘러 마련하여 나귀에 실었다. 그리고 자기 시종들에게 자기는 뒤따라 갈 터이니 앞서 가라고 일렀다. 그러나 남편 나발에게는 알리지 않았다.

그는 나귀를 타고 산굽이를 돌아 내려가다가 부하를 거느리고 내려오고 있는 다윗과 마주치게 되었다. 다윗은 단단히 벼르고 있었다.

(내가 광야에서 이 자의 재산을 지켜 무엇 하나 손실이 나지 않게 해 주었지만, 다 부질없는 것이었다. 모처럼 잘해 주었더니 이렇게 악으로 갚는구나. 내가 내일 아침까지 사내녀석들을 하나라도 남겨 둔다면 하나님께 무슨 벌이라도 받으리라)

아비가일은 다윗을 보자 나귀에서 급히 내려 땅바닥에 엎드려 절하였다. 그리고 다윗의 발 앞에 엎드린 채 애원하였다.

"나리 죄는 저에게 있습니다. 이 비천한 계집종이 아뢰는 말씀에 귀를 기울여 주십시오. 부탁입니다. 우리 몹쓸 영감에게는 마음쓰시지 마십시오. 그 사람은 나발이라는 이름 그대로 정말 미련한 사람입니다. 이 계집종은 나리께서 보내신 사람을 만나지 못했습니다. 나리께서는 홧김에 기어이 피를 보려고 하시지만 야훼께서 그런 일이 없도록 막아 주셔서 나리께서 손수 원수를 갚지 않도록 해 주셨습니다. 그러니 이제 나리께서 망하시는 것을 보겠다는 나리의 원수들은 나발처럼 될 것입니다. 이것은 야훼께서 살아 계시고 나리께서 살아 계시는 만큼 확실합니다. 여기 계집종이 가져온 적은 선물이 있습니다. 나리의 뒤를 따르는 젊은이들에게 주십시오. 이 계집종의 말이 마음에 거슬리더라도 제발 용서해 주십시오. 야훼께서 앞장서시는 싸움을 나리께서 싸우셨으니 야훼께서 나리의 집을 정녕 튼튼히 세워 주실 것입니다. 나리께서는 한평생 어떤 재난도 겪지 않으실 것입니다. 나리를 쫓아다니며 죽이려는 사람이 있다 하여도 나리의 하나님 야훼께서 나리 목숨을 보물처럼 감싸주시고 그 대신 원수의 목숨은 팔맷돌처럼 팽개치실 것입니다. 야훼께서 약속하신 온갖 복된 일을 이루시어 나리를 이스라엘의 수령으로 세우실 터인데, 이런 실수를 해서 두고두고 마음에 걸리는 일이 없도록 하십시오. 손수 원수를 갚느라고 공연히 피 흘리는 일은 없도록 하십시오. 야훼께서 나리의 운을 터 주시는 날 이 계집종을 잊지 말아 주십시오."

다윗이 아비가일에게 말하였다.

"오늘 그대를 보내시어 이렇게 만나게 해 주셨으니, 이스라엘의 하나님 야훼를 찬양할 뿐이오. 그대는 사리를 참 잘 판단하였소, 하마터면 내 손이 원수를 갚으려다가 피를 볼 뻔했는데 오늘 이렇게 말려 주어서 정말 고맙소. 그대가 재빨리 나를 만나주지 않았던들 나발 집안에서 모든 사내가 내일 아침까지 죽고 말았을 것이오. 그대를 해치지 않도록 나를 막아 주신 이스라엘의 하나님 야훼께서 살아 계시는 것이 틀림없듯이 정녕 그렇게 되었을 것이오."

다윗은 그 여자가 가져온 것을 받고 말하였다.

"댁으로 평안히 돌아가시오. 내가 그대의 말을 듣고 요청을 들어 주었소!"

그리하여 아비가일이 집으로 돌아와 보니 나발은 왕이나 차릴만한 잔치를 베풀고 흥에 겨워 취할 대로 취해 있었다. 아내는 날이 샐 때까지 그 일을 입 밖에 내지 않았다. 그러다가 아침이 되어 술이 깬 뒤, 나발은 아내의 이야기를 듣고 그만 실신하여 돌처럼 굳어져 버렸다. 열흘쯤 지나서 나발은 야훼께 벌을 받아 죽고 말았다.

◆ 도움말

지금도 때로는 어울리지 않는 부부가 있듯이 아마도 가장 적합하지 않은 부부는 나발과 아비가일일 것이다. 그의 부유한 재물만을 남겨 놓고 본다면 인간으로서 믿음직하지 못하고 탐탁하지 못한 점만을 골고루 갖추고 있는 나발과는 대조적으로 아비가일은 보기 드문 현명한 여성이었다.

그녀는 행복한 가정을 이루는데 필요한 모든 조건을 갖추고 있었다. 성경에서 그녀는 아주 총명하고 생각이 깊고 매우 아름다웠다고 하였다. 그의 거동이나 행동이 끊임없는 매력과 신앙을 말해주고 있는 것이다.

이렇게 얘기하면 그녀와 같은 여성이 어째 나발과 같은 변변하지 못한 자에게 시집을 갔을까 하고 이상하게 여길 것이다. 그러나 레아의 경우를 생각해 보기 바란다. 그녀 자신의 야곱과의 결혼에 대한 호감은 전혀 문제도 되지 않았었다. 그 당시 그 지방의 관습은 나이 어린 처녀들이 때때로 자기 스스로 선택의 자유도 없이 시집가야 했던 것이다.

아비가일은 처음부터 나발과는 잘 어울리지 않았던 것 같다. 도대체 이런 남자와 결합하여 어떻게 화합이 될 것인가. 그가 내세우는 것은 재물뿐이었다. 그는 그를 따르는 무리들과 술에 취하고 타락에 휩쓸려 정신 없이 시끄러운 일을 무의미하게 즐겼다.

그는 거칠고 촌스러워서 고상한 면이란 약에 쓰려고 해도 없었다. 그는 하나님과 예언자에게 직접 대항해서 다윗을 적대시하고 사울의 무리들을 옹호했다. 이 일은 다윗의 사자들에 대한 그의 말에 '요사이 주인에게서 이탈하여 도망하는 자들이 많다'라는 것을 보아서 확실하다. 다시 말해서 이 두 사람의 부부는 하나에서 열까지 모두가 정반대였다. 그녀는 생각이 깊고 아름다웠다. 그러나 남편은 미련하고 심술궂었다.

그들의 행복하지 못한 결혼 생활은 다윗이 나발과 서로 부딪치던 그 날까지 계속되었다. 6백 명이라는 적은 수의 군사와 함께 다윗은 갈멜산 근처 언덕과 굴속에 숨어 있었다. 이 지방에 사는 나발이 양떼를 먹이고 있었다. 정직한 다윗은 단 한번도 나발의 권리를 침해하지 않고 그의 목자들을 때로는 도와주기까지 했다. 도피자로부터 받은 도움을 목자들이 선물을 보내어 보답하는 일은 있을 수 있는 일이다.

그래서 나발이 많은 음식을 장만했을 때 다윗은 이와 같은 호의를 베풀기를 요구하여 사자들을 보냈던 것이다. 다윗의 사자들은 나발의 양털을 깎는 곳까지 갔었다. 그러나 나발은 다윗을 아주 싫어했다. 그는 주가 되신 하나님을 미워하는 사울의 당파에 마음을 두고 있었다.

그래서 그는 다윗의 사자에게 무례한 태도로 욕설을 퍼붓고 한 가지도 주지 않은 채 쫓아버린 것이다. 다윗은 온갖 모욕을 당한 데 대하여 참을 수가 없었다. 만일 이때에 아비가일이 여기에 나서지 않았었다면 유혈의 참극을 면할 수가 없었을 것이다.

그녀의 지혜롭고 간절한 말은 다윗의 마음을 곧 누그러지게 했다. 벌써 그는 무장한 군사들을 나발에게 보낸 것이지만 당장 그 일을 중지하도록 명령했다. 나발과 같이 거칠고 어리석은 자가 이렇듯이 이상적인 아내를 가졌음을 알고 다윗은 놀라지 않을 수가 없었다. 얼마 후 다윗이 아비가일을 아내로 맞았다는 사실은 놀랄만한 일이 못 된다.

아비가일이 나발에게로 돌아갔을 때 그는 여전히 만취해서 정신을 잃고 있었으므로 그녀도 잠이 들었다. 취기가 깨기를 기다려서 그녀는 조심스럽게 '당신은 분별 없는 일을 하셨기 때문에 하마터면 죽을 뻔했던 것입니다'라고 말했다. 나발이 이 말을 듣자 큰 충격을 받아 몸이 돌과 같이 굳어지더니 열흘 후에 야훼께서 나발을 치시니 그는 죽고 말았다.

다윗은 이 모든 일들이 하나님의 뜻임을 깨달았다. 그의 아내 미갈은 이미 남의 아내가 되었다. 하나님이 이같이 일을 인도해 주신 이상 아비가일이야말로 자기 아내로 합당한 여성이라고 생각하고 그녀에게 청혼을 했다. 그녀는 다섯 명의 여종과 함께 다윗의 진영으로 향하여 떠났다. 그녀의 용단으로 인하여 거칠고 촌스런 나발 대신에 고결하고 존경할 만한 다윗을 남편으로 모시게 된 것이다.

나발은 바로 벨리알이다. 그는 그에 대한 것을 읽는 사람들 마음속 깊이 혐오감을 느끼게 하였다. 그러나 아비가일은 다윗을 향하여 그녀가 말한 바 '만일 당신을 사람들이 쫓아 당신의 생명을 해할지라도 당신의 생명은 하나님 여호와와 함께 생명의 싸게 속에 간직하실 것입니다'라고 한 그 인상 깊은 말 때문에 결코 잊을 수가 없었을 것이다.

이와 같은 말을 한 주인공인 여성 역시 하나님과 함께 생명의 싸게 속에 뭉쳐 있으리라고 믿는 것이 당연하다.

스바여왕

열왕기 상 10:1-13

스바라는 곳에 여왕이 있었는데 솔로몬의 명성을 듣고는 그를 시험해 보려고 아주 어려운 문제를 준비하여 방문 온 일이 있었다.

여왕은 예루살렘을 방문할 때 많은 시종들을 거느리고 왔을 뿐 아니라 각종 향료와 엄청나게 많은 금과 보석을 낙타에 싣고 왔다.

여왕은 솔로몬 왕을 만나자 미리 생각하였던 문제들을 모두 물어 보았다. 솔로몬은 여왕의 질문을 하나도 막히지 않고 다 대답해 주었다. 스바의 여왕은 솔로몬이 모든 지혜를 갖추고 있는 것을 알고 또 그가 세워 놓은 전을 보고는 넋을 잃을 정도로 감탄하였다.

스바의 여왕은 왕의 식탁의 음식, 조신들의 배석, 제복을 입은 시종들의 도열, 술을 따르는 시종들, 또 왕이 야훼의 전에서 드리는 번제를 보고서 찬탄해 마지않으며 왕에게 말하였다.

"당신과 당신의 지혜에 대한 소문을 내가 이미 우리나라에서 듣고 있었습니다만 과연 사실이군요. 이렇게 와서 내 눈으로 직접 보기 전까지는 그 이야기가 하나도 믿어지지 않았습니다. 그러나 내가 들은 이야기는 이제 보니 사실의 절반도 못 되는 것이었습니다. 당신의 지혜와 번영은 내가 듣던 소문보다 훨씬 더 뛰어나십니다. 당신을 모시는 부인들이야말로 행복한 여인들입니다. 언제나 당신 앞에 서서 당신의 지혜로운 말씀을 듣는 신하들이야말로 행복한 사람들입니다. 당신으로 인하여 기뻐하시어 당신을 이스라엘의 왕조에 앉히신 당신의 하나님 야훼께 찬미를 올립니다. 야훼께서는 이스라엘을 영원히 사랑하셔서 당신의 왕으로 삼아 법과 정의를 세우게 하셨습니다."

여왕은 금 백 이십 달란트와 많은 향료와 보석을 솔로몬에게 선물하였다.

솔로몬 왕은 스바의 여왕에게 선물 받은 것만큼 많은 향료는 두 번 다시 받아 보지 못하였다. 오빌 지방에서 금을 실어 오던 히람의 상선대는 이번에는 굉장히 많은 오동나무와 보석을 운반해 왔다.

왕은 이 오동나무로 야훼의 전과 왕궁의 난간을 만들고 노래에 맞추어 뜯을 수금과 거문고를 만들기도 하였다. 오동나무가 이렇게 들어온 것은 처음이자 마지막 일이었다. 솔로몬 왕은 스바의 여왕에게 관례에 의한 답례물 이외에도 여왕이 요청한 것을 모두 주었다. 여왕은 시종들을 거느리고 자기 나라로 돌아갔다.

◆ 도움말

성경에 스바 여왕이 회심(回心)한 이교도의 부인이었다고 말하는 것은 어느 곳에도 기록되지 않았다. 오히려 회심하지 않았다고 믿게 하려고 하는 일이 씌어 있는 것이다. 그러나 이미 여호와의 소명을 받고 있었다고 하면 예루살렘에 들어왔을 때 그녀의 마음속에 먼저 나타난 것은 이스라엘 하나님께 제물을 바치기 위하여 성전으로 경배하러 갔음에 틀림없다.

그러나 그런 기사는 열왕기상 10장에도 역대하 9장에서도 찾아볼 수 없다. 우리는 그녀가 예루살렘을 찾아온 것이며 솔로몬의 궁전과 왕실의 호와 찬란한 규모를 바라보고 또는 솔로몬 왕의 지혜로운 말을 듣는 일로 예루살렘을 방문한 것으로 알고 있다. 그러나 그녀가 참된 종교에 들어와 있었다는 일, 거기에 대해서 캐어 물어본 사실은 하나도 기록되어 있지 않다.

과연 그녀가 그 방문을 마치려 했을 때 '당신의 하나님 여호와는 참으로 존귀하신 분입니다. 당신을 기뻐하심으로 이스라엘의 왕위에 오르게 하신 야훼는 말입니다'라고 외치고 있다. 그러나 이교도가 이런 말을 하였다고 해서 조금도 이상할 바 아니다. 이교도는 많은 신들의 존재를 믿고 있다. 그래서 이스라엘 사람이 섬기는 신도 주저 없이 승인하는 것이었다. 더구나 우리들은 스바 여왕이 특히 '당신의 신 야훼'라고 말하고 있는 것에 주의해야 한다. 이와 같이 그녀는 솔로몬 왕의 신과 자기 자신의 신과를 확실하게 구별하고 있는 것이다.

마태복음에 기록된 예수님의 말씀 역시 이 여왕의 우상 숭배에서 이스라엘 하나님을 믿는 신앙으로 회심했다고 하는 것을 추측할 만한 이유가 되지 않는다. 심판 날에 예수님은 니느웨 사람들이 일어나서 그 시대의 사람들을 정죄할 것이다'라고 말씀하셨다. 또 다른 곳에서는 소돔과 고모라의 사람들이 그 시대의 사람들에 대한 증인이 되리라고도 말씀하고 계신다. 그래서 '남방 여왕은 이 시대의 사람들과 함께 심판대 앞에 서서 그들을 정죄하게 될 것이다. 그녀는 솔로몬의 지혜를 듣기 위해서 왔던 것이다'라고 하신 예수님의 말씀은 스바 여왕이 어떤 특별한 점에서 예수님에게 대적한 당시의 사람들보다 낫다고 하는 것을 의미하고 있는 것이다. 이 기술의 특징이 무엇이었다 라는 것을 똑바로 우리들에게 보여주는 것이다.

스바 여왕은 무관심이라는 비난을 면하고 있다. 그의 관심은 많으면서 다방면에 미치고 있었다. 오직 아름다운 의상·호화찬란한 장신구뿐만 아니라 정신적인 관점에서도 열렬한 탐구심을 가지고 있었다. 그녀는 남보다 훨씬 뛰어나고 훌륭한 왕이 이스라엘 왕위에 올랐다는 사실을 듣고 알았다. 그의 지혜와 깊은 지각은 그 나라의 어느 성인보다도 뛰어나고 그의 풍부한 교양은 태어나면서부터 타고 난 것이 아니라 진실로 이상하고 괴상한 방법으로 그에게 부여하셨다는 사실을 전해 들었다. 그녀가 그것을 자기 눈으로 직접 확인하기 전에는 가만히 있을 수가 없었다. 그녀는 어리석은 여성이 아니었다.

과학과 예술을 극히 사랑하고 심원한 토론으로 솔로몬을 끌어들이는 일에도 조금도 소홀한 점이 없을 정도였다. 그녀는 그와 토론해서 그의 지혜를 매우 어려운 문제로 시험해 보려고 생각했던 것이다. 이 방문과 회답을 찾기 위해 그녀는 많은 희생을 아끼지 않았다. 오늘날 거기에는 세계 일주를 하기 위한 시간보다도 더 많은 시일이 필요하였고 수많은 재물을 소비하였다.

여비와 함께 솔로몬 궁정에 바칠 선물도 예의상 고려하지 않을 수 없었다. 그러나 이 같은 번잡한 고려도 그녀를 붙잡아 두지는 못하였다. 그녀는 또한 여성으로서 일상생활 속의 가정에서 의무를 수행하는 이상의 고차적인 일들을 위임받고 있다는 사실도 알고 있었다. 그래도 여행을 했던 것이다. 그녀는 예루살렘에 왔다. 그녀는 솔로몬의 말을 듣고 그의 영화를 똑똑히 보았다. 솔로몬의 말은 그녀에게 지적인 기쁨을 안겨 주었다. 그녀의 미와 추를 분별하는 안목은 솔로몬 궁정의 다양하고 풍요한 장식과 호화로움에 다만 황홀한 뿐이었다. 그리하여 이것이 그녀의 체험 전부였던 것이다.

스바의 여왕은 오늘날 사회의 상류 계급과 별다른 차이가 없다. 그녀들은 모든 것에 대한 지식욕을 지니고 있다. 고상한 취미와 특히 미에 대한 인공미를 감상할 수 있다. 그녀들은 다른 나라의 문화와 업적에 접하고 여기에 참여하기를 무엇보다 원하고 있었다. 이것은 시련일지라도 돌보지 않는다는 것을 의미하는 것이다.

이 점에서 그녀들은 무관심한 부인들 '그런 게 무슨 소용입니까?'라고 문화에 대해 냉담한 태도를 가진 사람들과는 매우 다른 존재이다. 그녀들이 솔로몬 재위 당시에 살고 있었다면 오늘의 파리의 런던 원— 베를린 등과 같이 예루살렘을 향해서 여행을 하고 있었을 것이다. 종교시(詩)는 그녀들이 좋아하는 것이다. 그녀들이 예루살렘 성전의 심미에 대해 넋을 잃고 감탄했을 것은 의심치 않는다.

그러나 그녀들이 잊고 있는 것 꼭 한 가지가 있다. 그녀들은 솔로몬보다도 위대한 것이 여기에 있다는 것을 잊고 있는 것이다. 솔로몬보다도 큰 자는 그 아름다운 말씀을 맛보라고 구하기 전에 먼저 마음을 바치라고 원하신다는 것을 잊고 있는 것이다. 불행하게도 이 세련된 젊은 여성의 대부분은 이 경지에까지는 도달하지 못했다. 교양을 위해서라면 종교에도 기쁘게 연결한 것이다. 그녀들에게는 예수님이 솔로몬보다 조금 위대한 인물일지도 모른다. 그러나 그녀들은 그를 자기의 죄를 속하시는 주라고는 생각지 않는다. 따라서 그들은 그와의 밀접한 관계 같은 것은 조금도 느끼지 못하며, 감사로 그 성호를 찬양하려는 기분도 나지 않는 것이다.

그러므로 이러한 흥미 깊은 또 스스로 모든 것에 관심을 가질 수도 있는 젊은 여성들은 스바 여왕에 도달한 단계에 머무르고 그 이상 진보하는 일이 없다. 예루살렘으로 그녀들은 간다. 그녀들은 감탄하고 놀라서 두려움에 사로잡힌다. 그러나 그것으로 끝나고 예루살렘을 떠나가는 것뿐이다.

여로보암의 아내

열왕기 상 14:1-7

그 때 여로보암의 아들 아비야가 병들어 눕게 되자, 여로보암 왕이 왕비에게 말하였다.

"자, 이렇게 해 봅시다. 당신은 왕비임을 몰라보게 몸을 변장하고 실로로 가시오. 그곳에는 아히야라는 예언자가 살고 있소. 그 예언자는 내가 이 백성의 왕이 될 것이라고 일러주던 바로 그 사람이오. 빵 여남은 개와 과자 약간, 그리고 꿀 한 단지를 가지고 그에게 가서 물어보시오. 왕자가 나을지 낫지 못할지를 그가 말해줄 것이오."

여로보암의 아내는 그의 말대로 발길을 서둘러 실로에 있는 예언자 아히야의 집에 이르렀다. 그런데 아히야는 이미 늙었으므로 눈이 어두워 잘 보지 못하였다. 야훼께서 아히야에게 미리 일러 주셨다.

"여로보암의 아내가 병든 제 아들의 병이 어떻게 될지 너에게 물으러 올 것이다. 오거든 이러이러하게 대답하여라. 여로보암의 아내는 신분을 감추고 딴 여자처럼 가장하고 오리라."

아히야는 그 여자가 방문 앞으로 다가서는 발소리를 듣고 이렇게 말하였다.

"여로보암의 아내여, 들어오시오. 어찌하여 이렇게 다른 여자인 양 가장하고 오셨소? 나는 당신에게 가슴 아픈 말을 전해야겠소. 여로보암에게 가서 말하시오. 이스라엘의 하나님 야훼께서 이렇게 말씀하십니다. '나가 너를 백성 가운데서 뽑아 내 백성 이스라엘을 다스리는 영도자로 임명했으며 다윗의 왕가에서 나라를 갈라 너에게 주었다. 그러나 너는 나의 종 다윗만하지 못하였다. 다윗은 나의 계명을 준수하였을 뿐만 아니라 마음을 다하여 나를 따랐으며 만사를 내 마음에 꼭 들도록 곧바르게 처리하였다. 그러나 너는 선왕들보다 더 큰 악을 저질렀을 뿐 아니라 우상들을 쇠붙이로 부어 만들었고 다른 신을 섬겼다. 그리하여 마침내 나를 배반하여 내 속을 썩였다. 그러므로 이제 내가 여로보암 왕가에 재난을 내리리라. 여로보암 가문에 속한 남자는 자유인이든 종이든 가리지 아니하고 모두 씨도 남기지 아니하리라. 그리하여 사람들이 똥을 치듯이 나는 여로보암 가문을 이 이스라엘에서 남김없이 쓸어 버리리라. 무릇 여로보암 가문에 속한 사람이 성 안에서 죽으면 그 시체를 개가 뜯어먹을 것이요, 성 밖에서 죽으면 공중의 새가 쪼아먹으리라. 야훼의 말이니 어김이 없다.' 이제 집으로 돌아가시오. 당신이 궁에 도착하면 곧 왕자는 죽을 것이오. 그래도 그 아이만은 모든 이스라엘 백성들이 슬퍼하며 매장할 터인데 여로보암 가문에서 그만이 무덤에 묻힐 것이오. 그래도 그만은 이스라엘의 하나님 야훼께서 보시기에 옳게 살았기 때문이오. 그리고 나서 야훼께서는 이스라엘을 다스릴 새 왕을 뽑으시어 여로보암 가문을 멸종시킬 것입니다. 야훼께서 이스라엘을 치실 때는 마치 급류에 휩쓸린 갈대처럼 흔들리게 하실 것이오. 야훼께서 그들 선조들에게 주신 이 좋은 땅에서 송두리째 뽑아 내쫓으실 것이고, 유프라테스강 저편으로 흩어 버리실 것입니다. 이스라엘이 목신을 만들어 야훼의 분노를 샀기 때문이오. 여로보암 왕은 자기 혼자만이 이 죄를 지은 것이 아니고 이스라엘 백성들까지도 같은 죄를 짓게 하였습니다. 야훼께서는, 이 여로보암의 죄 때문에 이스라엘을 버리실 것이오."

◆ 도움말

남편은 아내의 머리다. 그렇다고 해서 아내된 자는 남편의 요구를 무엇이든지 받아들여야만 할 것인가? 성경은 이스라엘 왕비 중 한 사람의 행위에 대해서 말하고 있다. 왕비는 여로보암의 아내이다. 이스라엘의 열 지파를 다스린 최초의 임금님은 여로보암이었다. 그의 아내나 여로보암은 어떤 뜻에서는 여전히 야훼를 섬기고 있었다. 그렇지만 그들은 여러 가지 종류의 불순물을 참된 종교에 혼합시켰다. 그들 사이에 태어난 두 아이는 아비야와 나답이었다.

때때로 세상에서 볼 수 있듯이 이 두 아들 중 한 사람은 양친의 좋은 영향을 모두 다 지니고 있었다. 아비야는 양친의 마음속에 조금은 여호와를 두려워하는 마음을 닮았으며, 나답은 우상을 섬기는 양친의 어리석음을 한 몸에 온통 이어받았다. 젊어서 죽은 아비야에 대해서는 '그는 이스라엘의 하나님 여호와에 대하여 좋은 생각을 가지고 있었다'(열왕기상 14:13)라고 기록되어 있다. 그러나 나답에 대해서는 '그는 여호와 앞에 악을 행하였다'라고 기록되어 있는 것이다.

세상에는 여호와께 매달리면서 또 한편으로는 우상을 섬기다가도 일단 어려움에 빠지면 놀랄 만큼 기독자인 척 행세하기 시작하는 것을 종종 볼 수가 있다. 이 왕과 왕비 또한 고난이 그의 집에 미쳤을 때 여호와에 대하여 진지하게 생각하기 시작했다. 그들의 첫째 아들이 무서운 병에 걸렸다. 아비야는 죽으려 하였다. 이때에 별안간 여로보암은 경건한 인간으로 변해 버렸다. 새삼스럽게 그는 여호와께 도움을 구하였다. 이와 같은 구원은 그의 생각을 늙은 선지자 아히야에게로 돌렸다. 이 아히야는 여로보암이 왕위에 오를 인물이라는 것을 이전에 예언해 준 인물이었다. 여로보암은 이 아히야에게 접근하지 않아서는 안 된다고 생각했다. 아히야는 어떠한 운명이 젊은 왕자에게 임할 것인가를 잘 알고 있을 것이 틀림없다고 알아차린 것이다.

그러나 아히야가 있는 실로에 누구를 보내야 할 것인가? 이 일은 여로보암에게 큰 골칫거리였다. 왜냐하면 여로보암은 전에 아히야의 권고를 고의적으로 무시하고 금송아지 우상을 만드는 일에 고집을 부려서 자기 맘대로 한 적이 있기 때문이다. 그의 양심은 그 때문에 자기를 몹시 괴롭혔다. 앓는 아이가 그의 아들인 줄 알면 아히야는 그 아이에게 반드시 죽음과 무덤을 선고할 것이 틀림없다. 물론 아히야의 의견은 물어볼 필요는 있다. 그러나 그 아이가 그의 아들이라는 것만은 밝혀서는 안 된다. 그리하여 여로보암은 아내에게 얘기했다. '별 도리가 없소. 당신이 가주시오, 사람들 눈에 뜨이지 않게 백성의 옷으로 변장하고 여자들이 잘하듯이 하찮은 선물이라도 가지고 가시오. 그러면 누구 자식의 일인지 아히야의 일인지 알지 못할 것이오. 우리 아이의 목숨을 구할 수 있는 예언을 해 줄는지도 모를 테니까.'

아내는 이때 이렇게 대답했어야 했다. '여로보암, 그것은 안 됩니다. 하나님의 선지자를 속이는 것은 하나님이 노하실 것이고 하나님의 벌이 우리들에게 임할 것입니다'라고. 그러나 그녀는 한 마디 없이 백성들의 옷을 입고 다만 시키는 대로 남편의 명령을 이행하려 했다.

그녀에게는 무서운 운명이 기다리고 있었다. 여호와께서는 아히야에게 그녀가 온다는 일과 그녀가 그를 속이려고 하는 것을 알려 주셨다. 그리고 선지자는 다음과 같이 그녀에게 말해 준 것이다. 아비야가 죽는 것만이 아니라 여로보암의 온 집이 전멸 당할 것이다. 그녀가 디르사에 돌아가기 전에 그녀의 아이는 숨질 것이다.

그리고 여로보암 집의 사람으로 정중하게 장사 지냄을 받는 자는 이 아비야 뿐일 것이다. 여로보암 집의 다른 식구들은 바아사의 손에 의해 하나님의 저주가 온 가족에 내리실 것이다. 한 사람도 남김없이 비참한 죽음을 당할 것이다 라고.

여기서 성경은 우리에게 여로보암 아내의 가장 큰 죄악은 남편의 명령이 여호와 앞에 죄악을 범하고 있다는 점을 알고서도 무조건 동조했다는 사실을 분명히 밝히고 있는 것이다.

아내 되는 자가 남편에게 순종한다는 것은 반드시 한계가 있는 것이다. 그 한계는 자신이 좋고 싫어서 정하는 것이 아니라 순종도 한도를 넘어서는 안 될 한계는 그의 양심에 비추어서 정해져야 하는 것이다. 하나님의 말씀에 의해서 교육된 기독교의 부인들은 하나님께서 금하신 것을 남편이 그에게 요구했을 때 양심에 의해 확신할 때는 결코 그를 따르지 말고 용감하게 저항하지 않으면 안 되는 것이다.

인간에게는 권위가 주어져 있다. 그리고 그 권위에 대한 하나님 말씀에 책임을 지고 있는 것이다. 그러나 이 권위는 하나님으로부터 그에게 위탁하신 바로서 결코 그 까닭에 하나님을 거역하면서까지 행사해서는 안 된다. 권위를 남용하는 자는 그것을 잃는다. 그것은 이미 아무 소용도 되지 않는 것이 된다. 이런 때에 아내는 벌써 거기에 말려들어서 그것을 인정할 필요조차 없게 된다. 그래서 이 왕비와 같이 남편의 죄악된 의도도 모르는 척하고 슬며시 승인하는 여성은 벌써 그의 〈협조자〉가 아니다. 그녀는 그를 정죄하고 마침내는 모두 망해 버리는 것이다.

사르밧 과부

열왕기 상 17:1-24

야훼의 말씀이 엘리야에게 내렸다.
"여기를 떠나 시돈 지방의 사렙다로 가서 그곳에서 살도록 하여라. 거기에 한 과부가 살고 있는데 내가 그 과부로 하여금 너에게 음식을 주도록 해 놓았다."

그래서 엘리야는 그곳을 떠나 사렙다로 갔다. 마을에 들어서 보니 한 여인이 땔감을 줍고 있었는데 과부였다. 엘리야는 그 여인에게 말을 건넸다.
"목이 마른데 물 한 그릇 떠 주실 수 없겠소?"

여인이 물을 뜨러 가는데 일리야가 다시 불러서 말했다.
"기왕이면 떡도 한 조각만 가져다주시오."

여인이 대답하였다.
"군 떡은 없습니다. 있다면 천벌을 받아도 좋습니다. 저에게 있는 것이라고는 뒤주에 밀가루 한 줌과 병에 기름 몇 방울이 있을 뿐입니다. 저는 지금 땔감을 조금 주워다가 저희 모자가 죽기 전에 마지막으로 있는 것이나 모두 먹을 작정이었습니다."

엘리야가 과부에게 말하였다.
"그렇게 걱정하지 마시오. 집에 들어가서 방금 말한 대로 음식을 준비하시오. 그러나 음식을 만들어 나에게 먼저 한 조각 가져오고 그 후에 아들과 함께 들도록 하시오. 이스라엘의 하나님 야훼께서 이렇게 말씀하셨소. '내가 이 땅에 비를 다시 내릴 때까지 뒤주에 밀가루가 떨어지지 않을 것이고 병에 기름이 마르지 아니하리라.'"

이 말을 듣자 과부는 곧 집안에 들어가 엘리야가 말한 대로 하였다. 그리하여 엘리야와 과부 모자에게는 먹을 양식이 떨어지지 않았다. 엘리야가 전한 야훼의 말씀 그대로 뒤주에는 밀가루가 떨어지지 않았고 병의 기름도 동이 나지 않았다.

이 일이 있은 후에 과부의 아들이 병들어 눕게 되었는데 병이 대우 심하여져서 마침내 숨을 거두고 말았다. 여인이 엘리야를 추궁하였다.

"오, 하나님의 사람이여! 어른께서는 나와 무슨 상관이 있다고 이렇게 오시어 내 죄를 일깨워 주시고 아들을 죽게 하십니까?"

그가 말하였다.

"부인, 아이를 좀 봅시다."

그는 과부의 품에서 아이를 받아 안고 자기가 거처하고 있는 다락방으로 올라가서 자기 잠자리에 뉘었다. 그리고 그는 야훼를 소리쳐 불렀다.

"오, 나의 하나님 야훼여, 당신께서는 기어이 제가 머무르고 있는 이 과부의 집에 슬픔을 내리시어 아이를 죽이시렵니까?"

그는 아이 위에 세 번 엎드려 몸과 몸을 맞추고 나서 야훼께 기도하였다.

"오, 야훼 나의 하나님, 제가 당신께 기도합니다. 이 아이의 몸에 다시 생명의 호흡이 돌아오게 해 주십시오."

야훼께서 엘리야의 기도를 들으시고 그 아이에게 다시 생명의 호흡을 주시어 마침내 아이는 살아났다. 엘리야는 그 아이를 안고 아래층으로 내려와 아이 어머니에게 주면서 말하였다.

"보시오, 부인의 아들이 살아났습니다."

그러자 여인이 엘리야에게 말하였다.

"어른께서는 과연 하나님의 사람이십니다. 어른께서 전하신 야훼의 말씀도 참이심을 이제 알았습니다."

◆ 도움말

사르밧의 부인은 남편이 세상을 떠나고 그 때문에 생활의 지주를 잃은 것이다. 그에게 아들이 하나 있었지만 아직 어머니의 보살핌이 필요한 어린아이이였다. 그래서 그녀는 여러 가지로 고난을 겪으면서 매우 곤란한 경우에 처해 있었다. 남편을 잃은 이래 이 사르밧 과부는 신앙을 잃고 말았다. 이스라엘 하나님의 존재는 결코 부정하지 않았다. 아마도 여호와를 섬기는 일을 기쁨으로 여기는 독실한 처녀들과 함께 어울려 있었을 것이다.

그녀는 혼자 쓸쓸하게 사르밧에 남은 것이다. 처음 한동안은 생활이 어려웠지만 그럭저럭 주어진 운명 속에서 어떻게든 이겨 나갔다. 그런데 기근이 온 — 나라에 맹위를 떨치었다. 오늘날과 마찬가지로 그 당시에 있어서도 재난은 어려운 사람들에게는 더욱 극심한 타격을 주었던 것이다.

이 고난 속에 그녀의 신앙은 점점 약화되었다. 절망이 그녀를 엄습했다. 눈앞에 캄캄하였다. 한 줄기의 광명도 보이지 않고 미래의 소망까지 잃어버렸다. 먹을 것은 아무것도 없었다. 심지어 아이에게 줄만한 것도 없었다. 특히 이 일은 그녀의 마음을 절망적으로 만들었다. 차라리 죽는 것이 낫겠다고까지 생각했다. 그러나 한 끼의 식사를 할 수 있는 가루와 기름이 남아 있었다. 작으나마 그것만은 되겠지…… 그리고 그것마저 없어지면…… 그렇게 되면 자식과 함께 낡은 침대 위에 누워서 내 아들의 죽음을 기다리고 고난에서의 해방을 기다리자. 해방…… 무서운 아사(餓死)를 통한 해방을……

그러나 이 절박한 순간에 어떤 알지 못하는 한 사람이 그녀를 찾아와서 한 그릇의 물을 청한 것이었다. 물이요? 물이라면 아직 충분합니다. 그녀는 얼른 그릇에 물을 담아서 그 남자에게 주었다. 그런데 그 남자는 더 많은 것을 구해서 먹을 것을 달라고 했다. 마치 그녀의 빈곤을 조소하는 것처럼 '뭐라고요 저더러 빵을 달라구요? 내 아들과 함께 굶어 죽게 되어 살 희망조차 없어 가는 이 과부에게' 그녀는 마음속으로 틀림없이 이렇게 생각했을는지도 모른다. 그러나 그녀는 기꺼이 그를 대접했다. 그런데 기적이 일어났다. 가루는 언제까지나 떨어지지 않고 기름도 바닥이 나지 않았다.

이렇게 하여 엘리야와 과부의 아이는 며칠이든지 식물을 얻을 수가 있었다. 하늘에 계신 아버지께서 그녀를 위하여 염려해 주신 것이었다. 이 과부도 또한 주의 돌보심 안에 거하게 되었던 것이다. 그녀의 절망은 사라지고 신앙은 되살아났다.

그 후 그녀의 어린 아들이 무서운 병에 걸렸다. 마침내 병이 점점 심해져서 죽고 말았다. 사르밧 과부는 또 다시 절망에 빠졌다. 조금 전에는 아들과 함께 침대에 누워서 죽음을 기다리자고 슬픈 결의를 굳히었는데도 지금에 와서 그의 죽음은 무서운 일로 생각되었다. 그녀는 슬픔에 잠겼다. 그녀의 양심은 자꾸만 자신을 괴롭혔다. 그래서 그녀는 엘리야에게 '당신은 나의 죄를 생각나게 하고 내 아들을 죽게 하기 위해 오신 것입니까' 하고 울었던 것이다. 그녀는 그녀의 죄에 대한 하나님의 벌이라고 생각했다.

'이 하나님의 사람은 나의 마음속을 통찰하고 그 죄가 많은 것을 분명히 알아낸 것이다. 결국 하나님의 벌이 나에게 내린 것이다.'

그녀의 영혼은 또 다시 외고집으로 되어 심술궂게 되었다. 그녀는 엘리야에게 덤벼들고 싶었다. 그러나 하나님은 그녀를 오랫동안 그대로 버리지 않으셨다. 하나님은 엘리야에게 또 하나의 새로운 기적을 행하게 하셨다. 그는 아이를 안고 계단을 내려가서 말했다. '자아, 아들은 살아 있다'고. 이 때에 그녀의 신앙은 열렬한 힘으로 되돌아 왔다. 그녀는 감사하면서 하나님을 찬양하며 외쳤다.

"이제는 당신이 하나님의 사람이라는 것을 알았습니다. 당신이 말씀하신 주의 말씀은 참말입니다."

이세벨

열왕기 상 21:1-26

나봇이라는 이즈르엘 사람이 포도원을 하나 가지고 있었는데 그 포도원은 사마리아를 다스리고 있는 아합의 별궁 근처에 있었다. 어느 날 아합 왕이 나봇을 만나 말하였다.

"그대의 포도원은 내 별궁 근처에 있으니 나에게 양도하게. 그것을 정원으로 만들고 싶네. 그 대신 그대에게는 더 좋은 포도원을 마련해 주지. 만약 그대가 원한다면 그 값을 시가로 따져서 현금으로 계산해 줄 수도 있네."

그러나 나봇은 아합 왕의 청을 거절하였다.

"선조들에게서 물려받은 이 포도원을 임금님께 드릴 수는 없습니다. 천벌을 받을 짓입니다."

이즈르엘 사람 나봇이 선조의 유산이란 이유로 요구를 거절하자 아합 왕은 침울한 심정이 되어 별궁으로 돌아가 자리에 누워 이불을 얼굴까지 뒤집어쓰고 음식도 들려고 하지 않았다. 그의 아내 이세벨이 들어와서 물었다.

"무슨 일로 이렇게 상심이 되시어 음식까지 물리치십니까?"

왕이 말하였다.

"내가 이즈르엘 사람 나봇이란 자에게 그의 포도원을 시가대로 팔거나, 아니면 다른 포도원과 바꿔 달라고 하였소. 그런데 그 자가 포도원을 내놓지 못하겠다는 것이오."

그러자 그의 아내 이사벨이 말하였다.

"당신은 이스라엘의 왕답게 처신하십시오. 제발 일어나셔서 기분을 돌리고 음식을 드셔요. 내가 이즈르엘 사람 나봇의 포도원을 당신께 선물로 드리리다."

그 여자는 아합의 이름으로 밀서를 써서 옥새로 봉인하고 그것을 나봇이 살고 있는 성읍의 시의회에 나봇과 한 자리에 앉아 있는 원로들과 지방 어른들에게 보냈다. 그 밀서의 내용은 이러하였다.

「단식을 선포하고 백성들 앞에서 나봇을 상석에 앉힌 다음 무뢰배 둘을 그 맞은편에 앉혀 나봇이 하나님과 왕을 욕하였다고 고발하게 하라. 그리고는 그를 밖으로 끌어내어 돌로 쳐서 죽여라.」

나봇이 살고 있는 그 성읍의 시의회에 나봇과 동석하는 원로들과 지방 어른들은 이세벨이 밀서에서 지시한 대로 하였다. 그들은 단식을 선포하고 백성들 앞에서 나봇을 상석에 앉힌 다음 무뢰배 둘로 하여금 그와 마주 앉아 나봇을 고발하게 하였다.

"나봇은 하나님과 왕을 욕하였습니다."

그들은 나봇을 성밖으로 끌고 나가 돌로 쳐죽인 다음 이세벨에게 나봇을 돌로 쳐죽였다고 보고하였다. 이세벨은 나봇이 돌에 맞아 죽었다는 보고를 받고 아합 왕에게 말하였다.

"일어나서 이즈르엘 사람 나봇이 팔지 않겠다고 한 그 포도원을 차지하십시오. 나봇은 이제 이 세상 사람이 아닙니다."

나봇이 죽었다는 말을 듣자, 아합은 일어나 이즈르엘 사람 나봇의 소유였던 포도원을 차지하기 위하여 내려갔다. 이 때 야훼의 말씀이 디스베 사람 엘리야에게 내렸다.

"일어나서 사마리아에 있는 이스라엘 왕 아합에게 내려가거라. 그는 지금 나봇의 포도원을 차지하려고 그곳에 내려가 있다. 가서 그에게 야훼의 말이라고 하고 이렇게 전하여라.

"네가 사람을 죽이고 그의 땅마저 빼앗는구나. 또 야훼의 말이라 하고 이렇게 전하여라."

"네가 사람을 죽이고 그의 땅마저 빼앗는구나. 또 야훼의 말이라 하고 이렇게 전하여라. 나봇의 피를 핥던 개들이 같은 자리에서 네 피도 핥으리라."

아합왕이 엘리야에게 말하였다.

"이 원수야, 또 나타났구나?"

엘리야가 대답하였다.

"당신은 목숨을 내던져 가며 야훼의 눈에 거슬리는 일을 하려고 합니다. 그래서 이렇게 나타나셨습니다."

엘리야는 계속해서 야훼의 말씀을 전하였다.

"나 이제 너에게 재앙을 내리리라. 나는 네 후손을 모조리 쓸어버리고 이스라엘에 있는 아합의 가문에 속한 사내는 자유인이든 종이든 씨도 없이 죽이리라. 나는 너의 왕조를 느밧의 아들 여르보암과 아히야의 아들 바이사의 왕조처럼 만들리라. 네가 이스라엘의 죄에 빠뜨려 그토록 내 속을 썩였는데 어찌 그냥 내버려두겠느냐?"

야훼의 말씀은 이세벨을 두고 계속되었다.

"개들이 이즈르엘성 밖에서 이세벨을 찢으리라. 아합 가문에 속한 자가 성 안에서 죽으면 새들이 쪼아먹으리라."

◆ 도움말

아합처럼 아내 이세벨의 농간에 빠져서 목숨을 내던져 가며 야훼의 눈에 거슬리는 일을 한 사람은 일찍이 없었다. 아합은 참으로 못할 짓을 하였다. 그는 야훼께서 이스라엘 백성 면전에서 쫓아내신 아모리 사람들을 본따 우상을 만들어 섬겼다.

시돈과 두로는 팔레스티나 북방 지중해 연안의 상업도시로서 부강을 과시하고 있었다. 이 번영은 여러 가지 종류의 감각적인 오락기관을 만들어 내고 이 두 도시로 하여금 덕과 불신앙의 중심이 되며, 소돔과 고모라의 재판을 연상케 하는 오명을 받게 되었다.

이세벨은 시돈왕 옛 바알의 딸이었다. 방탕과 환락의 물결이 끊임없이 밀려드는 아름다운 시돈에서 자라난 이세벨은 같은 여성에게 꾸밈새 없이 단순한 생활과 여호와를 섬기는 이스라엘은 너무나 대조적이었음을 상상할 수 있다.

여로보암이 먼저 금송아지 경매를 창시했으나 이 예배 역시 여호와를 섬기기 위한 의도였음이 틀림없었다. 교회는 거짓 요소를 포함시켰다. 그러나 그것은 이때까지 이내 광야의 교회였다. 따라서 이스라엘의 생활의 기조는 자극을 추구하는 이세벨과 같은 여성에 있어서는 너무나도 엄격하고 메마른 것이었다.

천연 그대로 사마리아에서 그녀는 도저히 참을 수 없었을 것이었다. 그러나 그녀는 관심을 갖지 않았다.

모조리 개조해 버리자! 남편 아합은 마음이 연약한 겁쟁이다. 나에게는 남편을 내 손끝으로 조종할 수 있다. 이세벨은 그를 대신해서 이스라엘 나라의 지배자로서 나를 두려워할 날도 머지 않을 것이라고 생각한 것이다.

비교적 그녀의 계획은 단순하였다. 사마리아를 시돈과 같은 동배로 만들어 버리자. 그러기 위해서는 여호와께 예배를 대신해서 음란하고 죄악에 찬 바알 숭배를 행하게 하지 않으면 안 된다. 즉 여호와께 경배하는 일을 탄압하고 그 선지자들을 죽이는 일이다. 이렇게 하여 여호와 바알, 엘리야와 이세벨의 싸움은 맹렬히 전개된 것이었다. 남편의 악행을 쉬지 않고 충동한 것은 이세벨이었던 것이다.

아름다운 신당이 바알을 위해 도처에 세워졌다. 승려들은 화려한 옷을 몸에 걸치고 활보함으로 사람들의 눈을 놀라게 하였다. 사치스런 연회, 화려하고 성대한 술잔치를 베풀게 하였다. 야훼를 경배하는 일은 이미 많은 이방적 요소에 좀 먹혀서 불순한 상태에 놓여 있으므로 어느 틈에 사람들은 이세벨의 지도에 따랐다. 선지자들은 살해되었다. 엘리야는 부득이 피할 수밖에 없었다. 아직도 하나님을 두려워하는 자는 남녀를 막론하고 한 명도 없었다.

　엘리야는 이렇게 말하였다.

　"당시에 있어서도 칠 천 명의 사람이 여전히 하나님을 두려워하고 있었다는 사실을 우리는 알고 있다. 그러나 이 사람들은 서로 이 일을 알지 못하였다. 그들은 그 신앙을 깊이 숨겨 감추지 않아서는 안 되었기 때문이다. 이세벨은 이같이 효과적으로 그들 마음속에 공포를 심어 주었던 것이다."

　엘리야가 여호와를 위하여 용감하게 싸웠던 일 하나님의 전능이 갈멜산 꼭대기에서 찬란하게 보여 주셨던 일들은 여기에서 말하지 않기로 한다. 우리의 온 마음을 기울여야 할 것은 이세벨이다.

　그녀는 양심이라는 것을 가지지 않았다. 따뜻한 인정도 전혀 없었다. 교만과 관능의 충동은 사람의 마음속의 따뜻한 인간미를 남김없이 제해 버렸다. 그것은 양심의 소리를 말살시키고 사람의 마음을 돌처럼 변화시킨다. 시돈과 이세벨이 그러하였다.

　이 일은 선지자의 살해를 담당한 그녀의 냉정하고 타산적 태도에서 분명히 엿볼 수 있는 것이다. 양심이 침묵하고 있지 않고서는 어떻게 증인에게 뇌물을 주고 부정한 재판으로 나봇을 죄인으로 인정할 수가 있을 것인가. 후에 아합이 화살에 맞아 치명적 중상을 입지만 이세벨은 남편의 안위는 고사하고 남자의 마음을 호리려는 태도를 취하였다. 후에 그것은 예후가 사마리아성에 들어갈 때 그녀는 창가에 서서 음란하게도 그를 유혹하려고 시도했다.

　이 얼마나 무섭고 가증스런 여자인가. 부인이 이처럼 천박한 태도로 타락할 수가 있을 것인가. 하나님은 여성에게 풍부한 사랑스런 성정을 주신 것이다. 이러한 선물은 더 한층 발전시킬 만한 여성은 남성보다도 훨씬 더 큰 축복을 인생에게 줄 수 있는 것이다.

그럼에도 한번 그 고귀한 소명을 내던지자 그녀는 남성 이상의 깊은 죄악의 구렁텅이로 빠져 들어가 버렸다. 그의 야수성은 암컷 호랑이 그것이 된다. 그 수치를 모르는 그 성정은 비열한 무절제로 발전한다. 만일 이런 여성이 강한 개성을 지닌 무엇이라고 하면 이세벨은 같은 악마적 살인자가 되는 것이다.

세상에는 무정한 남성이 무정한 여성보다 많다. 그러나 무정한 여성은 훨씬 위험한 것이다. 악하고 도덕심이 없는 아합이 있어도 이 저주스런 이세벨의 광신적인 모독 행사에 비교하면 소극적인 정도이다. 하나님의 순교자중 대부분은 이세벨의 매우 혹독한 추구 때문에 자기의 목숨을 가지고 증거를 보이는 수밖에 없었던 것이다.

이 여성이 이스라엘의 열 지파 가운데 부어 넣은 해독은 그 후 몇 세기를 통해서 그 혈관 속을 통해서 돌고 돌았다. 훗날 그녀가 그리스도의 심판대 앞에 섰을 때 그 책임은 극히 중대하다.

그녀는 저 선지자에게 행한 그 비인도적인 행위에 의해서 저주받을 것이다. 그 영원한 재판은 지상의 그것과는 비교할 수 없는 가혹한 일일 것이다. 그녀는 그녀가 부정한 뜻을 품고 드러내고 있던 몸을 창문에서 밀어내려 뜨려졌다. 그 몸은 반석 위에 떨어져 부서지고 말았다. 그녀의 시체는 매장하기에는 너무나 더러운 것으로 여겨져 시체에서 흘러 응결된 피 속에 방치되었다. 들개가 숲에서 나와 그 피를 빨고 그 썩은 살을 물어 찢었다. 전날의 이세벨을 보여주는 조그마한 자취는 다만 그의 두개골과 손발의 뼈만 남아 있을 뿐이었다.

수넴 여인

열왕기 하 4:8-37

　엘리사가 하루는 수넴을 지나가게 되었다. 거기에 살고 있던 한 부유한 여인이 엘리사를 대접하고 싶다면서 머무르기를 간청하였다. 그래서 엘리사는 그곳을 지날 때마다 그의 집에 들러 식사를 하곤 하였다.
　그 여인이 남편에게 말하였다.
　"여보, 틀림없이 우리 집에 늘 들르시는 이분은 거룩한 하나님의 사람입니다. 옥상에 작은 방을 하나 꾸미고 침대와 상, 의자와 등을 갖추어서 그분이 우리 집에 들르실 때마다 그 방에 모시도록 합시다."
　어느 날 엘리사가 거기에 갔다가 그 다락방에 가서 쉬게 되었다. 엘리사는 시종 게하지에게 그 집의 수넴 여인을 불러오라고 일렀다. 그가 여인을 불러오자 여인은 예언자 앞에 나섰다.
　엘리사가 자기 시종에게 말하였다.
　"부인께서 이렇게 여쭈어라. '부인 수고가 많으시오. 이 은혜를 갚고 싶소. 내가 부인을 위하여 왕이나 아니면 군사령관에게 부탁드려 줄 수도 있는데, 무슨 아쉬운 일이 없으시오?'"
　그러자,
　"저는 이렇게 한 겨레 가운데 어울려 만족스럽게 살고 있습니다."
　하고 여인이 대답하였다.
　엘리사는 시종에게 물었다.
　"그러면 이 부인에게 해 줄 일이 없을까?"
　"이 부인은 아들이 없는 데다가 남편은 나이가 많아 보기에 참 딱합니다."
　하고 게하지가 대답하였다. 그러자 엘리사는 그 여인을 다시 불러오라고 일렸다. 시종이 여인을 불러오자 여인은 문간에 섰다.
 엘레사가 말하였다.
 "내년 이맘때 같은 철이 돌아오면 부인께서는 아이를 낳아서 안게 될 것이오."
 여인이 대답하였다.
 "그럴 수 없습니다. 선생님, 선생님께서는 하나님의 사람으로서 저에게 농담을 하십니까?"
 그러나 그 여인은 임신하여, 엘리사가 일러준 다음해 같은 철이 돌아오자 아들을 낳았다. 그 아이가 자랐다. 하루는 자기의 아버지가 농군과 함께 추수하고 있는 데로 나갔다가 갑자기
 "아! 머리야, 머리야."
 하고 아버지에게 소리쳤다. 아버지는 함께 있던 하인더러 그를 어머니에게 데려다 주라고 일렀다. 하인은 아이를 어머니에게 데려다 주었다. 그 아이는 정오까지 어머니 무릎에 누워 있다가 죽었다. 그러자 어머니는 아들을 안고 하나님의 사람이 묵는 방에 올라가 그의 침대에 눕히고는 나와서 문을 닫았다. 그리고 나서 남편을 불러 일렀다.
 "하인 한 사람과 암 나귀 한 마리를 보내 주십시오. 급히 하나님의 사람에게 갔다 와야겠습니다."
 "꼭 오늘 그분을 가서 뵈어야겠소? 오늘은 초하루도 아니고 안식일도 아닌데"
 하고 묻는 남편에게 여인은 걱정하지 말라고 대답하며, 나귀에 안장을 얹고 나서 하인에게 명하였다.
 "고삐를 잡아라, 내가 시킬 때까지는 멈추지 말아라."
 여인은 길을 떠나 갈멜산 위에 있는 하나님의 사람에게 갔다. 하나님의 사람은 그 여인이 오는 것을 멀리서 보고 시종 게하지에게 말하였다.
 "저기 수넴 여인이 오고 있다. 뛰어가서 맞아라. 그리고 부인은 별고 없으시냐고 물어 보아라. 바깥어른과 아이도 별고 없느냐고 물어 보아라."
 게하지가 달려가 그렇게 묻자 여인은 모두 별고 없다고 대답하였다. 여인은 산 위에 이르러 하나님의 사람의 다리를 부둥켜안았다. 게하지가 그 여인을 밀

어내려고 다가가니, 하나님의 사람이 말하였다.

"그냥 두어라. 부인에게 무언가 마음 아픈 일이 생겼다. 야훼께서 그 일을 나에게 감추시고 알려 주시지 않으셨구나."

그때 여인이 말하였다.

"선생님, 제가 언제 아들을 달라고 했습니까? 공연히 가슴만 부풀렸다가 낙담하게 하지 말아 달라고 하지 않았습니까?"

그러자 엘리사가 게하지에게 말하였다.

"허리를 졸라매고 내 지팡이를 가지고 달려가거라. 도중에 누구를 만나더라도 인사하지 말고 누가 인사하더라도 대꾸하지 말며, 가서 내 지팡이를 아이의 얼굴 위에 놓아라."

그러나 아이의 어머니가 언성을 높여 말하였다.

"선생님께서 돌아가시기라도 한다면 모를까, 저는 결코 선생님을 놓지 못하겠습니다."

그래서 엘리사는 일어나서 그 부인을 따라 나섰다. 게하지가 앞서 가서 그 아이의 얼굴 위에 지팡이를 놓아 보았으나, 소리를 내기는커녕 듣는 것 같지도 않았다. 그는 엘리사를 만나러 돌아와서 그 아기가 깨어나지 않더라고 말하였다.

엘리사는 집 안에 들어가 죽은 아이가 자기의 침대에 누워 있는 것을 보았다. 엘리사는 방안에 들어가서 문을 닫았다. 방안에는 둘 뿐이었다. 그는 야훼께 기도 드리고 나서 침대에 올라가 아이 위에 엎드렸다. 그리고는 자기의 입을 아이의 입에, 자기의 눈을 아이의 눈에, 자기의 손을 아이의 손에 포개었다. 이렇게 아이 위에 엎드리자 아이의 몸이 따뜻해지기 시작하였다.

엘리사는 일어나서 방안을 이리로 한번, 저리로 한번 걷고 나서 다시 침대에 올라가 아이 위에 엎드렸다. 그러기를 일곱 번 거듭하자 아이가 재채기를 하면서 눈을 떴다.

엘리사는 게하지를 불러,

"이 집 수넴 여인을 들어오라고 하여라."

하고 일렀다. 여인이 부르는 소리를 듣고 오자, 예언자는 아들을 데리고 가라고 말하였다. 여인은 예언자의 발 앞에 나와 땅바닥에 엎드려 절을 하고 아들을 데리고 나갔다.

◆도움말

　제사장과 하나님을 섬기는 일을 하는 레위 사람의 봉사는 이스라엘 열 지파 가운데서는 보류되었다. 그런 만큼 이스라엘 사람은 하나님을 두려워하고 선지자를 매우 중요하게 여겼다. 대체로 엘리야와 엘리사와 같은 인물이 가진 특수한 중요성은 유다 사람들에게는 충분히 인식하지 못했을 것이다. 경건한 이스라엘 사람이 선지자를 옅심히 따랐던 것은 아주 당연한 일이었던 것이다.
　수넴 여인의 경우에는 그와 같은 존경과 사랑을 표하는 전형적인 한 사람의 예라고 할 수 있다. 엘리사는 그가 살던 갈멜에서 수도 이스라엘까지의 정기적인 여행도중 때때로 수넴을 통과했다. 처음에는 당일에 돌아가는 일이 보통이었지만 나이를 먹어 갈수록 그것이 힘들게 되었다. 그러자 수넴의 유력한 가정의 부인 한 사람이 언젠가 이것을 알고 하나님의 사람에게 유숙할 방을 빌려주는 일을 명예로 생각하고 남편과 상의했던 것이다. 그 후 엘리사가 여행 중에는 반드시 그녀의 집을 숙소로 사용하게 된 것이다.
　그녀는 젊은 부인이었는데 상당한 연배의 남자와 결혼해 있었다. 이 부부의 나이 차는 매우 많았다. 엘리사가 그녀에게 아기가 없다는 것은 남편의 많은 연령 때문이라고 할 정도였다. 그녀에게는 아이가 없었다. 남편은 늙었다. 엘리사는 이렇게 기록하고 있다. 이와 같은 결혼은 흔하지 않다. 그러나 나이 많은 남편에게 사랑을 희생하는 일을 즐겨하는 여성이 있다고 하는 것은 이해할 수 있다.

여기에는 보통 두 종류의 이유를 들 수 있을 것이다. 우선 젊은 여성은 동연배의 남성에 비해서 빨리 성숙한다는 것이다. 이런 부인들은 같은 또래의 젊은 남성에게서 충분한 남성다움을 느끼지 못하고 남편으로서 우러러 볼만한 신뢰를 찾아보지 못한다. 같은 연배의 남성은 이 같은 부인에게 분수나 정도에 맞게 우월감을 일으키게 할만한 위엄과 늠름한 기상이 없다. 또 어떤 여성은 그 성격상 남편에게 〈남성답다〉는 것보다 오히려 〈아버지답다〉를 구하는 경향도 없지 않다. 이런 부인들은 나이가 지긋한 남성에게 매력을 느끼는 것이다.

수넴 여인이 그러하였다. 그녀는 일면 독신으로도 능히 생활할 만한 자질을 지니고 있었다. 그러나 한편으로는 부친과 같이 우러러볼 수 있는 사람과 결합하기를 원하였던 것이다. 그녀는 먼저 연장의 남편에게로 시집가서 그 위에 늙은 선지자 엘리사에게 한 대의 손을 펴는 일로 인해서 그의 성품을 더 잘 나타내고 있는 것이다. 그녀는 혼자서도 충분히 자립할만한 여성이었지만 그녀 역시 여성이었고 그의 신앙을 엘리사에게 의지할 필요를 느낀 것이었다.

그렇지만 그녀의 독립심과 재능은 그의 행동에서 잘 나타나 있다. 그녀는 모든 일을 계획하고 실행에 옮기었다. 엘리사를 그의 집으로 초청한 것은 그녀였다. 그녀는 그를 위해 작은 방을 꾸밀 것을 계획했다. 그녀는 병든 아기를 간호하고 아기가 죽자 주저하지 않고 갈멜로 가서 엘리사를 만나 함께 돌아와 아이를 다시 살려 주기를 구하고 있다.

말하자면 그 동네의 어머니와 같은 지위에 있는 여성이 그 어머니다운 헌신적 애정과 함께 엘리사와 같은 노인에게 의지하여 단과 같은 정다움을 지니고 있었다는 것은 참으로 놀랄 만한 일이다. 그녀는 자기 몸에 적합한 태도를 분별했고, 그 행동 하나 하나에 남편의 허락을 구하고 있다. 더욱이 가정에 있어서 남편은 어느 쪽인가 하면 이차적 위치에 있었던 것같이 생각된다. 이 가정에서의 전반적 책임자는 주부였던 것이다.

그녀는 어머니로서 엘리사를 위하여 마음을 썼고, 늙은 선지자가 때에 따라서 그녀의 집을 숙소로 사용할 수 있도록 배려했다. 그녀는 또 어머니로서 그 동네 사람들에게 사랑을 받았다.

'나는 나 자신의 백성 속에 살고 있다' 하고 마음속으로 말하는 것이었다. 그런 까닭에 이 재능 있고 정력적인 여성은 그의 소원을 말해 보라고 했을 때 무엇보다도 어머니가 되고 싶다고 선뜻 대답했던 것이다. 그녀의 신앙은 열렬했다. 이 신앙은 그 아들이 죽었을 때에도 그녀의 강한 근거로서 그녀는 이것을 인연으로 하나님의 전능에 감히 기적을 구하였다. 하나님은 그녀의 손에 아이를 돌려주심으로써 그 위대한 신앙의 진실성과 정직성을 증거하게 하였다.

여호세바

열왕기 하 11:1-8

아하지야의 어머니 아달리야는 자기의 아들이 죽은 것을 보고 곧 왕의 혈육을 모두 죽이기 시작하였다. 이때 다른 왕자들은 모두 살해되었으나 아하지야의 아들 요아스만은 그의 고모인 여호세바가 몰래 빼내어 유모와 함께 자기 침실에 숨겨 두었으므로 아달리야에게 발각되지 않아 죽음을 면하게 되었다.

아달리야가 나라를 다스리는 육 년 동안 요아스는 고모와 함께 야훼의 전에 숨어살았다.

칠 년째 되던 해에 여호야다가 가리 외인부대의 백인대장들과 근위대 대장들을 야훼의 전으로 불러들여 맹세를 시켜 계약을 맺은 다음, 그들에게 왕자를 내세우고는 이렇게 지시하였다.

"너희는 이렇게 하여라. 너희 가운데 안식일 당번인 자의 삼분의 일은 쉬르 문을 지키고 삼분의 일은 근위대 뒤쪽 문을 지켜라. 너희 안식일 비번인 두 부대는 야훼의 성전에서 왕을 지켜라. 모두들 무기를 가지고 왕을 호위하여라. 그리하여 누구든지 대열에 접근하는 자는 죽여라. 왕께서 어디로 행차하시든지 꼭 곁에서 모셔야 한다."

◆ 도움 말

중보자 그리스도의 혈육(혈통)은 거듭거듭 위기에 빠졌다. 먼저 맨처음의 족장 아브라함이 아기를 가지지 못했던 것이 제일 첫 번째 위기였고 다음에 야곱의 도망, 그리고 다윗의 목이 사울의 단도로 찍혀서 죽을 뻔했던 일이었다. 최후에 가장 중대한 위기로는 다윗의 혈통을 완전히 전멸하려는 아달랴가 획책한 학살이 있었다. 물론 아달랴는 중보자의 혈육을 고의로 방해하려고 이 학살을 계획한 것은 아니었다.

그러나 그녀를 충동시킨 악마는 분명히 이것을 목표로 했던 것이다. 만일 아달랴의 계획이 성공해서 아하시야의 아들들이 전멸 당하고 말았다면 어찌되었을 것인가. 이새의 혈통은 끊기고 하나님의 약속은 마침내 그 성취를 볼 수 없을 것이다.

여호아는 요아스의 목숨을 구하였다. 이 어린왕자의 생명을 구한 일로 인해서 그녀는 이스라엘의 소망을 되살려서 베들레헴의 영광스런 탄생을 방해하려는 악마의 시도를 좌절시켰다. 그러나 아달랴가 그리스도의 혈통을 끊으려는 의도적인 간섭을 했다고는 생각할 수 없는 것처럼 요아스를 구하려고 한 여호세바의 노력 역시 베들레헴을 확보하려고 하는 의도적인 행동은 아니었다.

아달랴는 악마의 앞잡이였고 여호세바는 하나님의 그릇이었다. 하나님의 계획 앞에 악마는 완전히 무력하다. 그러기 때문에 아달랴의 계획의 실패는 필연적인 것이었다. 하나님의 계획은 반드시 성취된다. 그러니까 여호세바는 성공할 수밖에 없었다.

여호세바는 왕녀였다. 즉 그녀는 요람왕의 딸로 태어나서 대제사장 여호야다에게 시집 온 것이다. 오늘에 있어서도 신분이 높은 여성이 말씀을 전파하는 하나님의 종과 결혼하는 일은 흔히 볼 수 있는 것이다. 거룩한 사업에서의 봉사는 모든 계급의 차별을 두지 않는다. 같은 뜻에서 왕녀로 태어나 왕의 자매로 있던 여호세바도 레위 족속의 출신인 유다의 제사장 계급의 지도자에게 시집온 것이었다. 여호야다의 아내로서 그녀는 궁전 대신 성전에서 살고 있었다. 성전을 수색하는 것은 국가의 관할 밖에 있었다.

그러므로 여호세바는 왕자의 생명을 구하려고 결심한 후 곧 그를 성전 안의 침소에 감추어 두려고 생각했던 것이다. 그녀가 어떤 방법으로 요아스를 구해 냈는지는 성경에는 씌어 있지 않다. 추측컨대 요아스의 유모가 그녀에게 조력했을 것이다.

아마도 일은 다음과 같이 진행되었지 않을까. 여호세바는 여호야다의 아내였고 하나님을 경외하는 여성이라고 생각해서 상관없을 것이다 그녀는 요아스의 유모도 신앙을 가진 여자라는 것을 들어 알고 있었을지 모른다. 고난의 때를 당해서 이 두 여인은 서로 우정을 구하였고 차차 친한 사이가 되자 여호세바는 유모에게 갓난아기와 함께 성전으로 도피하도록 설복시켰을 것이다.

여하간에 아달랴로서는 이 일에 눈치채지 못한 것이다. 그녀는 다윗집의 사람은 하나도 남김없이 죽임을 당한 것으로 생각하였다. 육 년 후에 요아스가 왕위에 올랐을 때 아달랴는 「반역이다. 반역자다」라고 외치면서 그의 놀라움을 보여주었던 것이다.

그리하여 여호세바의 이름은 신약교회에 있어서 감사를 새롭게 하며 기억할 만한 것이다. 그녀는 우리 마음속에 강하게 호소한다. 그녀는 물질적인 사치를 구하지 않았다. 아하시야는 그녀의 형제로 궁정의 화려한 생활도 그의 뜻대로 할 수 있었을 것이다.

그러나 그녀는 하나님의 집에서의 조용한 생활을 선택한 것이다. 그녀의 조용하고 내성적인 성격은 그녀 속에 남자라도 당하기 어려운 용기를 발휘한 것이다. 다윗 집의 단결을 구한 것은 제사장 여호야다가 아니었다. 그녀는 공포에 떨면서 왕가의 혈통을 살해하는 것을 눈을 감고 있었을는지도 모른다. 그때에도 여전히 하나님을 경외하는 예루살렘의 남자들 중 어느 한 사람 그 입장을 밝힌 자는 없었던 것이다.

물론 그것을 바라고 있었을는지 모른다. 그것을 감히 행동에 옮길만한 용기는 없었던 것이다. 더구나 대제사장을 포함한 이와 같은 남자들이 행동을 주저하고 있을 동안 여호세바는 용감하게도 일의 중대성을 인식하고 용감하게 결단성 있게 행동했으니 위험한 일이었다.

만일 아달랴의 귀에 들어가면 여호세바는 필연코 죽음을 면하지 못했을 것이다. 그러나 여호세바는 이미 마음을 정했다. 일단 결심하고 난 그녀는 조금도 주저하지 않았다.

그의 용기는 슬기는 남편 여호야다에게 깊은 인상을 주었음에 틀림없다. 그도 역시 육 년 후에는 그녀와 똑같은 용기로써 그의 의도를 보여준 것이다. 그는 요아스를 왕위에 오르게 하고 아달랴의 머리에 하나님의 심판을 행하시게 한 것이다.

노아댜

느헤미야 6:1-14

마침내 내가 성 쌓는 일을 빈틈없이 다 마쳤다는 말이 산발랏, 토비야, 아랍인 게셈을 비롯한 우리 원수의 귀에 들어갔다. 그때는 아직 성문을 만들어 달지 못한 때였다. 산발랏과 게셈은 나에게 전갈을 보내 왔다.

"오노 골짜기 하끄비림으로 오시오. 거기에서 좀 만납시다."

그러면서도 속셈은 나를 해치려는 데 있었으므로 나는 사람을 보내어 이렇게 회답하였다.

"나는 큰 공사를 벌여 놓고 있어서 내려갈 수가 없소. 내가 일손을 놓고 당신들에게로 내려가면 일이 중단되므로 그럴 수가 없소."

그들은 같은 전갈을 네 번이나 보내 왔지만 나는 번번이 같은 말로 회답하였다. 산발랏은 다섯 번째로 사절을 시켜 같은 내용의 편지를 봉하지도 않고 보내 왔다. 그 내용은 이러하였다.

"그대가 유대인들을 부추겨 반란을 꾸민다는 말이 뭇 민족들 사이에 널리 퍼졌소. 게셈도 같은 말을 하고 있소. 그대가 성을 쌓는 데는 그런 속셈이 있다는 것이오. 결국은 그대가 유대인들의 왕이 되리라고 말하고 있소. 그대를 예루살렘에서 왕으로 선포할 예언자들마저 임명해 두었다고 하더이다. 이 말은 이제 황제 폐하의 귀에 들어가고 말 것이오. 그러니 좀 만납시다."

나는 이렇게 회신을 보냈다.

"당신이 하는 말은 사실무근이오. 모두 다 당신이 조작해 낸 말이오."

이것이 우리에게 겁을 주어 모두 맥이 풀려 일을 그만두게 하려는 심산으로 하는 짓이었다. 그러나 나는 도리어 더 힘을 내었다. 그 때 들라야의 아들이요 므헤타브엘의 손자인 스마야라는 사람이 있었다. 그는 외출할 수 없는 몸이어서 내가 그의 집으로 갈 수밖에 없었다. 그는 이런 말을 하였다.

"그들이 당신을 죽이러 올 터이니 하나님의 성전에서 다시 만나 본관에 들어가 문을 닫아걸고 있도록 합시다. 그들이 오늘 밤 당신을 죽이러 옵니다."

나는 이렇게 대답하였다.

"내가 어떤 사람인데 숨겠는가? 내가 어떤 사람인데 살아 보겠다고 성전 본관에 들어가겠는가? 그럴 수 없다."

그가 하나님께서 보내신 사람이 아니라는 것을 나는 알아 차렸다. 그는 토비야와 산발랏에게 매수되어 하나님의 말씀을 받았다면서 그런 말을 했던 것이다. 그들은 나에게 겁을 주어, 해서는 안 될 일을 하게 한 다음 나의 명성을 떨어뜨려 웃음거리로 만들려는 심산이었다.

나의 하나님이여, 토비야와 산발랏이 이런 못된 일을 하는 것을 잊지 마십시오. 여자 예언자 노아댜와 저에게 겁을 주려고 하는 그밖의 예언자 무리도 잊지 마십시오!

◆도움말

노아댜는 훌다와 동등한 아니, 도리어 대립되는 여성이었다. 여선지로 두 사람 모두 성경에 등장한다. 그러나 이 두 사람 사이에는 다음과 같은 점이 서로 다르다. 훌다는 요시야가 개혁을 시작한 동기가 되었지만 노아댜는 느헤미야가 행하는 개혁을 방해하고 있다. 훌다가 참된 선지자인 반면에 노아댜는 거짓 선지자였다. 더구나 훌다에 있어서는 성령의 감동을 받은 것이고, 노아댜에게는 주권적 상상(想像)의 산물에 지나지 않았던 것이다.

하나님은 선지자와 여선지에게 직접적으로 말씀하셨다. 그러나 그들 중에는 그 신적 영감 이외의 무엇인가가 작용하고 있었다.

그 황홀 상태는 성령의 감동하심에 의한 것도 있지만 알면 그들 본성의 감성적 산물도 되고 고의적 의도에 따르는 경우도 있다.

예를 들면 선지자의 학교가 있었다는 일, 그 교과 내용 속에는 음악이 중시되어 있었다는 것으로 알려져 있다.

선지자를 상기한 바와 같이 사람들의 타고난 성장과 기질에 영향되었다는 사실을 미루어 볼 때 선지자가 많이 나온 이유는 확인하지 않고서는 알 만한 일이다. 흥분하기 쉬운 감정의 남녀들, 부자연한 열광적 상태에 빠지기 쉬운 사람들, 그 결과 자신이야말로 하나님의 말씀을 하는 듯이 자기 자신이 열정에 도취되어 온 나라 방방곡곡으로 돌아다니는 사람들이 있었다. 다른 사람들 가운데도 이와 같은 사람들을 때로는 볼 수 있다. 개심의 열정에 붙들리기는 하지만 그 열정은 모두 그들 자신의 주관적 산물에 지나지 않는 사람들이다.

노아댜는 신성한 사물에 대해서 깊이 생각하는 성격의 경건한 여인이 아니었다. 그의 본래의 성정이 하자는 대로 따르는 여성에 불과하였다. 그녀는 성령 인도의 결핍을 가시적 흥분으로 메웠다. 이렇게 하여 그녀는 자기의 사이비한 황홀 상태를 하나님의 말씀인 것처럼 보여 주었던 것이다.

이와 같은 행위는 노아댜를 특별한 또는 위험한 능력을 가진 여인으로 만들었다. 이렇게 겉보기에 믿음이 깊고 신경이 흥분되기 쉬운 여인은 대체로 강한 인상을 준다. 그들의 말은 진실과 열정에서 우러나오는 것처럼 들린다. 그 눈은 정열적이고 그의 말하는 태도로서 민중들은 그들이 하나님의 계시를 받고 있다고 믿게 된다. 그래서 도비야와 산발랏을 도와서 느헤미야의 개혁의 의도를 저지시키려고 한 노아댜가 어떻게 행동하였을 것이라는 것을 충분히 짐작할 수 있는 것이다. 다음과 같은 뜻으로 그녀는 말했을 것이다.

"일이 중대합니다. 성전은 폐허와 같습니다. 예루살렘 성벽은 무너졌습니다. 꼭 개혁은 필요합니다. 마땅히 이런 때에 손을 다야만 한다는 것은 말할 나위도 없습니다. 이스라엘은 지금 하나님의 횃불의 저주를 생각하지 않으면 안됩니다. 그 죄의 결과로서 하나님 대신 중책을 져 주시고 참으로 겸손한 마음을 지니지 않으면 안 됩니다. 그렇지만 저 느헤미야라는 사람은 참으로 겸손한 마음을 가졌습니까? 혼자 뿐만 아니라 지금 곧 개혁을 일으키려 하고 있는 것입니다. 그것은 인간의 노력과 계획에 지나지 않습니다. 하나님은 반드시 그의 앞길을 막으실 것입니다. 느헤미야를 조시하십시오. 그렇지 않으면 혼자 우쭐대고 있는 동안 하나님의 채찍이 당신들 위에 임하실 것입니다."

지각없는 많은 사람들은 이것을 매우 경건한 하나님의 종의 말로 들었다. 그녀는 이 얼마나 기이하고 묘하게 그럴 듯하게 말했는가. 그렇다. 정말 그렇다. 하나님의 저주가 예루살렘에 내려지려는 것이다. 인간의 오만불손한 노력에 주의하지 않으면 안 된다. 물론 때가 이르면 개혁을 하나님 자신이 시작해 주실 것이 확실하다. 느헤미야를 쳐부수어라. 혼자만 독선적인 개혁의 노력을 부수어 버려라.

이 같은 거짓 선지자가 느헤미야를 완전히 괴롭히지 않았으리라고 순간적이라도 생각하지 않기 바란다. 만일 바알 제사장과 몰렉의 무녀들이 그에게 대항했다면 느헤미야는 도리어 용기를 내어 새로운 마음을 단단히 먹고 기운을 내어 노력을 기울였을 것이다.

그러나 노아댜는 사이비 신앙의 수다스런 입술로 백성의 마음을 상하게 하고 때로는 느헤미야 자신까지 실망시켰다. 민중의 용기가 꺾이지 않도록 격려를 계속하기는 매우 어려웠다. 느헤미야의 영혼 속에서는 싸움이 계속되었다. 그리고 '다만 인간의 노력'이라는 말은 끊임없이 그의 귀를 울리고 있는 것이었다. 이 말은 느헤미야의 기력을 좀먹어 가고 있었다.

느헤미야는 어떻게 할 것인가. 노야다와 토론했던 것일까? 그의 어리석음을 부정하고 이치적으로 따지고 혹은 증거를 내보이는 등 해서 그녀의 입장을 곤란하게 하려고 하였던가? 그는 그녀에 대해서 보다 좋은 길을 택하였다. 그는 기도 드렸다. 이것이 자기가 그녀에게 대한 유일한 무기라는 것을 그는 깨달았다.

'주여, 나를 두렵게 하려는 도비야 산발랏 그리고 여선지 노야다의 일을 기억해 주십시오'라고 기도했다.

기도는 응하였다. 노야다의 칼날은 꺾이었다. 느헤미야는 계속 지탱해 나갔다. 그리하여 급속도로 하나님의 은혜로 개혁은 진진해 나가게 되었다.

16세기 종교개혁 역시 어떤 의미로는 믿음이 깊은 그러나 신앙의 영웅들의 용기를 꺾으려고 시도한 몇 사람의 여성을 볼 수 있다. 그녀들은 노야다가 사용한 바와 같은 〈하나님의 심판〉이라든가 또는 〈단순한 인간의 노력〉이라고 하는 말을 꺼내어 이것을 시도하는 것이다.

교회의 개혁을 할 때마다 반드시 이와 같은 여인들이 있어서 진전을 막으려 한다. 단지 토론을 해서 그들을 이겨내기보다는 느헤미야와 같이 다만 기도를 함으로써만 승리를 할 수 있다는 사실을 아는 자만이 저항에 성공할 수 있는 것이다.

와스디

에스더 1:1-22

아하스에로스 시대의 일이었다. 아하스에로스는 인도에서 에디오피아에 이르는 백 이십 칠 지방을 다스리고 있었다. 아하스에로스는 수도 수사성에서 왕위에 올라, 나라를 다스린 지 삼 년째 되던 해에, 큰 잔치를 베풀고 고관대작을 비롯하여 페르샤와 메대의 장군과 귀족과 각 지방 수령들을 초대하였다. 이리하여 왕은 백 팔십 일이라는 오랜 시일에 걸쳐 왕실의 거창한 부귀와 눈부신 영화를 자랑하였다.

이 기간이 끝나자 왕은 다시 궁궐 안뜰 정원에다 칠일 동안 잔치를 베풀고, 모든 수사 성민을 가리지 않고 초대하였다. 정원에는 하얀 실과 자줏빛 털실로 짠 휘장이 쳐져 있었다. 그 휘장은 흰 대리석 기둥에 달린 은고리에 모시실과 붉은 털실로 꼰 끈으로 매어져 있었고, 반암석과 흰 대리석과 조개껍질과 갖가지 보석들을 박아 넣은 바닥에는 금은으로 만든 평상들이 마련되어 있었다. 갖가지 모양으로 된 금 술잔이 나왔고, 왕이 내리는 술은 한이 없었다. 그러나 술을 마셔도 법도를 따라 억지로 마시게 하는 일은 없도록 하라는 왕의 분부가 있어 저마다 원하는 대로 마시게 하였다.

한편 와스디 왕후도 아하스에로스 왕궁에다 잔치를 베풀고 부인들을 초대하였다. 칠 일째 되는 날, 왕은 취흥이 돌아 자기를 모시는 일곱 내시 므후만, 비즈다, 하르보나, 비그다, 아박다, 제달, 가르사스에게

"와스디 왕후를 화관으로 단장시켜 모셔오라."

고 분부를 내렸다. 왕은 왕후의 아름다움을 백성과 고관들에게 자랑하고 싶었던 것이다. 그러나 와스디 왕후는 내시들이 전하는 말을 듣고도 나오지 않았다. 왕은 화가 치밀어 올라 견딜 수가 없었다.

왕은 법과 밝은 학자들에게 이 일을 어떻게 다스리면 좋겠느냐고 물었다. 이런 일은 법학자와 법관들에게 문의하는 것이 관례가 되어 있었다.

페르샤와 메대 사람으로서 왕을 가까이 모시는 대신 일곱이 있었는데, 그들은 가르스나, 세달, 아드마다, 다르싯, 메레스, 마르스나, 므무간이었다. 그들은 높은 벼슬자리에 앉아 왕을 가까이 모시는 사람들이었다.

왕이 그들에게 물었다.

"내가 내시들을 시켜 내린 분부를 와스디 왕후가 거역했으니, 법대로 다스린다면 어떻게 해야 하겠소?"

므무간이 앞으로 나서며 왕에게 이렇게 말하였다.

"와스디 왕후는 임금님께만 잘못을 저지른 것이 아닙니다. 아하스에로스 왕국 각 지방에 있는 모든 신하들과 백성에게도 못할 일을 한 셈입니다. 왕후의 일은 틀림없이 모든 부녀자들에게 알려질 것입니다. 그렇게 되면, 부녀자들은 와스디 왕후가 임금님의 부르심을 받고도 어전에 나타나지 않았다더라고 하면서 남편을 업신여기게 될 것입니다. 왕후의 일은 오늘 당장 페르샤와 메대의 고관 부인들의 귀에 들어갈 것입니다. 그리고 저희들이 무엇이라고 하든지 그 말을 들으려고 하지 않을 것입니다. 저희 사내들 체면이 어떻게 되겠습니까? 그러니 임금님께서만 좋으시다면, 다시 와스디가 어전에 나타나지 못하도록 명을 내리십시오. 그리고 이 일을 페르샤와 메대의 법령에 써넣어 결코 뜯어고치지 못하게 하시고 왕후의 자리는 그보다 나은 분에게 물려주십시오. 이 칙령이 이 큰 나라 방방곡곡에 공포되면, 모든 부녀자들은 위아래 없이 남편을 공대할 것입니다."

이 말이 왕과 대신들의 마음에 들었다. 왕은 므무간의 의견을 받아들여, 가정은 마땅히 남자가 다스려야 한다는 칙서를 각 지방의 문자와 각 민족의 말로 써서 전국에 돌렸다.

◆ 도움말

인간 와스디는 보다 고결한 여성에 속한다. 그녀가 왕이자 남편인 아하수에로에게 복종하는 것을 거절한 것은 사실이다. 그러나 특히 명성

높은 사람의 아내가 남편에게 복종하기를 거절해야 할 경우가 전혀 없다고 누가 말할 수 있겠는가?

커다란 연회가 페루샤 제국 궁정에 베풀어져 있었다. 그 호화로움은 오늘에 이르기까지 이에 비할 수 없을 만한 정도의 것이었다. 몇 천 명의 주객들이 잇달았다.

제국 모든 지방에서 올라온 사람들이 전부 이 연회에 참석할 수 있도록 주연의 기간은 또 한 주일간을 연장시켰다. 그러니까 많은 식탁에서 손님들이 다음 오는 손님들을 위해 한 사람 두 사람 자리를 양보하였다.

그러나 중앙에 있는 식탁의 손님들은 그대로 있었다. 꼭 일주일 동안 여기서 왕조와 부관들이 일주일 동안을 술에 만취되어 있었다. 당시의 사람들은 요즘 사람들보다 건강했을지 모른다. 그러나 칠 일 간이나 취한 그들은 몽롱했었다. 결국 소리지르고 떠들게 된 것도 당연하다. 적어도 아하수에로 왕이 '술에 취해서 즐거웠다'라고 한 것은 알만한 일인 것이다.

이와 같은 몽롱한 상태의 왕이 왕비를 불러낸 것이었다. 그는 앉아 있는 백관들에게 그녀의 아름다움을 보여주고 싶은 충동을 느꼈다. 그는 그녀를 보고 주흥에 찬 존귀한 사람들의 눈을 즐겁게 하는 것이 좋겠다고 생각했던 것이다.

와스디의 아름다움과 그의 미색을 보여주기 위해 왕이 그녀를 불러낸 것은 그가 그녀의 아름다움을 보여주려고 그녀를 불러냈다고 하는 것이 성경의 기록에서도 확실하다.

여성으로서 어떤 부인이든지 자존심을 조금이라도 가졌다고 하면 이와 같은 명령에 좇지 않았을 것이다. 유럽에서는 왕비가 귀족들의 식탁에 참여하는 관례가 있었다. 그러나 유럽의 왕비라도 이 같은 부름에 대해서는 결코 승낙을 하지 않을 것이 틀림없다.

특히 페르샤에서는 사회 관습상 왕비는 공적인 석상에 나오지 못하게 되어 있었다. 주연의 공석상에 참예한 일은 결코 없었던 것이다. 그래서 이 명령은 유럽 어느 나라 왕비가 느꼈던 것보다도 와스디의 상식으로는 더욱 좋지 않게 생각했을 것이다.

왕의 이 명령은 변덕스런 생각에서 나온 것이 사실이었을 것이다. 연회석에서는 예의상 어긋나는 말들이 거침없이 오가고 있었다. 아하수에로는 취해 정신이 몽롱한 가운데 자기 아내의 아름다움을 말해 주었다. 그래서 왕비를 보여주고 자기의 자랑이 사실임을 증명해 주어야 한다고 느꼈던 것이다. 그리하여 왕비를 영접하기 위하여 왕은 사람을 보내었다.

만일 와스디가 허영심이 많고 음란한 여성이었더라면 그녀는 아마도 이 기회를 놓치지 않았을 것이다. 그런 여자에게는 인생의 가장 큰 희망이 칭찬의 대상이 되는 것으로 생각하기 때문이다.

그러나 와스디는 남에게 뛰어나게 보이려는 성품도 아니고 음란하지도 않았다. 그녀는 아하수에로가 그녀에게 명예를 버려라 하고 요구하는 것으로 느꼈다. 그녀는 왕의 명령을 거역하면 어떻게 된다는 점도 잘 알고 있었다.

그럼에도 불구하고 분명히 그녀는 거절했던 것이다. 이렇게 하여 그녀는 여왕이라는 사회적 지위의 여성으로서의 매력과 품위가 보다 고귀하다는 점을 증명한 것이었다.

페루샤 왕은 즉시 그녀를 자리에서 불러내기로 결의했다. 그것은 조금도 이상한 일이 아니었다. 아내는 남편에게 복종해야 한다는 하나님의 법은 창조 법으로서 낙원에서부터 지금까지 내려온 관습이 되어 모든 국민들 사이에서 행하여 지켜온 것이었다.

그러나 사람들의 죄에 대한 규정은 그 신성한 뜻을 잃어버렸다. 남성은 압박과 억제를 정당화하는 것으로 해서 득의 만만하여 자기 마음대로 해석을 해왔다. 거의 모든 비기독교 나라에서 남성은 이 법을 가지고 여성을 노예로 하는 수단으로 이용했다. 따라서 페르샤 궁정의 모든 대신 현관들은 즉석에서 왕후 와스디를 추방하는 일에 찬성한 것은 당연한 것이다. 그들은 그렇게 하지 않으면 자기들의 아내도 와스디의 불순종의 변덕스러운 예가 되지 않을까 우려했던 것이다.

단지 이스라엘에서 이 규정은 본래의 신성한 의도로 돌아와 있었다. 여기에서 여성은 위험을 가지고 있었다. 그리스도교는 여성의 품위를 손상시키는 모든 속박에서 해방시켰다. 모든 기독교인의 아내는 하나님의 법에 돌아올 경우 남편에게 복종할 필요가 없다. 순종해서는 안 되는 것을 알고 있다. 물론 이 자유를 때로는 굽히는 여성이 있다. 우리 시대의 많은 여성들은 이 규정을 완전히 무시하고 도리어 남성을 자기들의 압제의 노예로 하려고 시도해 왔다.

하나님은 이 때문에 그녀들을 벌하신 것이다. 그것은 남성이 지배의 대상을 잃어서가 아니다. 남편이 아내에 대한 하나님이 정하신 법을 그것이 침해하였기 때문이다.

에스더

에스더 2:1-18

이런 일이 있은 지 얼마 뒤, 아하스에로 왕은 노여움이 가라앉으면서 와스디 생각이 났다. 그리고, 와스디에게 내린 처단이 마음에 걸렸다. 시종들이 그 낌새를 알아채고 왕에게 말했다.

"이 나라 각 지방에 간선관을 두시어 아름다운 처녀들을 모두 수사성에 모아 들이십시오. 궁녀들을 맡아보는 내시 헤개에게 그들을 맡기어 몸치장을 시키신 다음 눈에 드시는 처녀를 와스디 대신 왕후로 삼으심이 좋을까 합니다."

왕은 그 말이 마음에 들어 그대로 하기로 하였다.

그 때 수사성에는 모르드개라는 한 유다인이 살고 있었다. 그는 베냐민 지파에 속한 야이르의 아들로서, 할아버지는 시므이, 증조부는 키스였다. 모르드개는 유다 왕 여고니야가 바빌론왕 느부갓네살에게 사로잡혀 올 때 예루살렘에 함께 잡혀 온 사람이었다. 그에게는 부모 없는 사촌누이가 하나 있었는데 이름을 에스더라고도 하고 하닷사라고도 했다. 에스더는 몸매도 아름다웠고 용모도 단정하였다. 그는 양친을 여읜 뒤 모르드개의 양녀로 들어가 있었다.

어명이 공포되자 많은 아가씨들이 뽑히어 수사성에 올라와 궁녀들을 맡아보는 헤개에게 맡겨졌다. 이렇게 궁궐에 불리어 와서 헤개에게 맡겨진 아가씨들 가운데 에스더도 끼여 있었다. 이 아가씨는 유난히 헤개의 눈에 들어 그의 굄을 받게 되었다. 헤개는 곧 몸치장에 쓰이는 것들과 음식을 주며 가장 좋은 궁에서 지내게 하고, 궁궐에서 시녀 일곱을 골라 그를 시중들게 하였다.

그런데 에스더는 모르드개가 일러준 대로 자기의 혈족과 인척관계를 아무에게도 밝히지 않았다. 한편 모르드개는 에스더의 일이 궁금하여 날마다 후궁 뜰 앞을 서성거렸다.

아가씨들은 열 두 달 동안 몸을 다듬고 나서야 차례로 아하스에로 왕 앞에 나가게 되어 있었다. 여섯 달 동안 몰약으로 몸을 다듬고 나머지 여섯 달은 부인용 향수와 화장수로 몸을 닦아야 했다. 아가씨들이 후궁에서 대궐로 들어갈 때, 몸치장에 필요한 것은 무엇이든지 다 받을 수 있었다. 아가씨들은 하나씩 저녁에 들어갔다가 이튿날 아침에 후궁들을 돌보는 내시 시아스가즈가 관리하는 다른 궁으로 가게 되어 있었다. 그런데 왕이 그를 특별히 좋아하여 이름을 부르지 아니하면 다시는 그에게 나아가지 못하였다.

마침내 아비하일의 딸로서 사촌 오빠 모르드개의 양녀가 된 에스더 차례가 왔다. 에스더는 궁녀를 맡아보는 내시 헤개가 정해준 것밖에는 아무것도 달라고 하지 않았다. 그러나 에스더는 누가 보든지 아리따웠다. 에스더가 어전에 불려 들어간 것은 아하스에로 칠 년 시월, 곧 데 벳월이었다. 왕은 다른 어느 여자보다도 에스더에게 마음이 기울었다. 그리하여 에스더는 모든 처녀를 물리치고 왕의 굄과 사랑을 독차지하게 되었다. 왕은 그의 머리에 화관을 씌우고 와스디를 대신하여 왕비로 삼았다.

그리고 왕은 고관 대작을 모두 초대하여 에스더 왕비 대관식을 크게 베풀고 전국 각 지방에 휴일을 선포하는 한편 후한 선물을 내렸다.

◆도움말

최후의 여성 에스더는 구약 성경의 여성 가운데 가장 자세히 알려져 별로 놀라울 것도 감탄할 것도 없는 여성이다. 그뿐 아니라 이스라엘의 포로들이 그 동안 얼마나 타락했는가를 그녀로 말미암아 확연히 보여주기 때문이다.

그녀가 매우 아름다웠다는 사실은 여러 가지 측면에서 알 수 있다. 아하수에로 왕은 인도에서부터 지중해에 이르기까지 그 모든 영토 구석구석에서 미녀를 구했는데 그 결과는 에스더가 가장 아름다운 처녀로서 그의 사랑을 받은 것이었다. 그녀는 페르샤의 지배자 마음을 사로

잡아 와스디를 대신하여 왕비가 되었다.

　그의 아름다움을 접어놓고서도 그녀의 성격상 두 가지 점이 사람들을 기쁘게 해준다. 하나는 그의 양부 모르드개에 대한 그녀의 순수한 애정이고 또 하나는 하만에 대해 단호히 저항한 용기였다. 비천한 신분으로 갑자기 높은 지위에 올랐을 경우 많은 사람들은 우쭐해서 가족이나 그밖에 전에 자기를 도와준 사람들을 전혀 무시하는 행동을 하기 쉽다.

　그러나 에스더는 이와 같은 사람들에 비하면 흔들림 없는 영혼의 고귀성을 보여 주었다. 그녀는 혈통과 사랑의 인연을 존경하는 용기를 지니고 있었다. 그녀의 지위와 위신과 광채가 이것으로 인해 손상을 받았는지는 모른다.

　그밖에 부정한 하만에게 항거한 에스더의 용기와 결단도 역시 좋은 인상을 준다. 그녀는 부름을 받지 않고 왕 앞에 나서서 많은 위험을 무릅쓴 것이다. 이것은 〈만일 죽으면 죽으리라〉라고 한 그녀 자신의 말에서 밝히 알 수 있다. 그 후 그녀의 행동 또한 결단력이 강함과 동시에 시기를 잘 포착한다는 것이다. 그리고 보면 그녀는 보기 드물게 영리하고 개성이 강한 여자였음을 알 수 있다.

　그리고 또 그녀를 찬양할 만한 칭덕표(稱德表)에 그의 동포에 대한 진정한 사랑을 더해주는 일을 주저해서는 안될 줄 안다. 어떤 의미에서 이 사람은 오히려 밝게 나타나 있는 것처럼 보인다. 그러나 그녀가 동포를 구하기 위해 단호하게 행동을 취하기 전에는 그녀에게 '네 생명이 위태롭지 않을 것'이라는 생각은 조금도 생각해서는 안 된다. 너 역시 유다 사람이다. 죽임을 당하는 것은 필연적이다'라고 고하지 않으면 안 되었다. 비로소 그녀는 이 말을 듣고 행동을 시작한 것이다.

"너는 왕궁에 있으니 모든 유다인 중에 홀로 면하리라 생각지 말라"(14:3) 이 말은 그녀에게 깊은 감동을 주었다. 그것은 마치 '너는 이와 같은 때를 위해서 특별히 이 나라에 보내심을 받았는지도 모른다' 라고 한 모르드개의 말도 역시 그녀를 강력하게 움직였다.

따라서 자기 자신의 몸이 위태롭게 되기까지 전국민을 구하는 일을 주저하고 있던 여성이 그 백성을 위해서 자기의 목숨을 알면서 굳이 기쁘게 희생하려고 했을 까닭이 없다라는 결론을 피할 수 없는 것이다.

그러나 또 다른 유감스런 면이 그녀의 행위에 있었다. 그것은 그녀의 이미지에 한층 어두운 그림자를 던져준다. 냉정히 말하면 그녀는 아하수로에게 시집오는 것이 아니었다. 그것은 와스디가 정당한 이유로 퇴위 당한 것이 아니기 때문이었다.

와스디의 뒷자리에 앉게 되는 것을 잘 알고 있던 에스더의 행위는 그리 곱지만은 않다. 만약 와스디를 생각하는 마음이 있었다면 왕의 마음이 끌리지 않도록 마음을 쓸 수도 있었을 것이다. 그런데 오히려 그녀의 마음에 들었음을 보여주고 있는 것이다.

하만에 대한 그녀의 저항에는 하등의 잘못이 없다. 그 부정한 사람에게 당연한 큰 벌이 내려졌다. 그러나 수산성에서는 하만의 열 아들과 함께 이미 오백 명의 생명을 빼았았다.

그리하여 왕은 에스더에게 이 이상 더 소원이 있는가 하고 물었던 것이다. 여기 대해서 에스더는 하만의 아들들을 목매어 나무에 달고 또 하루 동안 유대인으로 그 원수들에게 복수하게 해 달라는 무서운 소원을 말했던 것이다. 그 결과 두 번째의 대학살을 감행했고 유대인은 수

산에서 또 삼백 명을 살해했던 것이다.

　이 같은 복수심의 나타남을 본 것은 그것이 특히 여성인 경우에는 안타깝기 한이 없다. 이 때에 에스더에게는 헤롯의 어머니로 인하여 자식에게 전하여 받은 그 저주스러운 피에 굶주린 성정을 얼마간 지니고 있었던 것처럼 생각된다.

　따라서 구약의 에스더와 신약의 마리아와 사이에는 잴 수 없는 거리가 있다. 만일 마리아의 아들이 세상에 탄생하시지 않았다라면 이스라엘은 어떠한 타락의 구덩이까지 떨어졌을까? 에스더는 그 가능성을 역력히 보여주고 있는 여성과도 같이 생각되게 한다.

　하나님은 그의 백성의 구속에 대한 약속을 성취하기 위해 에스더뿐만 아니라 마리아까지도 쓰신 것이다. 유다와 가야바와 빌라도가 그 십자가로 무섭고 큰 죄를 범한 일은 오직 구원의 하나님을 찬미하며 골고다에 무릎을 꿇는 사람에게만 그 일이 이해될 수 있을 것이다.

욥의 아내

욥기 1:1-10

우스 땅에 욥이라 이름하는 사람이 있었는데 그 사람은 순전하고 정직하여 하나님을 경외하며 악에서 떠난 자라 그 소생은 남자가 일곱이요 여자가 셋이며 그 소유물은 양이 칠천이요 약대가 삼천이요 소가 오백 겨리요 암나귀가 오백이며 종도 많이 있었으니 이 사람은 동방 사람 중에서 가장 큰 자라 그 아들들이 자기 생일이면 각각 자기의 집에서 잔치를 베풀고 그 누이 셋도 청하여 함께 먹고 마시므로 그 잔칫날이 지나면 욥이 그들을 불러다가 성결케 하되 아침에 일어나서 그들의 명수대로 번제를 드렸으니 이는 욥이 말하기를 혹시 내 아들들이 죄를 범하여 마음으로 하나님을 배반하였을까 함이라

욥의 행사가 항상 이러하였더라 하루는 하나님의 아들들이 와서 여호와 앞에 섰고 사단도 그들 가운데 왔는지라 여호와께서 사단에게 이르시되

"네가 어디서 왔느냐?"

사단이 여호와께 대답하여 가로되

"땅에 두루 돌아 여기저기 다녀왔나이다."

여호와께서 사단에게 이르시되

"네가 내 종 욥을 유의하여 보았느냐 그와 같이 순전하고 정직하여 하나님을 경외하며 악에서 떠난 자가 세상에 없느니라"

사단이 여호와께 대답하여 가로되

"욥이 어찌 까닭 없이 여호와를 경외하리이까 주께서 그와 그 집과 그 모든 소유물을 산울로 두르심이 아니니이까 주께서 그 손으로 하는 바를 복되게 하사 그 소유물로 땅에 널리게 하셨음이니이다

◆ 도움말

이렇게 욥은 이 모든 일을 당하여 입술로 죄를 짓지 않았다.

욥보다도 더 무서운 시련을 당했던 사람은 아마 전무후무할 것이다. 인생의 낙이 될만한 것은 모조리 욥에게서 빼앗아 버릴 것을 하나님은 악마에게 허락하셨다. 그것을 모두 빼앗은 후에 악마는 욥에게 가장 괴로움을 주는 한 가지를 남겨 두었다. 즉 욥의 아내는 죽음을 면하고 있었다. 만일 아내로 인하여 욥에게 약간의 위로라도 줄 수 있을 것이라고 악마가 생각하고 있었다면 그녀 또한 빼앗아 버렸을지도 모른다.

그러나 악마는 그녀를 이용하기 위해 그의 희생물인 욥을 욕하고 들볶는 도구로 사용하고자 그녀를 살려둔 것이었다. 성경을 깊이 연구한 주석자들은 악마의 행동과 아내의 성격을 이와 같이 해석해 왔다.

칼빈은 '악마의 손끝', '악마적인 격정'이라고 부르고 어거스틴스는 그녀를 '악마의 공범자'라고 불렀다.

겉으로는 의협심이 많은 사람과 감상적인 사람을 통하여 그녀로 하여금 욥에게 엉뚱한 소리를 하게 시도한다. 그러나 이런 시도는 거의 실패로 돌아가고 만다. 욥에 대한 그녀의 말은 잊을 수 없을 만큼 가혹한 것이었다. 그러나 아무리 영혼까지 찌르는 듯한 말을 해도 욥의 뜻을 바꿀 수는 없었다.

욥의 가슴에 타는 신앙은 활시위를 당긴 듯 팽팽한 것이었지만 무서운 시험 앞에서는 당장 부러질 것만 같았고 그 심령은 쥐어짜는 듯 괴로웠던 것이다. 그 모습은 조금만 건드려도 힘없이 부러져 버릴 듯하였다.

 욥은 육체적 고통에 견딜 수 없어서 영적인 번민에 시달리며 악마에게 굴복할 지경이었다. 이때 아내는 잿더미 위에 앉아 있는 그를 찾아왔다. 그녀는 남편을 위로하는 말은 한마디도 없었고 인간의 '본성적 애착심'마저 찾아볼 수 없을 만큼 그 입에서 나오는 말은 잔인했다.

 '하나님을 저주하고 죽으면 좋지 않소'라는 말은 곧 '하나님을 떠나 하나님과 관계를 끊고 자살하시오'라는 말과 같다. 이것은 이세벨이 나봇에 대해 아합 왕을 동요시키면서 말한 열왕기상 21:10에서 보여준 것과 같은 맥락으로 볼 수 있을 것이다.

 여기에서 아합은 베리알의 두 아들이 나봇을 쳐서 말하게 하는 증인으로 이용하려 한 것이다. 이 두 사람은 하나님과 왕을 모독했다는 이유로 나봇을 고소하기로 되어 있었다.

 성실한 나봇은 가장 무거운 반역죄를 범한 자라는 억울한 누명을 쓰고 죽음을 당하게 했다. 같은 의미의 말이 여기에서는 아내로 말미암아 욥이 교사 당할만한 죄, 곧 지극히 높으신 하나님께 대한 죄를 범하게 하려는 의도로 사용되고 있다.

 말할 것도 없이 욥의 아내는 사단의 조력자로서 그에게 이용된 사람이었다. 희생자 욥의 영혼에 악마의 공격이 너무 맹렬하여 그 용 앞에 굴하게 된 지경에 악마 같은 여자인 아내가 바로 그 순간 악마를 도우려고 달려든 것이다. 그녀는 남편을 향해서
"하나님을 저주하고 그 영혼을 악마에게 팔고 자신의 목숨을 끊으라."고 재촉했다. 아무리 지독한 여자라도 그녀만큼 하나님 앞에서 불성실하지는 않았을 것이다.

욥의 고통을 보고 그것을 사실적으로 묘사하려는 화가가 있다면 그 그림 속에 아이들과의 사별, 재산의 손실, 의리 없는 친구들의 분개할 충고를 모두 그리지 않으면 안 될 테지만 욥의 아내가 보여준 무서운 비난에 격렬한 고통을 당하는 욥의 심령을 특히 빠뜨리고 그려서는 안 될 것이다. 그녀는 아내로서, 나아가서는 여자로서의 사랑과 헌신적 미덕의 마지막 한 가닥 불꽃마저도 완전히 꺼버린 악마 노릇을 했던 것이다.

따라서 욥의 비극 중 가장 박수를 보낼 만한 장면은 아마도 그가 아내에게 준 담대함과 아름답고 적절한 다음의 대답일 것이다.

"마카, 당신은 바보나 하는 소리를 지껄이는구려."

그리고 그는 잿더미에서 이렇게 반박했다.

"그게 무슨 말이오? 좋은 것을 하나님께 받았으면서 나쁜 것은 주님의 손에서 받지 않겠다는 법이 어디 있소?"

기독교인으로서 욥의 아내와 같이 악마적인 모습을 보여주는 여성은 이 사회에서 찾아보기 드문 일이다. 남편에게 하나님을 저주하라고 노골적으로 대드는가 하면 자살까지 권하는 여자는 더욱 없을 것이다.

현대인은 확실한 믿음의 자세를 보여주지 않고 엉거주춤 사람과 하나님 사이에서 자신을 숨기고 이쪽도 피하고 저쪽에서 듣는 배반자의 소리도 피하려 한다. 이 세대는 중간적인 입장을 취하고 적당히 타협하려는 애매한 경계선을 품고 살아간다는 말이다. 근대 과학 문명의 발달은 사람이 하나님과 악마 사이에서 첨예하게 양극 현상을 보여주며 살아가게 만든다.

오늘날에도 하나님 앞에 신앙을 굳게 지키려는 남편을 방해하는 여성이 없지 않다. 그녀들은 하나님에 대한 솔직하고 용감한 남편의 열정을 막는다. 그것은 예루살렘을 우러러 바라고 소망하는 남편을 벧엘에 붙잡아 두려는 것과 같다.

아내는 가정에서 섬세한 아름다움으로 가족을 도우며 삶에 시험 당하여 고통스러워하는 남편이 신앙마저 저버릴 지경에 이를 때 남편을 격려하고 그 영혼을 위해 악마와 싸우며 뜨거운 사랑의 유대로 남편을 돕고 지키지 않으면 안 된다.

하나님은 여성을 이 임무에 맞게 하시려고 깊은 애정과 온화한 성품으로 사랑을 베풀 수 있게 창조해 주셨다. 그럼에도 불구하고 여성 가운데는 종종 정반대 행동으로 하나님 앞에 굳은 신앙을 지켜 가는 남편 곁에서 이기적으로 자기 고집대로 하려고 종교를 비판하고 믿지 못하게 방해하는 아내가 있다.

이기적인 마음으로 남편과 구주 사이를 가로막는 것처럼 무서운 죄악이 없다. 그런 아내들은 욥의 아내가 받은 것과 같은 저주받을 죄를 범하는 것이다.

신약성서에 나오는 여인들

가나안 여인

마태복음 15:21~28

예수께서 거기를 떠나 두로와 시돈 지방으로 가셨다. 그리고 어떤 집에 들어가셔서 아무에게도 알리지 않고 유하려 하셨으나 남모르게 계실 수가 없었다. 그런데 더러운 귀신 들린 딸을 둔 여인이 예수의 소문을 듣고 와서 그의 발 앞에 엎드렸다. 그 여인은 헬라 사람으로 수로보니게 출생인데 딸에게서 귀신을 쫓아내어 주시기를 예수께 간청하였다.

예수께서 그 여인에게 말씀하셨다.

"자녀들을 먼저 배부르게 해야 한다. 자녀들의 떡을 집어 강아지에게 던져 주는 것은 옳지 않다."

그 여인이 대답하였다.

"옳습니다. 주님, 그러나 상아래 있는 강아지들도 자녀들이 흘린 떡 부스러기는 주워 먹습니다."

예수께서 그 여인에게 말씀하셨다.

"네가 그렇게 말하니 안심하고 집으로 돌아가라. 귀신이 벌써 네 딸에게서 나갔다."

그 여인이 집에 돌아와 보니 아이는 침대에 누워 있고 귀신은 이미 나가버렸다.

◆ **도움말**

가나안 여인은 회개의 경험을 했던 것일까? 예수님이 칭찬하시게 되었던 그녀의 현저한 신앙은 참된 구원의 신앙이었던 것인가? 성경의 이 기록은 그러한 물음에 대한 대답은 없다. 다만 그녀가 예수님의 기적을 행하시는 능력을 믿고 아이가 그 능력의 도우심으로 낫게 될 때까지 의심하지 않고 힘을 다하여 주께 탄원을 계속했다는 것이 씌어 있는 것이다.

따라서 그녀의 신앙은 예수님에게 만일 당신에게 겨자씨 한 알 만한 믿음이 있다면 이 산을 명하여 여기서 저기로 옮겨가라! 그렇게 말한다면 옮기울 것이다라고 말씀하셨던 것과 같은 신앙이었다.

또한 여기에는 "아이들에게는 빵이 있고 강아지에게는 빵 부스러기가 있다"라고 씌어 있지만 이 빵은 예수님이 이스라엘을 축복하신 기적의 능력이었고 빵 부스러기라 함은 이 가나안 여인이 그의 딸을 위해 사용되어 주시기를 소원한 것, 다시 말해 똑같은 능력을 뜻하는 것이다.

이렇게 말한 까닭은 영적인 은총과 감화에 대해서 여기서는 한 마디도 기록되지 않았다. 그녀가 회개하고 있지 않다는 것은 예수님께서 그녀를 이방인을 뜻하는 개라고 하는 말씀 가운데 들어 있었다는 점에서도 매우 명확한 것이다. 이것은 그녀가 '예수님의 기적'의 결과로서 회개한 일이 없었다고 하는 뜻은 아니다.

중요한 것은 그녀가 신앙 있는 혹은 회개의 경험을 가진 여성으로 등장하지 않고 예수님의 기적을 행하시는 능력에 대해서 드물게 볼 수 있는 강한 신앙을 가진 이 교도로 등장했다는 사실이다.

이러한 '기적에의 신앙'은 참된 '구원의 신앙'과 비해서 훨씬 낮은 상태에 있는 것이다. 왜냐하면 그것은 영혼을 구하지 못하기 때문이다.

그렇기는 하지만 동시에 우리들은 전자와 신앙도 또한 하나님의 은혜의 선물이라는 것을 잊어서는 안 된다. 이 같은 신앙은 자기의 죄와 비참함을 인정하는 것이 아니므로 따라서 구원의 필요성도 느끼게 되지 않는다.

그러나 적어도 거기에는 자랑할만한 다음과 같은 바람직한 특색이 있다. 그것은 영험은 물질을 지배한다는 확신을 갖고 의지한 것이다,. 모든 것을 인간의 힘을 넘어선 구원의 능력에 손을 내민다.

그녀는 다만 이교도였을 뿐만 아니라 지난날에 어떤 죄악에 찬 가나안 사람의 자손이었다. 예전 이스라엘 사람이 그들을 그의 영토에서 내쫓아버린 후 가나안 사람은 훼니가아에 살고 있었다. 그래서 그녀의 환경은 좋은 곳이 못 되었다. 그녀는 두로와 시돈 지방에서 살고 있었던 것이다. 이 두 도시의 평판은 심히 나쁜 곳이었기 때문이다.

이런 재미없는 환경인 까닭에 우리는 이 여인이 기적에 대한 신앙이 그의 생장한 경향에서가 아니라 분명히 하나님의 보편적인 은혜의 결과였다는 것을 확신하는 바이다. 영광은 이 여성과 사랑하는 아들 그리스도와의 대면을 계획하신 주되신 하나님께 돌리신 것이다. 이 대면과 여인의 흔히 볼 수 없는 열렬한 신앙의 피력에 대해 행하신 기적에 의해서 하나님은 이스라엘을 부끄럽게 만드시고 당신 자신의 영광을 더하였던 것이다.

이스라엘과 이 부인과의 대조는 현저한 것이었다. 그러므로 대체로 외면적인 정도라고는 하지만 그녀가 메시아에게 의지하고 있었다는 것은 사람들의 유쾌한 상상을 항상 불러일으킨 것이었다. 하나님의 은혜는 영구히 이스라엘이란 한 국민에게만 한했다고 하는 이스라엘의 자랑스러운 신념에 대한 항의로서 이 여인의 양심은 예수를 향하여 울부짖는 것이었다. 이렇게 생각되는 것이다.

만일 기적에 대한 신앙은 어디에 근거를 두고 있느냐고 묻는다면 그것은 사람을 죄에서 구원해 내는 하나님의 은혜가 아니라 비참한 지경에서 구원해 주시는 하나님의 전능과 긍휼에 근거를 두고 있다는 대답을 얻게 될 것이다. 더욱이 그러한 신앙은 어떤 수단으로 구할 것인가를 묻는다면 철두철미 기도로써만 가능할 것이라고 대답할 것이다.

이 여인은 이 한 가지를 가르치고 있다. 인간이 고난에 처했을 때 기도로 간구하지 않으면 안 된다. 가나안 여인은 그것을 알고 기도했다. 그녀는 예수님이라면 딸을 반드시 구원해 주실 것이라는 능력을 확신하고 있었다. 그녀는 집요하게 간구했다. 그리고 마침내는 소원을 이루었다.

그녀가 자기를 위해 영적 축복을 구하지 않은 것은 사실이다. 그럼에도 불구하고 그녀는 우리에게 기도의 비결을 보여 주었다. 그것은 한 점의 의혹도 없는 기도였다. 가나안 여인은 스스로를 하나님의 능력에 맡기고 있었다. 그 기도는 응답이 늦으면 늦을수록 기다려지면 기다려질수록 열정적이고 진지하게 임했다. 그럼으로 말미암아 그녀의 기도를 들어주신 것이다. 야고보는 기도할 때 의심하는 자에게 "의심하는 자는 마치 바람에 밀려 요동하는 바다 물결 같으니"라고 했다. 가나안 여인은 전혀 반대였으며 불신자의 마음속에 성취되는 신앙의 선물이 얼마나 큰가를 확실히 보여주고 있다. 구원의 수단으로써 하나님의 선민에게 주시는 참 신앙과는 본질적으로 다르지만 이것은 광영 있는 선물이었다는 것은 사실이다.

빌라도의 아내

마태복음 27:15~31

  명절을 당하면 총독이 무리의 소원대로 죄수 하나를 놓아주는 전례가 있었다. 빌라도가 재판을 하고 있을 때에 그의 아내가 전갈을 보내어
  "당신은 그 무죄한 사람의 일에 관여하지 마십시오. 간밤에 저는 그 사람의 일로 꿈자리가 몹시 사나왔습니다."
  하고 당부하였다. 그 동안 대사제들과 원로들은 군중을 선동하여 바라바를 놓아주고 예수는 죽여 달라고 요구하게 되었다. 총독이
  "이 두 사람 중에서 누구를 놓아 달라는 말이냐?"
  하고 묻자 그들은
  "바라바요"
  하고 소리질렀다. 그래서
  "그리스도라는 예수는 어떻게 하면 좋겠느냐?"
  하고 묻자 모두들
  "십자가에 못 박으시오"
  하고 소리질렀다. 비라도가
  "도대체 그 사람의 잘못이 무엇이냐?"
  하고 물었으나 사람들은 더 악을 써가며
  "십자가에 못 박으시오!"
  하고 외쳤다.
  빌라도는 그 이상 더 말해 보아야 아무런 소용도 없다는 것을 알았을 뿐만 아니라 오히려 폭동이 일어나려는 기세가 보였으므로 물을 가져다가 군중 앞에서 손을 씻으며

"너희가 맡아서 처리하여라. 나는 이 사람의 피에 대해서는 책임이 없다."
하고 말하였다. 군중은
"그 사람의 피에 대한 책임은 우리 자손들이 지겠습니다."
하고 소리쳤다.
그래서 빌라도는 바바라를 놓아주고 예수는 채찍질하게 한 다음 십자가형에 처하라고 내어 주었다.

◆ 도움말

가혹하고 엄격한 사람이 착한 아내 정숙한 반려 정서적이고 용의주도한 생활 속에서 남편의 영혼을 구하려고 애쓰는 아내의 도움을 입는 예는 왕왕 볼 수 있는 일이다. 빌라도의 경우가 그러했다. 역사는 그를 압제적 폭군으로 야만적 힘의 세력으로서 존경을 지불케 하는 사람으로서 그려져 있다. 전설에 의하면 빌라도가 예루살렘과 사마이라의 백성을 너무나 여러 번 학대하였으므로 그의 장관들은 그에게 경고를 발했다고 한다.

"내게는 당신을 용서할 권리가 있고 또 십자가에 달 수 있는 권세도 있다는 것을 알지 못하는가?"라고 한 말도 역시 폭군으로서의 면모를 잘 드러내고 있다. 더구나 주님의 결백이 완전히 밝히 드러난 후에도 그를 채찍질하고 십자가에 다는 일을 허락한 판결은 원래 폭군적인 그의 성격의 또 하나의 증거인 것이다.

그러나 하나님은 이런 폭군에게 온화하고 친절한 아내를 주신 것이다. 그리고 또한 이 아내는 시기를 따라서 남편의 포학을 억제하는 것이 자기의 의무라고 알고 있었다. 마태복음에서 그녀가 남편이 하는 일에 관심을 가지고 있었던 것과 동정과 이해로서 그의 공무를 돕고 그가 결단하기에 어려운 처지에 직면했을 때 그의 생각의 동향을 지켜보고 있었음을 알 수 있다.

이때에도 그녀는 빌라도 앞에 끌려나온 예수님의 재판에 무관심하지 않았다. 그녀는 남편이 밤에 돌아왔을 때 어찌 되었는가?라고 묻는 정도가 아니었다. 그녀는 이 재판에 대한 중심으로 관심을 쏟고 이 예수란 누구냐고 물은 듯하다. 또한 그에게 어떤 점에서도 죄가 없음을 알고서 혹시 남편이 그 사람에 대해서 죄를 범하지나 않나 하고 걱정하였다. 그녀는 그런 걱정을 품은 채 침소에 들어갔던 것이다. 잠에서 깨었을 때 그녀는 자기가 꿈을 꾼 것과 그 꿈이 큰 불안을 가져온 것을 느끼고 있었다.

"나는 오늘 꿈에 저 사람 때문에 몹시 고통을 당했습니다"라고 그녀는 말하고 있다. 그녀가 어떤 꿈을 꾸었는지 여러 가지로 억측해 본다 해도 소용이 없다. 또한 하나님이 이 꿈으로 그녀에게 직접적인 영향을 주셨는가 하는 것도 말할 수 없는 것이다.

그런 일도 있을 수 없는 것은 아니다. 결코 확실한 것은 아니다. 그 점에 대해서는 성경에 조금도 기록되어 있지 않기 때문이다.

그러므로 성경에 기록된 것에 한해서만 고찰하고 해석할 수밖에 없고 다만 그 부인이 밤이나 낮이나 똑같은 두려움에 사로잡혔을 것이라고 상상할 수는 있다.

이 같은 현상은 신경이 예민한 감정적인 사람들에게는 흔히 있는 일이다. 마음에 찔리는 예감이 다음에 다음 꼬리를 물고 그녀의 마음속에 두려움을 부어 주었다는 사실도 생각할 수 있다.

이와 같은 두려움이 꿈속에서 나타나 몇 천이란 많은 형태와 모습으로 그녀의 베갯머리에서 왕래하고 있었다. 또한 그녀가 두 가지 확고한 확신을 품기 시작했다는 것도 분명히 말할 수 있다. 그 하나는 예수에게 범죄 사실이 없고 억울하다는 것과, 또 부당하게 노하게 만들면 필연코 엄청난 화가 자기들에게 미치게 될 것이라고 하는 점이었다.

이와 같은 것은 어느 것이나 하나님의 계획하신 바임을 부정할 수 없다. 그것은 슬픔을 당한 사람이 실로 죄 없는 사람이었음을 보이시려고 하나님이 선택하신 바 하나의 방법인 것이다. 그러나 빌라도의 아내는 다만 빌라도의 아내였다는 점에서만 고찰할 가치가 있을 뿐이다. 빌라도의 아내로서 볼 때 그녀는 하나님의 진노를 사기에 필연적 위치에 놓여 있는 남편의 포학의 손을 말리려고 하는 실로 여성다운 아름다운 마음씨를 보여주었다.

이런 까닭에 이 이교도의 부인은 많은 크리스천들을 부끄럽게 했다. 빌라도는 결코 사랑할만한 인물이 아니었음에도 불구하고 그녀는 한 남편의 아내로서 자기 책임을 다한 것이었다.

여기에 반해 많은 크리스천 부인들은 남편에 대한 자기의 책임 같은 건 생각해 본 바도 없는 듯 무관심하게 지내는 이들이 있다. 여성의 중요한 미덕은 따뜻하고 친절한 감정이다. 때문에 여성이 좋은 영향을 남편에게 끼치기를 거절할 때 여자는 결국 자기의 능력을 부정하는 것에 지나지 않는다.

부부가 상대편에 미치는 영향을 과대평가 할 수는 없다. 그러나 빌라도 부부가 크리스천에게 주는 경고는 크게 평가할 만하다.

천사가 지상에 찾아오는 시대는 이미 지나가 버렸다. 그러나 하나님은 남성들에게 아내라는 수호 천사를 주셨다. 그러므로 아내는 남편의 그릇된 행위를 제지하고 지나치게 엄청난 야망을 추구하는 일이 없도록 잘 권유해야 한다. 빌라도는 아내의 충고를 받아들이지 않은 까닭에 그 죄를 측량 못하리만큼 더하게 한 것을 알 수 있다.

남편들은 아직도 아내의 영향에 대해 빌라도와 같은 반응을 보인다. 아내를 통하여 오는 축복의 손길을 냉담히 대하고 마음을 돌이키지 않는 남편은 저주받을 악을 더 높이 쌓아 올리는 것이다.

마리아 I

누가복음 1장

　우리 중에 이루어진 사실에 대하여 처음부터 말씀의 목격자 되고 일꾼 된 자들의 전하여 준 그대로 내력을 저술하려고 붓을 든 사람이 많은지라 그 모든 일을 근원부터 자세히 미루어 살핀 나도 데오빌로 각하에게 차례대로 써 보내는 것이 좋은 줄 알았노니 이는 각하로 그 배운 바의 확실함을 알게 하려 함이로라 유대 왕 헤롯 때에 아비야 반열에 제사장 하나가 있으니 이름은 사가랴요 그 아내는 아론의 자손이니 이름은 엘리사벳이라 이 두 사람이 하나님 앞에 의인이니 주의 모든 계명과 규례 대로 흠이 없이 행하더라 엘리사벳이 수태를 못하므로 저희가 무자하고 두 사람의 나이 많더라 마침 사가랴가 그 반열의 차례대로 제사장의 직무를 하나님 앞에 행할새 제사장의 전례를 따라 제비를 뽑아 주의 성소에 들어가 분향하고 모든 백성은 그 분향하는 시간에 밖에서 기도하더니 주의 사자가 저에게 나타나 향단 우편에 선지라 사가랴가 보고 놀라며 무서워하니 천사가 일러 가로되 사가랴여 무서워 말라 너희 간구함이 들린지라 네 아내 엘레사벳이 네게 아들을 낳아 주리니 그 이름을 요한이라 하라 너도 기뻐하고 즐거워할 것이요 많은 사람도 그의 남을 기뻐하리니 이는 저가 주 앞에 큰 자가 되며 포도주나 소주를 마시지 아니하며 모태로부터 성령의 충만함을 입어 이스라엘 자손을 주 곧 저희 하나님께로 많이 돌아오게 하겠음이니라 저가 또 엘리야의 심령과 능력으로 주 앞에 앞서 가서 아비의 마음을 자식에게, 거스리는 자를 의인의 슬기에 돌아오게 하고 주를 위하여 세운 백성을 예비하리라 사가랴가 천사에게 이르되 내가 이것을 어떻게 알리요 내가 늙고 아내도 나이 많으니이다 천사가 대답하여 가로되 나는 하나님 앞에 섰는 가브리엘이라 이 좋은 소식을 전하여 네게 말하라고 보내심을 입었노라 보라

이 일의 되는 날까지 네가 벙어리가 되어 능히 말을 못하리니 이는 내 말을 네가 믿지 아니함이어니와 때가 이르면 내 말이 이루리라 하더라 백성들이 사가랴를 기다리며 그의 성소 안에서 지체함을 기이히 여기더니 그가 나와서 저희에게 말을 못하니 백성들이 그 성소 안에서 이상을 본 줄 알았더라 그가 형용으로 뜻을 표시하며 그냥 벙어리대로 있더니 그 직무의 날이 다 되매 집으로 돌아가니라 이 후에 그 아내 엘리사벳이 수태하고 다섯 달 동안 숨어 있으며 가로되 주께서 나를 돌아보시는 날에 인간에 내 부끄러움을 없기 하시려고 이렇게 행하심이라 하더라 여섯째 달에 천사 가브리엘이 하나님의 보내심을 받들어 갈릴리 나사렛이란 동네에 가서 다윗의 자손 요셉이라 하는 사람과 정혼한 처녀에게 이르니 그 처녀의 이름은 마리아라 그에게 들어가 가로되 은혜를 받은 자여 평안할지어다 주께서 너와 함께 하시도다 하니 처녀가 그 말을 듣고 놀라 이런 인사가 어찌함인고 생각하매 천사가 일러 가로되 마리아여 무서워 말라 네가 하나님께 은혜를 얻었느니라 보라 네가 수태하여 아들을 낳으리니 그 이름을 예수라 하라 저가 큰 자가 되고 지극히 높으신 이의 아들이라 일컬을 것이요 주 하나님께서 그 조상 다윗의 위를 저에게 주시리니 영원히 야곱의 집에 왕 노릇하실 것이며 그 나라가 무궁하리라 마리아가 천사에게 말하되 나는 사내를 알지 못하니 어찌 이 일이 있으리이까 천사가 대답하여 가로되 성령이 네게 임하시고 지극히 높으신 이의 능력이 너를 덮으시리니 이러므로 나실 바 거룩한 자는 하나님의 아들이라 일컬으리라 보라 네 친족 엘리사벳도 늙어서 아들을 배었느니라 본래 수태하지 못한다 하던 이가 이미 여섯 달이 되었나니 대저 하나님의 모든 말씀은 능치 못하심이 없느니라 마리아가 가로되 주의 계집종이오니 말씀대로 내게 이루어지이다 하매 천사가 떠나가니라 이 때에 마리아가 일어나 빨리 산중에 가서 유대 한 동네에 이르러 사가랴의 집에 들어가 엘리사벳에게 문안하니 엘리사벳이 마리아의 문안함을 들으매 아이가 복중에서 뛰노는지라 엘리사벳이 성령의 충만함을 입어 큰 소리로 불러 가로되 여자중에 네가 복이 있으며 네 태중의 아이도 복이 있도다 내 주의 모친이 내게 나아오니 이 어찌 된 일인고 보라 네 문안하는 소리가 내 귀에 들릴 때에 아이가 내 복중에서 기쁨으로 뛰놀았도다 믿은 여자에게 복이 있도다 주께서 그에게 하신 말씀이 반드시 이루리라 마리아가 가로되 내 영혼이 주를 찬양하며 내 마음이 하나님 내 구주를 기뻐하였음은 그 계집종의 비천함을 돌아보셨음이라 보라 이제 후로는 만세에 나를 복이 있다 일컬으리로다 능하신 이가 큰 일을 내게 행하셨으니 그 이름이 거룩하시며 긍휼하심이 두려워하는 자에게 대대로 이르는도다 그의 팔로 힘을 보이사 마음의 생각이 교만한 자들을 흩으셨고 권세 있는 자를 그 위에서 내리치셨으며 비천한 자를 높이셨고 주리는 자를 좋은 것으로 배불리셨으며 부자를 공수로 보내셨도다 그 종 이스라엘을 도우사 긍휼이 여기시고 기억하시되 우리 조상에게 말씀하신 것과 같이 아브라함과 및 그 자손에게 영원히 하시리로다 하니라 마리아가 석 달쯤 함께 있다가 집으로 돌아가니라 엘리사벳이 해산할 기한이 차서 아들을 낳으니 이웃과 친족이 주께서 저를 크게 긍휼히 여기심을 듣고 함께 즐거워하더라 팔일이 되매 아이를 할례하러 와서 그 부친의 이름을 따서 사가랴라 하고자 하더니 그 모친이 대답하여 가로되 아니라 요한이라 할 것이라 하매 저희가 가로되 네 친족 중에 이 이름으로 이름한 이가 없다 하고 그 부친께 형용하여 무엇으로 이름하려 하는가 물으니 저가 서판을 달라 하여 그 이름은 요한이라 쓰매 다 기이히 여기더라 이에 그 입이 곧 열리고 혀가 풀리며 말을 하여 하나님을 찬송하니 그 근처에 사는 자가 다 두려워하고 이 모든 말이 온 유대 산중에 두루 퍼지매 듣는 사람이 다 이 말을 마음에 두며 가로되 이 아이가 장차 어찌 될꼬 하니 이는 주의 손이 저와 함께 하심이러라 그 부친 사가랴가 성령의 충만함을 입어 예언하여 가로되 찬송하리로다 주 이스라엘의 하나님이여 그 백성을 돌아보사 속량하시며 우리를 위하여 구원의 뿔을 그 종 다윗의 집에 일으키셨으니 이것은 주께서 예로부터 거룩한 선지자의 입으로 말씀하신 바와 같이 우리 원수에게서와 우리를 미워하는 모든 자의 손에서 구원하시는 구원이라 우리 조상을 긍휼히 여기시며 그 거룩한 언약을 기억하셨으니 곧 우리 조상 아브라함에게 맹세하신 맹세라 우리로 원수의 손에서 건지심을 입고 종신토록 주의 앞에서 성결과 의로 두려움이 없이 섬기게 하리라 하셨도다 이 아이여 네가 지극히 높으신 이의 선지자라 일컬음을 받고 주 앞에 앞서 가서 그 길을 예비하여 주의 백성에게 그 죄 사함으로 말미암는 구원을 알게 하리니 이는 우리 하나님의 긍휼을 인함이라 이로써 돋는 해가 위로부터 우리에게 임하여 어두움과 죽음의 그늘에 앉은 자에게 비취고 우리 발을 평강의 길로 인도하시리로

다 하느라 아이가 자라며 심령이 강하여지며 이스라엘에게 나타나는 날까지 빈들에 있으리라

◆ **도움말**

주 되신 그리스도의 어머니 마리아는 또한 왕의 딸이었다. 그리스도는 오직 그녀에게서만 탄생하신 것이다. 사도 바울은 그리스도에 대해서(육으로 말하면 다윗의 후손)이라고 분명히 말하고 있다. 마태 누가 복음서의 계보는 요셉의 이름으로 끝나 있지만 그리스도는 육으로 다윗의 자손이라는 것은 마리아에 의해서만 가능하게 되는 것이다.

마리아가 엘리사벳의 친척이었다는 사실은 그녀가 왕가의 혈통을 이어받고 있다는 억측을 가능하게 한다. 엘리사벳이 레위 족속이었다는 점, 제사장의 아들들은 보통 같은 지파의 딸들과 결혼하는 것이 상례였다는 것이 사실이다. 그러나 이것은 엄격한 규칙으로 되어 있는 것은 아니었다. 유다 지파와 레위 지파의 사람들이 의형제를 맺는 것도 있을 수 없는 것은 아니었다.

따라서 마리아는 왕의 혈통을 이어받은 딸이었다. 그렇기 때문에 현재의 자신의 비천함을 더욱 깊이 느꼈던 것이다. 물론 비천한 계급에 속한다는 것이 불명예스러운 것은 아니다. 목수에게 시집간다는 것도 부끄러운 일은 아니었다.

그러나 왕의 혈통을 받은 자가 기회를 잘 포착한다면 왕녀로서 궁전에서 살아야 할 몸으로, 빈곤은 더할 나위 없이 뼈저리게 느껴지는 것이다. 높은 신분의 사람이 사회적, 경제적으로 급격한 전락을 당하는 경우는 때때로 지금도 볼 수 있다. 이런 사람들은 보통 비굴해져서 적

극적인 의욕을 잃어버린다. 그들은 세상 어떤 사람들에게 그의 곤궁 때문에 원한을 품는 것이다. 그러나 어떤 사람의 겨우는 도리어 역경을 은혜로 삼아 열심히 일한다. 이런 사람들은 역경에 처하므로 오히려 하나님께 대한 겸손을 배우고 그 결과 영혼을 더욱 아름답게 성장시키는 것이다.

이와 같은 역경은 요셉으로 하여금 주되신 그 어머니 마리아에게 하나의 축복이 되었던 것이다. 몇 세기를 걸쳐서 로마교는 마리아의 수태를 기적으로 믿고 1879년 이래 그것을 신조 속에 담아 왔다. 이 교리는 마리아의 육체는 원죄로 인하여 저주받은 일이 없었다는 것, 따라서 마리아는 인간 본래의 죄도 타락도 없이 태어난 여성이었다는 것을 뜻하는 것이다. 그녀의 이 출생의 해석에는 보통 그녀가 그 후의 생애에서도 죄를 범하지 않았다는 교의가 첨가되는 것이다. 이 관점에서 볼 때 마리아는 다른 죄악의 사람들과는 다른 존재였다고 하는 것이 된다. 아무런 죄가 없는 수태의 교리를 뜻하고 있는 것이다.

만일 고백이 여하한 근거를 두고 한 것이냐고 사람들이 묻는다면 누가복음 1장 28절의 말씀이 대답할 것이다. 가브리엘은 마리아에게 "은혜를 입은 자여"라고 부르고 있다. 헬라 말의 원어는 "Kechar it omene"라고 하는 말로 표현되어 있다. 오리게네스는 이것을 어떤 특별한 은혜가 태어나기 전부터 마리아에게 임해 있었다라는 뜻으로 해석했다. 이것이 진실한 것이라면 세례 요한에 대해서도 똑같이 말할 수 있는 것이다. 그는 이미 태어나기 전부터 성령을 알고 있었기 때문이다. 그러나 세례요한은 태어난 때부터 가지고 있는 죄가 없는 사람이 아니었다. 로마 교회의 신학자들은 이 교리를 보다 정확히 증거하기 위해 교회의 교부들까지 예를 들고 있다.

그렇지만 하나님 말씀의 증거가 없는 한 이 같은 사람들이 말하는 것은 어느 것이나 무의미한 것이었다. 뿐만 아니라 이와 같은 신학자들의 논조는 모순되고 있다. 마리아가 죄 가운데 있는 양친에게서 태어났는데 더럽힘이 없다고 할 수 있다면 어찌 그리스도에 대하여 이같은 것을 말하지 못했을 것인가!

그러므로 무원죄 수태에 대하여는 좀더 강력한 토론이 전개되는 것이 필요하다. 이 교리가 진실하다고 하면 구원은 완전히 필요 없이 되는 것이다. 마리아가 무원죄의 여성으로서 태어나서 은총을 받아 한평생 죄를 범하지 않고 지낼 수 있었다면 이와 똑같은 은혜에 의해서 타락한 저주는 직접적으로 만인에게 다같이 가능했음이 틀림없다. 이렇게 해서 죄는 차차 자취를 감추고 중보자의 수태는 아무런 필요도 없게 되었을 것이다.

따라서 마리아의 비천함은 두 가지 뜻을 가지고 있다. 우선 그녀의 비천한 자리는 다윗 집의 딸이 그 높은 신분에서 얼마나 타락했는가를 보여 준다. 또한 그녀는 전 인류가 낙원에서의 그 높은 지위에서 그 얼마나 타락해서 죄의 땅으로 떨어져 버렸는가를 보여주고 있는 것이다.

마리아 II

누가복음 2장

이때에 가이샤 아구스도가 영을 내려 천하로 다 호적하라 하였으니 이 호적은 구레뇨가 수리아 총독이 되었을 때에 첫 번 한 것이라
　모든 사람이 호적하러 각각 고향으로 돌아가매 요셉도 다윗의 집 족속인 고로 갈릴리 나사렛 동네에서 유대를 향하여 베들레헴이라 하는 다윗의 동네로 그 정혼한 마리아와 함께 호적하러 올라가니 마리아가 이미 잉태되었더라 거기 있을 그 때에 해산할 날이 차서 맏아들을 낳아 강보로 싸서 구유에 뉘었으니 이는 사관에 있을 곳이 없음이러라 그 지경에 목자들이 밖에서 밤에 자기 양떼를 지키더니 주의 사자가 곁에 서고 주의 영광이 저희를 두루 비취매 크게 무서워하는지라 천사가 이르되 무서워 말라 보라 내가 온 백성에게 미칠 큰 기쁨의 좋은 소식을 너희에게 전하노라 오늘날 다윗의 동네에 너희를 위하여 구주가 나셨으니 곧 그리스도 주시니라 너희가 가서 강보에 싸여 구유에 누인 아기를 보리니 이것이 너희에게 표적이니라 하더니 홀연히 허다한 천군이 그 천사와 함께 있어 하나님을 찬송하여 가로되
　지극히 높은 곳에서는 하나님께 영광이요 땅에서는 기뻐하심을 입은 사람들 중에 평화로다 하니라
　천사들이 떠나 하늘로 올라가니 목자가 서로 말하되 이제 베들레헴까지 가서 주께서 우리에게 알리신 바 이루어진 일을 보자 하고 빨리 가서 마리아와 요셉과 구유에 누인 아기를 찾아서 보고 천사가 자기들에게 이 아기에 대하여 말한 것을 고하니 듣는 자가 다 목자의 말하는 일을 기이히 여기되 마리아는 이 모든 말을 마음에 지키어 생각하니라
　목자가 자기들에게 이르던 바와 같이 듣고 본 그 모든 것을 인하여 하나님

께 영광을 돌리고 찬송하며 돌아가니라 할례할 팔일이 되매 그 이름을 예수라 하니 곧 수태하기 전에 천사의 일컬은 바러라 모세의 법대로 결례의 날이 차매 아기를 데리고 예루살렘에 올라가니 이는 주의 율법에 쓴바 첫 태에 처음 난 남자마다 주의 거룩한 자라 하리라 한 대로 아기를 주께 드리고 또 주의 율법에 말씀하신 대로 비둘기 한 쌍이나 혹 어린 반구 둘로 제사하려 함이더라 예루살렘에 시므온이라 하는 사람이 있으니 이 사람의 의롭고 경건하여 이스라엘의 위로를 기다리는 자라 성령이 그 위에 계시더라 저가 주의 그리스도를 보기 전에 죽지 아니하리라 하는 성령의 지시를 받았더니 성령의 감동으로 성전에 들어가매 마침 부모가 율법의 전례대로 행하고자 하여 그 아기 예수를 데리고 오는지라 시므온이 아기를 안고 하나님을 찬송하여 가로되

주재여 이제는 말씀하신 대로 종을 평안히 놓아 주시는도다

내 눈이 주의 구원을 보았사오니 이는 만민 앞에 예비하신 것이요

이방을 비추는 빛이요 주의 백성 이스라엘의 영광이니이다

하니 그 부모가 그 아기에 대한 말들을 기이히 여기더라 시므온이 저희에게 축복하고 그 모친 마리아에게 일러 가로되 보라 이 아이는 이스라엘 중 많은 사람을 받는 표적 되기 위하여 새움을 입었고 또 칼이 네 마음을 찌르듯 하리라 이는 여러 사람의 마음의 생각을 드러내려 함이니라 하더라

또 아셀 지파 비누엘의 딸 안나라 하는 선지자가 있어 나이 매우 늙었더라 그가 출가한 후 일곱 해 동안 남편과 함께 살다가 과부된 지 팔십 사 년이라 이 사람이 성전을 떠나지 아니하고 주야에 금식하며 기도함으로 섬기더니 마침 이 때에 나아와서 하나님께 감사하고 예루살렘의 구속됨을 바라는 모든 사람에게 이 아기에 대하여 말하니라

주의 율법을 좇아 모든 일을 필하고 갈릴리로 돌아가 본 동네 나사렛에 이르니라 아이가 자라며 강하여지고 지혜가 충족하며 하나님의 은혜가 그 위에 있더라 그 부모가 태어나 유월절을 당하면 예수살렘으로 가더니 예수께서 열두 살 될 때에 저희가 이 절기의 전례를 좇아 올라갔다가 그 날들을 마치고 돌아갈 때에 아이 예수는 예루살렘에 머무셨더라 그 부모는 이를 알지 못하고 동행중에 있는 줄로 생각하고 하룻길을 간 후 친족과 아는 자 중에서 찾되 만나지 못하매 찾으면서 예루살렘에 돌아갔더니 사흘 후에 성전에서 만난즉 그

가 선생들 중에 앉으사 저희에게 듣기도 하시며 묻기도 하시니 듣는 자가 다 그 지혜와 대답을 기이히 여기더라

그 부모가 보고 놀라며 그 모친은 가로되 아이야 어찌하여 우리에게 이렇게 하였느냐 보라 네 아버지와 내가 근심하여 너를 찾았노라 예수께서 가라사대 어찌하여 나를 찾으셨나이까 내가 내 아버지 집에 있어야 될 줄을 알지 못하셨나이까 하시니 양친이 그 하신 말씀을 깨닫지 못하더라 예수께서 한가지로 내려가사 나사렛에 이르러 순종하여 받드시더라 그 모친은 이 모든 말을 마음에 두니라 예수는 그 지혜와 그 키가 자라가며 하나님과 사람에게 더 사랑스러워 가시더라

◆ 도움말

그의 찬미 속에 마리아는 능하신 분에 의해서 큰 일이 그녀의 신상에서 이루셨다고 말하고 '그의 이름은 거룩하시다'라고 노래하고 있다. 이 찬미는 결코 과장이 아니었다. 마리아가 받은 것보다도 이상 가는 높고 아름다운 명예를 사람에게 내려주신 사실은 결코 없었던 것이다. 그녀는 참으로 가장 큰 축복을 받은 여성이었다.

모든 수많은 세상 사람의 자손 중 오직 한 사람 그녀만이 지극히 높으신 이의 능력, 특별한 의미에서 받아야 할 자로 선택을 받은 것이다. 지난 세대를 통해서 참된 교회는 그녀에게 '하나님의 모친'이라고 이름을 주어 왔다. 그 이름에 올바른 해석이 주어지는 한 누구도 처음부터 여기에 이의(異議)를 품을 수 없는 것이다.

다만 마리아는 그의 혈육을 그리스도에게 준 것에 지나지 않는다. 그러나 그 혈육 안에 고귀한 것이나 신성한 것을 기대할 수 없다고 단언하는 것은 잘못이다. 성경 자체가 먼저 마리아를 칭찬, 찬양하고 있

기 때문이다. 심지어 천사는 주의 은총을 받은 자라고 그녀를 불렀다.

엘리사벳은 그녀에게 '여자 중 축복 받은 분'이라고 불렀고 '주의 말씀이 이루실 것을 믿는 당신은 행복하다'라고도 하였다(눅 1:45). 또한 마리아 자신도 그녀의 것으로 된 많은 축복을 의식하고 '지금 후로 만세에 나를 복되다 부를 것이다'라고 외쳤던 것이다. 그러므로 마리아의 영광을 강조하는 로마 헬라 두 카톨릭 교회에 대해서 반발적인 태도로 그녀에 대해서 부당한 판단을 내려서는 안 되는 것이다.

마리아는 독특한 의미에서 하나님의 선택을 받은 여성이었다. 그녀는 전에 인간에게 준 경험이 없을 정도로 큰 특권을 주셨던 것이다. 그녀에게 임한 영광에 대해서 훨씬 놀랄 만한 것은 그 지극한 광채가 그녀의 비천한 신분이 어두운 그늘을 통해 더욱더 한층 돋보이게 빛난 것이다. 그러나 이 점을 더 이상 강조해서는 안 된다. 막연한 상상으로 그 본래의 영광을 손상시키는 일은 조심해야 하기 때문이다.

그녀에게 허락된 비할 데 없는 은혜는 그녀가 주의 모친이 된 일, 하나님의 아들이 그녀의 혈육으로 인간이 되었다는 점, 아들이 아직 세상에 알려지지 않고 그녀의 아들로서 지내오신 많은 세월 동안의 그 거룩하신 눈에서 사랑의 샘물을 길을 수 있었다는 특권이 그녀의 것이 되었다는 일들이다. 이 영예는 그녀가 그에 적합한 가치가 있어서 주셨던 것이 아니다. 그것은 전능의 하나님이 그녀를 선택하셨기 때문에 내려진 것이었다. 하나님은 그녀의 생명을 구하시고 하나님의 말씀을 그녀에게 알리시려고 천사를 그녀에게 보내셨던 것이다.

따라서 그녀에게 주신 놀랄 만큼 많은 은혜 때문에 그녀를 찬미하는 것은 타당치 않다. 마리아가 아니라 그 은혜를 그녀에게 주신 주되신 하나님에게 찬미해야 하는 것이다. 은혜의 본래 성질이 이것을 재촉하는 것이다. 은혜는 인간의 명예심과 자랑의 여지를 주지 않는다. 주신 바 은혜 까닭에 인간이 찬미를 받는 일이 있어서는 안 된다. 자기의 노력에 의해 무엇인가를 얻게 된 은혜는 그것으로 끝나는 것이다.

마리아는 그녀에게 주어진 비할 데 없는 명예 때문에 세상에서 가장 은총 받은 여성이 되었다. 그러기 때문에 인간은 그녀를 찬미하고 엘리사벳과 같이 그녀를 축복하는 것이며 그녀에게 주신 은혜에 또한 그녀를 통해서 인간 개개인에게 허락하신 은혜에 감사할 수 있는 것이다. 그러나 이 은혜도 마리아가 주의 한 여종이었다는 사실은 부정하지 못한다.

그녀를 생각하며 '지극히 높으신 하나님께 영광이 있을지어다'라고 찬미하는 것은 사실이나 이 축복 받은 여성이 엘리야처럼 승천했다고 하는 것은 지금까지 아무도 믿지 않는다. 이에 대한 기록은 성경 어디에서도 알 길이 없기 때문이다.

따라서 그에 관한 로마 카톨릭 교회의 설명의 근거는 하나님의 말씀에서가 아니라 전통에 의한 것이다. 마리아가 어디에 매장되었는지 아무도 모른다. 만일 그녀가 이 지상 어느 곳에 매장되었다고 하면 그 장소는 널리 알려졌을 것이다. 그러나 그 장지가 알려지지 않았기 때문에 사람들은 구구한 상상을 하게 된다. 그리고 하나님의 아들이 사람의 형상을 입으실 때 그 모체가 되었던 마리아의 육신이 무덤에 묻혀 썩어 없어지게 내버려두었다면 많은 사람들이 양심적으로 죄를 스스로 고백할 수 있다고 생각하는가?

이 같은 이유로 어떤 사람은 마리아가 죽은 후에 다시 살아나서 곧 승천한 것이라고 했던 것이다. 이와 같은 추리는 그리스도와 같은 영광을 그녀에게 지우려고 하는 하나의 시도로 생각된다.

그러나 이 전승은 극히 확실치 않다. 서양에는 '마리아 승천한 날'이라는 것이 있고 거기에 반해 동양에서는 같은 날을 '죽음' 혹은 '잠들다'를 뜻하는 날에 해당한다고 전한다. 서양에서도 처음에는 마리아가 '잠들었다'라는 의미의 '돌미티이오·마리아에'라는 말을 사용했는데 후에 이 말이 '아슴브티이오·마리아에'라는 말로 바뀌었다. 그리고 여기에 마리아의 승천을 주장하는 의미가 들어 있었던 것이다.

마리아 Ⅲ

누가복음 1장

　로마 황제 아우구스토가 온 천하에 호구 조사령을 내렸다. 이 첫 번째 호구 조사를 하던 때 시리아에는 퀴리노라는 사람이 총독으로 있었다. 그래서 사람들은 등록을 하러 저마다 본고장을 찾아 길을 떠나게 되었다. 요셉도 갈릴래아 지방의 나자렛 동네를 떠나 유다 지방에 있는 베들레헴이라는 곳으로 갔다. 베들레헴은 다윗왕이 난 고을이며 요셉은 다윗의 후손이었기 때문이다. 요셉은 자기와 약혼한 마리아와 함께 등록하러 갔는데 그 때 마리아는 임신 중이었다. 그들이 베들레헴에 가 머물러 있는 동안 마리아는 달이 차서 드디어 첫 아들을 낳았다. 여관에는 그들이 머무를 방이 없었기 때문에 아기는 포대기에 싸서 말 구유에 눕혔다.
　그 근방 들에는 목자들이 밤을 새워가며 양떼를 지키고 있었다. 그런데 주님의 영광의 빛이 그들에게 두루 비치면서 주님의 천사가 나타났다. 목자들이 겁에 질려 떠는 것을 보고 천사는
　"두려워하지 말라. 나는 너희에게 기쁜 소식을 전하러 왔다. 모든 백성들에게 큰 기쁨이 될 소식이다. 오늘 밤 너희의 구세주께서 다윗의 고을에 나셨다. 그분은 바로 주님이신 그리스도이시다. 너희는 한 갓난아이가 포대기에 싸여 구유에 누워 있는 것을 보게 될 테인데 그것이 바로 그분을 알아보는 표이다."
　하고 말하였다. 이 때에 갑자기 수많은 하늘의 군대가 나타나 그 천사와 함께 하나님을 찬양하였다.
　"하늘 높은 곳에는 하나님께 영광,
　　땅에서는 그가 사랑하시는 사람들에게 평화!"
　천사들이 목자들을 떠나 하늘로 돌아간 뒤에 목자들은 서로

"어서 베들레헴으로 가서 주님께서 우리에게 알려 주신 그 사실을 보자" 하면서 곧 달려가 보았더니 마리아와 요셉이 있었고 과연 그 아기는 구유에 누워 있었다. 아기를 본 목자들이 사람들에게 아기에 관하여 들은 말을 이야기 하였더니, 목자들의 말을 들은 사람들은 모두 그 일을 신기하게 생각하였다. 마리아는 이 모든 일을 마음 속 깊이 새겨 오래 간직하였다. 목자들은 자기들이 듣고 보고 한 것이 천사들에게 들은 바와 같았기 때문에 하나님의 영광을 찬양하며 돌아갔다.

여드레째 되는 날은 아기에게 할례를 베푸는 날이었다. 그 날이 되자 아기가 잉태되기 전에 천사가 알려준 대로 그 이름을 예수라고 하였다.

◈ 도움말

주의 모친 마리아를 높이는 부당한 종교적 칭송은 본래 그녀의 신앙이 그녀의 공로에 의해서 쟁취되었다는 사고방식에 기인한 것이다.

마리아는 천사의 빛나는 소식에 이어 '저는 주의 계집종입니다. 말씀하신 대로 이 몸에 이루어 주시기를……'하고 말했다.

엘리사벳은 이 고백을 가리켜 '믿는 사람은 행복합니다 주의 말씀은 반드시 성취되기 때문입니다'라고 말했던 것이다. 마리아가 표시하여 명백한 이 신앙이 은혜로 말미암아 보답 없이 주신 것이라고 믿는 사람은 많지 않다. 그 신앙을 어떤 의미에서는 마리아 자신이 얻은 것이라고 생각한 사람들도 있었다. 이러한 생각을 할 수 있는 근거는 다음과 같은 결론을 내리는 것이 당연하다. 즉, '주의 수태는 마리아의 승낙에 의해서만 가능하게 했다. 이 수태를 가능하게 함으로써 마리아는 그리스도의 속죄를 위한 최고의 희생을 하는 일을 가능케 하였다. 그런 까닭에 세상을 속하는 어린 의 피로 인한 우리들의 죄를 용서받는

데 관한 마리아의 이름 역시 찬양 받지 않으면 안 되는 것이다……'라고.

이와 같은 의식에 반대하는 사람에 대해서 그것은 마리아의 신앙의 아름다움을 폄훼하려는 시도라고 단정하지 않기를 바란다. 이러한 시도는 성경을 바르고 참되게 믿는 마음으로 돌아가는 것이 될 것이다. 천사에 대한 그녀의 고백은 신앙에 기인했던 것만은 틀림없다. 엘리사벳이 신통하고 영묘한 환희에 넘쳐서 그 신앙을 확인했던 것을 알 수 있다.

그런데 마리아에 대한 부당한 찬양에 대해서 반대하는 것은 그것이 '신앙은 자기 자신에게서 우러나는 것이 아니라 하나님의 선물인 것이다'라는 변경하거나 어길 수 없는 부동의 진리를 따르기 때문이다.

마리아의 신앙도 또한 그녀 자신의 힘으로 얻어진 것이 아니었다. 단지 하나님의 은총에 의해서 숭고한 고백을 할 수 있었던 것이다. 이것은 하나님이 마리아의 도움을 얻어서 약속을 성취하셨다고 하는 생각에 대해 정면으로 반대하는 진리이다.

주되신 하나님이 그 약속을 성취하시기 위해 마리아의 혈육 위에 능력을 입히셨던 것이다. 하나님은 그녀에게 신앙을 주심으로 말미암아 그녀의 영혼에 그의 혈육에서 구주를 일으키심으로 그의 육체에 능력을 가하셨던 것이다 라고 나는 이렇게 주장한다.

때로는 사람들이 마리아의 처녀성까지도 그녀의 비할 데 없는 미덕으로 내세우지만 그녀가 한 평생 처녀로 있었다는 기사는 성경에서는 볼 수 없다. 마리아가 하나님의 아들을 낳고 그 후에도 더럽힘이 없는 처녀의 몸으로 살다 갔다는 증거는 전혀 없다. 예수님의 "닫혀 있는 문"으로 들어오셨다고 하는 것도 이 경우와는 관계가 없다. 다시 에스겔 44장 2절을 마리아의 처녀성에 대한 말씀으로 해석하는 것이 옳다고 할 만한 근거도 전혀 찾아볼 수 없다.

여기서 성전 동쪽 문에 대해서 읽는다. '이 문을 닫아 두지 않으면 안 되고 열어서는 안 된다. 이리로 아무도 들어와서는 안 된다. 이스라엘의 주되신 하나님이 이리로 들어오셨기 때문에 이것은 닫아 두지 않으면 안 된다'는 것이다. 순서 없는 권리로 이 말씀의 뜻을 마리아에게 부합시키려고 하는가. 그러나 이 같은 권리가 있어도 이 말씀은 주께서 들어오실 때에는 문을 열었다는 것을 뜻한다.

또한 3절에는 주도 또한 이 문으로 들어올 수 있다는 것을 암시하고 있는 것이다.

이상의 여러 가지 점은 베들레헴의 기적이 있은 후에 마리아가 다시금 다른 아기의 어머니가 되어 있다고 하는 추측을 그럴 듯이 생각하도록 강조하고 있는 것은 아니다. 마리아에게 다른 자식들도 태어났는지 아닌지 이 점에 관해서는 분명한 결정을 내리기 어렵다. '예수의 형제들'이라고 하는 말은 있으나 이것으로 어떠한 추정을 내린다는 것은 불가능한 일이다. '형제'라는 말은 성서에서는 같은 핏줄을 가진 형제에게 한한 것이 아니라 의붓 형제 또는 친척 되는 사람을 부를 때도 사용되는 것이다.(창세기 3장 18절, 14절, 16절, 29장 12절, 민수기 8장 26절, 15장 10절, 기타) 이 여러 곳의 기록은 마리아의 예는 하나님이 어머니인 여성보다는 처녀를 구하셨다는 증명으로는 성립되지 않는다는 것을 보이시려고 특별히 여기에 진술하고 있는 것이다.

물론 마리아가 처녀가 가진 온순한 애정과 함께 모성으로서의 풍부하게 넘쳐흐르는 생명을 다 함께 가지고 있었다는 것은 여전히 진실하였음을 잃지 않는다.

그러면 마리아를 주의 모친으로 또 하나님의 선택받은 자로 어떠한 존경을 받든 간에 그녀가 특별한 정신적 여성이었다는 사실이 성경의 기술 가운데서는 미루어 알 수 없다. 그녀에 대해서 성경은 베들레헴에서 생긴 일이 있은 후 열 다섯 번 말해 두고 있다. 예수님이 열 두 살 된 때 그녀가 그와 함께 시온 성전에 올라갔다. 그때 그녀는 예수를 이해할 수 없었다. 더욱이 가나의 혼인 잔치석의 마리아를 본다. 이 경우에 그때 역시 예수의 깊은 뜻을 이해하지 못했던 것이다. 후에 그녀가 예수를 군중 속에서 구출하려 했을 때(마 12:46) 예수는 그녀에게 하나님의 종이 된 사람들을 가리켜서 "나의 모친은 저기 있습니다"라고 말하여 그녀를 힐책하지 않으면 안 되었던 것이다. 골고다에서 그녀는 그의 영적인 통찰력의 깊이를 보여줄 절호의 기회를 얻을 수 있었지만 여기에서도 그녀는 세상 모든 어머니들이 나타내는 감정 이외에 아무 것도 나타낼 수 없었던 것이다. 예수님이 승천하셨을 때 신자의 무리 속에 섞여 있는 마리아를 찾아볼 수 있을 뿐이다.(행 1:14)

그러나 이 무리에 관해서는 먼저 사도들과 다음에 다른 부인들 그리고 맨 나중에 예수님의 어머니의 이름이 나와 있음을 본다. 그것으로 볼 때 그들에 비해 그녀는 보다 중요하지 않은 존재로 있었던 것 같다.

사도들은 오순절 때 또는 다른 어떤 때에도 그리스도에 대한 것은 설명했지만 마리아의 이름은 한 번도 끼이지 않았다. 예수님에게서 직접 복음을 받은 바울도 그녀의 이름을 부른 일조차 없었다. 사도행전이나 사도들의 서신에도 마리아에게 아무런 칭찬도 해주지 않았다.

그녀의 의견이 어떤 때에도 필요하게 되는 일은 전혀 없었다.

그녀는 성경에서 알지 못하는 사이에 사라졌다. 로마와 헬라의 카톨릭 교회는 그 마리아 숭배에 있어서 또한 그 종교의 중심에 있어서 마리아에게 준 지위와 사도행전과 사도들의 서신의 마리아에 관한 침묵들을 비교해 볼 때 어느 누구도 사도들은 개혁파 신학자와 동일하게 생각하고 있었음을 생각하지 않을 수 없다. 마리아의 지위는 그들 사이에는 모두 카톨릭 교회가 오래 전에 그녀를 높이 들어 올렸던 지위보다는 훨씬 낮았던 것이다.

엘리사벳

누가복음 1장

　엘리사벳이 아기를 가진 지 여섯 달이 되었을 때 하나님께서는 천사 가브리엘을 갈릴래아 지방 나자렛이라는 동네로 보내시어 다윗 가문의 요셉이라는 사람과 약혼한 처녀를 찾아가게 하셨다. 그 처녀의 이름은 마리아였다. 천사는 마리아의 집으로 들어가
　"은총을 가득히 받은 이여, 기뻐하여라. 주께서 너와 함께 계신다."
　하고 인사하셨다. 마리아는 몹시 당황하며 도대체 이 인사말이 무슨 뜻일까 하고 곰곰이 생각하였다. 그러자 천사는 다시,
　"두려워하지 말라. 마리아, 너는 하나님의 은총을 받았다. 이제 아기를 가져 아들을 낳을 터이니 이름을 예수라 하여라. 그 아기는 위대한 분이 되어 지극히 높으신 하나님의 아들이라 불릴 것이다. 주 하나님께서 그에게 조상 다윗의 왕위를 주시어 야곱의 후손을 영원히 다스리는 왕이 되겠고 그의 나라는 끝이 없을 것이다."
　하고 일러 주었다. 이 말을 듣고 마리아가
　"이 몸은 처녀입니다. 어떻게 그런 일이 있을 수 있겠습니까?"
　하자, 천사는 이렇게 대답하였다.
　"성령이 너에게 내려오시고 지극히 높으신 분의 힘이 감싸주실 것이다. 그러므로 태어나실 그 거룩한 아기를 하나님의 아들이라 부르게 될 것이다. 네 친척 엘리사벳을 보아라. 아기를 가진 지가 벌써 여섯 달이나 되었다. 하나님께서 하시는 일은 안 되는 것이 없다."
　이 말을 들은 마리아는
　"이 몸은 주님의 종입니다. 지금 말씀대로 저에게 이루어지기를 바랍니다."

하고 대답하였다. 그러자 천사는 마리아에게서 떠나갔다.
 며칠 뒤에 마리아는 길을 떠나 걸음을 서둘러 유다 산골에 있는 한 동네를 찾아가서 즈가리야의 집에 들어가 엘리사벳에게 문안을 드렸다. 엘리사벳이 마리아의 문안을 받았을 때에 그의 뱃속에 든 아기가 뛰놀았다. 엘리사벳은 성령을 가득히 받아 큰 소리로 외쳤다.
 "모든 여자들 가운데 가장 복되시며 태중의 아드님 또한 복되십니다. 주님의 어머니께서 나를 찾아 주시다니 어찌된 일입니까? 문안의 말씀이 내 귀를 울렸을 때에 내 태중의 아기도 기뻐하며 뛰놀았습니다. 주님께서 약속하신 말씀이 꼭 이루어지리라 믿으셨으니 정녕 복되십니다."
 엘리사벳은 달이 차서 아들을 낳았다. 이웃과 친척들은 주께서 엘리사벳에게 놀라운 자비를 베푸셨다는 소식을 듣고 엘리사벳과 함께 기뻐하였다. 아기가 태어난 지 여드레가 되던 날, 그들은 아기의 할례식에 왔다. 그리고 아버지의 이름을 따서 아기를 즈가리야라고 부르려 하였다. 그러나 어머니가 나서서
 "안 됩니다. 이 아이의 이름을 요한이라고 해야 합니다."
 하였다. 사람들은
 "당신 집안에는 그런 이름을 가진 사람이 없지 않습니까?"
 하며 아기 아버지에게 아기의 이름을 무엇이라 하겠느냐고 손짓으로 물었다. 즈가리야는 작은 서판을 달라 하여 아기 이름을 "요한"이라고 썼다.
 이것을 보고 사람들이 모두 이상하게 생각하였다. 바로 그 순간에 즈가리야는 입이 열리고 혀가 풀려서 말을 하게 되어 하나님을 찬미하였다. 모든 이웃 사람들은 무서운 생각마저 들었다. 이 일은 유다 산골에 두루 퍼져 이야깃거리가 되었고, 이 말을 들은 사람들은 모두 이것을 마음에 새기고
 "이 아기는 장차 어떤 사람이 될까?"
 하고 말하였다. 주님의 손길이 그 아기를 보살피고 계신 것이 분명했기 때문이다.

◆ 도움말

 마리아보다도 먼저 그리스도를 고백한 이 세상 최초의 여성으로서

성경에 기록된 부인은 엘리사벳이다. 마리아가 성령으로 잉태한 후에 엘리사벳을 찾아갔을 때 엘리사벳은 예언하는 것도 아닌 '주의 모친이 나를 찾아주니 이 어떻게 된 일인가요. 이 얼마나 영광인지 모릅니다' 라고 외쳤다. 이 생각지도 못한 엘리사벳의 솔직한 고백에 의해서 자기의 아이를 밴 동안에 세상을 구원하실 구주가 잉태되었음을 알게 된 마리아의 신앙은 더욱더 확고하게 되었던 것이다.

엘리사벳에게 가장 분명히 보여주는 성품의 아름다운 점은 더 굳세고 철저한 신앙이었다. 바야흐로 그리스도가 인간의 형태를 갖추려 하고 있다는 그녀의 부동의 확신은 커다란 감명을 준다. 왜냐하면 마리아가 이미 그 장자를 잉태하고 있었던 일, 그 아기가 하나님과 사람 사이의 중보자가 되었다는 증거를 보여주신 일에 대하여 잘 알고 있기 때문이다. 그러나 엘리사벳에게는 역사적 사실을 보여주지 않았다. 따라서 그녀가 주저 없이 보여준 확신은 진실로 놀랄만한 일이었다.

로마 정부의 경멸과 악의로 말미암아 이스라엘은 겨우 이름뿐인 존재로 허락되고 있었다. 여호와 경배는 다만 형식적으로 타락되어 있었다. 다시 제사장급의 타락한 상태는 대제사장 가야바에게서도 역력히 엿볼 수 있다. 엘리사벳 역시 이 무기력한 시대에 태어나서 자라온 사람이라는 것을 염두에 두어야 한다. 그 위에 엘리사벳은 나이가 많았다. 오랫동안 그녀는 아기를 주시기를 하나님께 바라고 원해 온 여성이었다. 뿐만 아니고 천사가 사가랴에게 나타났을 때 엘리사벳은 그곳에 함께 있지 않았다. 가브리엘이 마리아에게 말한 것도 엘리사벳은 알지 못하였다. 다만 그와 같은 것을 간접으로 들었을 따름, 뜬소문으로 들었을 뿐이었다.

이와 같이 확실치 않은 입장에 있었음에도 불구하고 엘리사벳은 결코 이 모든 것을 의심하지 않고 믿었다. 그녀는 메시야의 수태를 소망했을 뿐 아니라 그것을 확신했다.

마리아가 그녀를 찾아 왔을 때 엘리사벳은 '저 처녀의 품속에 나의 구주께서 숨어 계십니다'라고 말해 이 놀라운 진리를 곧 이해하고 믿었던 것이다. 메시야는 오셔야 할 분이 아니라 벌써 오신 것이다. 지금 마리아의 태중에 머물러 계시는 것이다. 그녀는 메시야에게 기도하면서 이렇게 믿었기 때문에 그를 고백하였던 것이다. 주께서 어떠한 절차를 밟고 신앙으로 엘리사벳을 인도하셨는지 감추지 않고 잘 보여주고 있다. 그녀는 아론의 아내와 같은 이름을 가지고 아론의 딸 중 한 사람을 조상으로 하고 있었다. 먼저 말한 바와 같이 가야바는 당시의 제사장 계급으로 대단히 타락한 본보기의 하나이나, 엘리사벳은 가야바 하고는 같은 아론의 자손으로 대조적인 어린 나무였다.

그녀의 계보에는 아론과 함께 축복 받은 가족들의 전통 있는 모습으로 내려오고 있었다. 그러므로 주는 여성으로서의 부끄러움과 치욕적인 형편에 있는 그녀에게 변함 없는 권고하심을 부어 주신 것이었다. 제사장의 딸로서 잉태하지 못하는 여인이라는 것은 특히 치욕적인 것임을 기억하지 않으면 안 된다. 주는 마침내 뜻하지도 않은 잉태하는 축복을 그녀에게 주신 것이었다. 그것은 그녀가 아기를 갖는다는 것을 이미 체념하고 있을 때의 일이었다. 그녀가 바로 잉태했을 때 사가랴에게 천사가 나타나서 사가랴는 벙어리가 되어버렸다. 천사를 만났다는 사실에 대해서 사가랴는 엘리사벳에게 아무 것도 말할 수가 없었고 필연적으로 이 일을 전해 줄 수밖에는 없었다는 것이 슬픈 일이기는 하지만 진심이었다.

　이와 같은 이상스런 표적을 보고 엘리사벳은 하나님의 섭리에 의해 기이한 일이 다시금 진실한 현실로 이루어졌음을 깨닫게 되었다. 아브라함과 사라의 옛 일이 또다시 소생한 것이다. 하나님은 거듭 그 백성을 찾아와 주신 것이라고 엘리사벳은 생각한 것이다.

　엘리사벳이 다섯 달쯤 조용히 지내고 있었을 때 마리아가 그녀를 찾아왔다. 엘리사벳의 모성으로서의 본능은 마리아를 만나는 순간 태중의 아이가 움직인 것이 보통 움직임이 아닌 것으로 느낀 사실을 말해 주었다. 구세주가 가까이 오실 때에 어머니와 태중의 아이가 동시에 이 같은 성령의 감동을 받았던 것이다. 신앙은 곧 엘리사벳의 마음속에 꽃피었다.

　그녀는 하나님이 잉태하게 하시어서 부모의 소망을 채워주신 이 놀라운 일을 힘입고 비할 바 없는 행복에 젖어 있었던 것이다.

　이 신앙의 증거를 엘리사벳에게서 보는 것은 진실로 흥미진진한 일이다. 그녀는 요한의 어머니였다. 훨씬 그녀보다도 젊고 제사장 가정에서 태어난 사람도 아닌 마리아가 메시야의 어머니가 되는 것이다. 이런 경우 '어찌하여 나에게는 저 사람보다도 더 큰 축복을 내려 주시지 않는 것일까'라는 인간저인 질투와 죄악된 감정이 솟아오르는 것은 매우 자연스러운 것으로 생각하기 쉽다. 그러나 엘리사벳은 이와 같은 생각을 하지 않고 완전히 눌러 버렸다.

　그녀는 마리아에게 '내 주의 모친'이라는 최상의 이름을 불러주었다. 그것도 자발적으로 아무 시기나 질투도 하지 않고 마리아를 여자 중에서 축복 받은 사람이라고 유유하게 칭송했다. 그뿐 아니라 그녀는 자기 아들에 대하여 '그는 반드시 흥하고 나는 쇠한다'라고 고백했다. 이같은 정신은 요한의 어머니가 마리아에게 모든 빛나는 명예를 주었을 때 그녀 속에 충만해 있었다. 앞에서도 말한 것처럼 엘리사벳은 하나님의 거룩한 소명을 받아 이것을 완전히 감당한 아론의 집에서 싹이 튼 최후의 어린 나무였다. 유다 자손은 메시야를 낳았다. 그러나 주를 경배 찬양한 것은 아론의 집이었던 것이다.

사마리아 여인

요한복음 4:1~42

예수께서 사마리아 지방의 사카르라는 동네에 이르셨다. 이 동네는 옛날에 야곱이 아들 요셉에게 준 땅에서 가까운 곳인데 거기에는 야곱의 우물이 있었다. 먼길에 지치신 예수께서는 그 우물가에 가 앉으셨다. 때는 이미 정오에 가까워 있었다. 마침 그때에 한 사마리아 여자가 물을 길으러 나왔다. 예수께서 그를 보시고 물을 좀 달라고 청하셨다. 제자들은 먹을 것을 사러 시내에 들어가고 없었다. 사마리아 여자는 예수께,

"당신은 유다인이고 저는 사마리아 여자인데 어떻게 저더러 물을 달라고 하십니까?"

하고 말하였다 유다인들과 사마리아인들은 서로 상종하는 일이 없었던 때문이다. 예수께서는 그 여자에게,

"하나님이 주시는 선물이 무엇인지, 또 너에게 물을 청하는 내가 누구인지 알았더라면 오히려 네가 나에게 청했을 것이다. 그러면 내가 너에게 샘솟는 물을 주었을 것이다."

하고 대답하시자 그 여자는,

"선생님, 우물이 이렇게 깊은 데다 선생님께서는 두레박도 없으시면서 어디서 그 샘솟는 물을 떠다 주시겠다는 말씀이십니까? 이 우물물은 우리 조상 야곱이 마셨고 그 자손들과 가축까지도 마셨습니다. 선생님께서는 이러한 우물을 주신 야곱보다 더 훌륭하시다는 말씀입니까?"

하고 물었다 예수께서는,

"이 우물물을 마시는 사람은 다시 목마르겠지만 내가 주는 물을 마시는 사람은 영원히 목마르지 않을 것이다. 내가 주는 물은 그 사람 속에서 샘물처럼 솟

아울라 영원히 살게 할 것이다."

하셨다. 이 말씀을 듣고 그 여자는,

"선생님, 그 물을 저에게 좀 주십시오. 그러면 다시는 목마르지도 않고 물을 길으러 여기까지 나오지 않아도 되겠습니다."

하고 청하였다. 예수께서 그 여자에게 가서 남편을 불러오라고 하셨다. 그 여자가 남편이 없다고 대답하자 예수께서는,

"남편이 없다는 말은 숨김없는 말이다. 너에게 남편이 다섯이나 있었고 지금 함께 살고 있는 남자도 사실은 네 남편이 아니니 너는 바른대로 말하였다."

하고 말씀하셨다. 그랬더니 그 여자는,

"과연 선생님은 예언자이십니다. 그런데 우리 조상은 저 산에서 하나님께 예배드렸는데 선생님네들은 예배드릴 곳이 예루살렘에 있다고 합니다."

하고 말하였다. 예수께서는 이렇게 말씀하셨다.

"내 말을 믿어라. 사람들이 아버지께 예배를 드릴 때에 '이 산이다' 또는 '예루살렘이다' 하고 굳이 장소를 가리지 않아도 될 때가 올 것이다. 너희는 무엇인지도 모르고 예배하지만 우리는 우리가 예배드리는 분을 잘 알고 있다. 구원은 유다인에게서 오기 때문이다. 그러나 진실하게 예배하는 사람들이 영적으로 참되게 아버지께 예배를 드릴 때가 올 터인데 바로 지금이 그때이다. 아버지께서는 이렇게 예배하는 사람들을 찾고 계신다. 하나님은 영적인 분이시다. 그러므로 예배하는 사람들은 영적으로 참되게 하나님께 예배드려야 한다."

그 여자가,

"저는 그리스도라 하는 메시야가 오실 것을 알고 있습니다. 그분이 오시면 저희에게 모든 것을 다 알려 주시겠지요."

하자 예수께서는,

"너와 말하고 있는 내가 바로 그 사람이다."

하고 말씀하셨다. 그 때에 예수의 제자들이 돌아와 예수께서 여자와 이야기하시는 것을 보고 놀랐다. 그러나 예수께서 그 여자에게 무엇을 청하셨는지 또 그 여자와 무슨 이야기를 나누셨는지 물어 보는 사람은 없었다. 그 여자는 물동이를 버려 두고 동네에 들어가 사람들에게,

"나의 지난 일을 다 알아맞힌 사람이 있습니다. 같이 가서 봅시다. 그분이

그리스도인지도 모르겠습니다."

하고 알렸다. 그 말을 듣고 그들은 동네에서 나와 예수께 모여들었다. 그러는 동안에 제자들이 예수께,

"선생님, 무엇을 좀 잡수십시오."

하고 권하였다. 예수께서는

"나에게는 너희가 모르는 양식이 있다."

하고 말씀하셨다. 이 말씀을 듣고 제자들은

"누가 선생님께 잡수실 것을 갖다 드렸을까?"

하고 수군거렸다. 그러자 예수께서는,

"나를 보내신 분의 뜻을 이루고 그 분의 일을 완성하는 것이 내 양식이다. 너희는 '아직도 넉 달이 지나야 추수 때가 온다'고 하지 않느냐? 그러나 내 말을 잘 들어라. 저 밭들을 보아라. 곡식이 이미 다 익어서 추수하게 되었다. 거두는 사람은 이미 삯을 받고 있다. 그는 영원한 생명의 나라로 알곡을 모아들인다. 과연 한 사람은 심고 다른 사람은 거둔다는 속담이 맞다. 남들이 수고하여 지은 곡식을 거두라고 나는 너희를 보냈다. 수고는 다른 사람들이 하였지만 그 수고의 열매는 너희가 거두는 것이다."

하고 말씀하셨다. 그 동네에 사는 많은 사마리아 사람들은 그 여자가 자기의 지난 일을 예수께서 다 알아 맞히셨다고 한 증언을 듣고 예수를 믿게 되었다. 예수께서는 그들이 찾아와 자기들과 함께 묵으시기를 간청하므로 거기에서 이틀 동안 묵으셨는데 더 많은 사람들이 예수의 말씀을 듣고 믿게 되었다. 그리고 그 여자에게,

"우리는 당신의 말만 듣고 믿었지만 이제는 직접 그분의 말씀을 듣고 그 분이야말로 참으로 구세주라는 것을 알게 되었소."

하고 말하였다.

◆ **도움말**

예수님이 수가라 하는 동네의 사마리아 여인에게 주신 바 정신적이고 애정 깊은 권고만큼 크리스천의 평소의 도덕적 판단에 의심을 품게

하는 일은 없을 것이다. 만일에 이 부인이 우리 지방에 있었다고 하면 그녀는 반드시 거의 마음에 두지도 않았을 것이다. 제일 먼저 다섯 번이나 결혼을 했다는 사실은 그다지 좋은 인상을 주지 않는다. 미망인으로서 재혼을 한다는 이유에서 책하는 것은 결코 아니다. 맨 처음 남편이 죽고 난 뒤에 두 번 결혼을 했다고 하여 대단한 의혹을 품게 하지는 않는 것이다.

세 번째까지는 혹 모른다. 아직 늙기도 전에 다섯 번씩 결혼을 했다고 하는 것은 확실히 간과할 바가 못된다. 물론 그것만이 아니다. 우리들은 그녀의 성격에 의해서도 심상치 않은 비난을 퍼부을 수가 있는 것이다. 그녀는 다섯 번째의 남편을 장사 지내고서도 아직 만족하지 못하였다. 이때는 이미 그녀에게 결혼을 구하는 자가 없었으므로 그녀는 결혼이라는 정식 절차를 밟지 않고 어떤 남자와 동거하고 있었던 것이다. 그리고 그녀는 다른 사람의 비난을 조금도 마음에 두지 않는 대담한 성격이었다. 목소리의 억양은 수가촌 사람들 사이에 오가는 말투와 태도에서 낱낱이 엿보인다.

한 마디로 그녀의 지나치게 대담하고 적극적인 행동이 도에 벗어난 것이 아니었나 하는 인상을 받게 한다. 그리고 매우 활달하고 기죽는 일 없이 달변으로 척척 대답하는 것으로 미루어볼 때 부녀로서 갖추어야 할 미덕은 전혀 찾아볼 수 없는 인물이었던 것 같다.

이와 같은 부인이 만일 우리 곁에 있다면 모두가 그녀를 피하려고 했을 것은 물론, 그녀와 마주하고 있다는 것마저 누가 볼까봐 눈치를 보았을 것이다. 그러나 하나님의 섭리는 이 천박하고 세속적으로 천대받기 쉬운 여자를 품위 높은 부인까지도 그 때문에 그녀를 부러워할 만큼 놀라운 경험을 하도록 계획하셨던 것이다.

　이 사실은 우연한 것이 아니며 예수님은 스스로 누구하고 이야기하고 계시는지 모르셨던 것도 아니다. 예수님은 그녀가 가지고 온 물동이에 물을 길어 가지고 떠나려 했을 때 한 말씀도 하지 않고 그냥 지나쳐 버릴 수도 있었다. 그러나 예수님은 일부러 접근하셨다. 그것은 그의 말씀에서 홀연히 상징적이고 영적인 의미를 주기 위함이었다.

　천대받는 여자는 보통 견식이 없고 행실이 경박하다. 처음에 이 여자는 예수님이 하신 말씀의 뜻을 이해하지 못하였다. 그렇지만 예수님은 체념하지 않고 그녀를 돌려보내지 않으셨다. 그의 말씀은 차차 그녀의 마음과 양심에 깊이 파고들었다. 또한 예수님은 다시는 간음 생활을 해서는 안 된다는 경계의 말씀을 하시고 이어서 아버지이신 하나님께 경배하는 일에 대해, 그리고 자신이 구세주라는 설명과 동시에 퍼내어도 끝이 없는 진리를 그녀에게 밝히 말씀해 주신 것이다. 예수님이 보여 주신 뜻 가운데 가장 깊은 진리중의 진리를 그녀에게 주신 것이었다.

　이 당시 이스라엘에는 많은 정숙하고 경건한 부녀들이 많이 있었던 것을 생각할 때 특히 놀랄만한 일이다. 그럼에도 불구하고 예수님은 회개자가 되도록 그녀를 택하시고 그녀가 자기 죄를 고백하도록 권면하신 것이다. 이 사건은 자기가 고결한 인품, 선량한 사람이라고 스스로 우쭐대며,

　"구주는 그 같은 여자와 상대도 안 할 것이며 가까이 하기조차 질색하실 것이다. 그러나 신앙심이 깊고 덕망 있는 여인이라면 기꺼이 와 주실 것이다."

라고 말하는 사람들에게 내리는 질책이기도 하다. 그러므로 사마리아 여인의 이야기는 오만한 생각을 가진 사람을 부끄럽게 하는 것이며 선택의 은총은 인간의 식견으로 가리는 존귀나 신분의 높고 낮음에 속박 받지 않는다.

하나님의 은총은 신분을 따지는 것이 아니라 길을 잃은 자를 찾아 구하시는 것이다. 문제는 양심이 움직여지느냐 아니냐에 달린 것이다.

그로 볼 때 사마리아 여인에게 주어진 은혜는 실로 감사해야 할 일이었다.

삽비라

사도행전 5:1~2

아나니아라는 사람은 그의 아내 삽비라와 함께 자기 땅을 판 다음 의논한 끝에 그 돈의 일부를 빼 돌리고 나머지만 사도들 앞에 가져다 바쳤다. 그 때에 베드로가 그를 이렇게 꾸짖었다.

"아나니아, 왜 사탄에게 마음을 빼앗겨 성령을 속이고 땅 판 돈의 일부를 빼 돌렸소? 팔기 전에도 그 땅은 당신 것이었고 판 뒤에도 그 돈은 당신 마음대로 할 수 있었던 것이 아니오? 그런데 어쩌자고 그런 생각을 품었소? 당신은 사람을 속인 것이 아니라 하나님을 속인 것이오!"

이 말이 떨어지자 아나니아는 그 자리에 거꾸러져 숨지고 말았다. 이 말을 들은 사람마다 모두 두려워하였다. 젊은이들이 들어와 그 시체를 싸 가지고 내어다 묻었다.

세 시간쯤 뒤에 그의 아내가 그 동안에 무슨 일이 일어났는지도 모르고 들어왔다. 베드로가 그 여자를 불러 놓고

"당신들이 땅을 판 돈이 이게 전부란 말이오?"

하고 묻자

"예, 전부입니다."

하고 대답하였다.

"어쩌자고 당신들은 서로 짜고 주의 성령을 떠보는 거요? 자, 당신의 남편을 묻고 돌아오는 사람들이 지금 막 문 밖에 서 있소, 이번에는 당신을 메고 나갈 차례요."

하고 베드로가 말하였다. 그러자 그 여자도 당장 베드로의 발 앞에 거꾸러져 숨지고 말았다. 그 때 젊은이들이 들어와 보니 그 여자도 죽어 있었으므로

떠메고 나가 그 남편 곁에 묻었다. 온 교회는 물론이고 다른 사람들도 이 말을 듣고는 모두 몹시 두려워하였다.

◆ 도움말

삽비라의 속임수에 대하여 하나님은 죽음으로 갚으신 것이다. 그러나 그녀는 과연 오늘의 교회에서 추방해야 할 만한 손댈 수 없는 사악한 여성이었을까? 사도행전의 이 기사는 이 같은 질문에 대한 긍정을 뒷받침하고 있지 않다.

그녀는 결혼한 부인으로 남편 아나니아와 사이 좋게 살고 있었다. 이 부부는 여러 모로 협력을 잘해 온 것으로 생각된다. 삽비라는 물론 그의 남편도 세속만 따르는 인간이 아니었다. 두 사람은 사도들을 위해 적극적이었다. 그들은 유대교에서 떠나 예수를 믿는 자들이었다. 그들의 예수를 섬기겠다는 고백이 입술뿐이었다고 나무랄 수는 없을 것이다. 그들은 모든 행위에서 크리스천답게 행동하고 또한 많은 덕망 있는 크리스천들도 하지 않는 그러한 일을 했던 것이다. 즉, 그들은 사도들에게 보내는 예물로써 또는 가난한 자를 돕는 일과 예배의 비용을 위해 자기 재산의 일부를 팔았다. 이런 일은 삽비라의 착한 한 면을 보여주는 극히 아름다운 행동이었다.

그런데 어찌하여 하나님은 삽비라에게 죽음을 내린 것일까? 그것은 오로지 그녀가 하나님과의 관계에서 정직하지 못했기 때문이었다. 당시 예루살렘 교회가 침투하기 시작한 한 가지 정신 운동이 있었는데 그것은 자기 소유에 대한 집착에서 벗어나 소유물의 평등한 분배라는 방향으로 마음을 돌리게 하는 것이었다.

이 정신 운동은 후에 발생한 나쁜 결과와는 관계없이 동기가 매우 거룩한 것이었다. 왜냐하면 그것은 크리스천은 돈의 종이 아니라는 것, 형제를 사랑한다고 하는 것을 나타낸 것이기 때문이다. 그러나 본질적으로 선한 운동에 뒤따라 일어나는 슬픈 형상이 예루살렘에서도 나타났다.

선한 운동에 대해 언뜻 보아서는 많은 사람들이 동조하려고 하는 것처럼 보이나 그 정신이 모든 사람을 똑같이 감동시키는 것은 아니었다. 아나니아와 삽비라에게 범죄케 한 이유도 이런 경우에서 생긴 것이다.

그들 부부는 자기 소유물 전부를 내놓을 생각은 아니었다. 그러나 자기 재산의 대부분을 기쁨으로 내놓으면서 믿는 형제들에게 인정은 받고 싶었을 것이다. 이 태도를 감히 죄라고 할 자가 어디 있겠는가!

베드로도 "팔지 않고 그냥 두었으면 당신의 것이 되었을 것 아니냐?"라고 말하고 있다.

이 부부는 다른 사람들이 보여주는 사랑과 열정을 좋아했다. 당시 사람들은 여러 사람의 복지를 위하여 재산의 일부를 팔아 바치는 누군가를 칭송하고 추켜 올렸다. 이와 같이 선심 쓰는 구제자 가운데 자기가 끼지 못한다는 것은 면목 없는 일이라고 생각하는 경향이 짙었다.

만일 이 부부에게 무언가 비판할 것이 있다고 한다면 그것은 아직도 팔 만한 땅이 그들에게 남아 있었다고 하는 점이었을 것이다. 그런 까닭으로 그들 부부는 땅 팔 것을 생각하게 되었고 더 이상 땅을 소유할 마음이 없었다. 가지고 있으면 끊임없이 자책감을 느끼게 되기 때문이었다. 땅을 가지고 있는 한 교회에서는 그들의 신앙이 부실하다고 평가할 것이다. 그것이 싫어서 부부는 마침내 땅을 팔기로 한 것이다. 그 결심은 교회를 위하여 바치는 기쁨에서가 아니었기 때문에 될 수 있으면 그냥 두고 싶다고 생각할 정도였다.

이웃을 위한 이웃 사랑이 목적이 아니고 두 사람이 자기만 생각하는 인색한 사람으로 보이는 것을 면하기 위해 의논한 결과였다. 땅을 팔기로 하고 아나니아가 삽비라에게 말했다.

"자아, 괜찮지? 땅을 팔아버립시다."

땅은 팔렸다. 마음속 무거운 짐이 풀렸다. 이제는 모두들 곧 "아나니아와 삽비라가 땅을 팔았다"고 말하게 될 것이다.

꺼림칙한 양심의 가책을 이렇게 해서 벗어날 수가 있었다. 그러나 부정직한 마음은 마침내 고의적 기만으로 화하였다. 땅 값으로 어느 정도 액수를 그들이 받았는지는 아무에게도 알릴 필요는 없을 것이다. 그리하여 부부는 그 판 값의 일부분은 자기들을 위해 남겨두기로 했다. 물론 많은 금액을 남겨둘 수는 없어서 절반 이상을 남길 수는 없었을 것이다. 그렇게 되면 남들의 눈에 드러날 우려가 있다. 남들이 의심을 품게 해서는 안 되는 정도에서 땅값을 전부 바친 것으로 보이도록 하기로 했던 것이다.

만일 이 속임수가 잘 맞아 들었더라면 부부는 기뻐서 어쩔 줄 몰랐을 것이고 그것을 모르는 신자들은 모두 교회를 위해 모든 것을 바친 신앙심이 돈독한 사람들이라고 칭송했을 것이다.

그러나 장롱 속에 얼마간의 돈을 감추어 둔 것이 죄가 되었던 것이다. 두 사람은 진심에서 우러난 희생적인 동기로 땅을 판 것이 아니라 실없이 형식적인 체면치레를 위하여 한 행위였기 때문에 그 부부는 교회를 속이고 할 수만 있으면 하나님까지도 속일 셈이었다. 그러기에 부정직한 대가로 죽음을 당해야 했다.

베드로가 땅 값에 대해 물어 본 일이 있었는지 그렇지 않으면 하나님이 이 속임수를 베드로에게 알게 하셨는지 거기까지는 알 수가 없다. 실로 그 점은 문제될 것도 없다.

베드로는 삽비라와 그 남편이 하나님의 교회를 속였다는 사실을 알고 있었다. 베드로는 주의 밝은 빛 아래서 이 기만을 보고 분개한 것이다. 그는 겉으로는 경건한 모양을 보이며 탐욕의 줄로 짜여진 이 직물을 천 갈래 만 갈래로 찢었다.

성도들이 성결하게 지켜야 할 교회에 대한 경고로서 아나니아와 삽비라는 엎드러져 죽었다. 그 결과 그들은 하나님 나라 영생의 낙원에 들어갈 수 없었던 것이다.

성서속의 여인들

1997년 3월 20일 1판 1쇄 발행
2005년 5월 25일 2판 1쇄 발행
2020년 7월 25일 2판 2쇄 발행
저　자 아브라함 카이퍼
역　자 한국기독문서간행회
발행자 심혁창
마케팅 정기영

펴낸곳 도서출판 한글
우편 04116
서울특별시 마포구 신촌로 270(아현동)
수창빌딩 903호
☎ 02-363-0301 / FAX 362-8635
E-mail : simsazang@hanmail.net
창　　업 1980. 2. 20.
이전신고 제2018-000182

* 파본은 교환해 드립니다
* 정가 10,000원
*
ISBN 97889-7073-205-5-93230